Viele Male hat Goethe im Lauf seines Lebens Ilmenau besucht und hierher, in sein thüringisches Arkadien, wo auch sein berühmtes Gedicht »Über allen Gipfeln« entstand, führt ihn ein halbes Jahr vor seinem Tod seine letzte Reise. Es wird eine Reise in die Vergangenheit, eine Reise des Abschieds, *eine Wallfahrt zu den Stätten früherer Leiden und Freuden.*

In den sechs Augusttagen des Jahres 1831, die den Handlungsrahmen für Sigrid Damms Buch abgeben, erinnert sich Goethe an seine Frau Christiane, an die böhmischen Bäder, wo er zum letzten Mal die Liebe erlebte, bis er, zurückgewiesen von der jungen Ulrike von Levetzow, sich seines Alters verzweifelt bewußt wird. Er antwortet darauf mit seiner großen Altersdichtung, der »Marienbader Elegie«. Goethe denkt an sein Werk, an »Faust. Zweiter Teil«, und den Entschluß, ihn zu versiegeln, er reflektiert sein Verhältnis zum *Veloziferischen* seiner Zeit und zur Julirevolution 1830 als der *größten Denkübung* seines Lebens.

»Wie immer wahrt Sigrid Damm die Würde der Menschen, die sie porträtiert, und erzählt doch sehr persönlich vom Leben – und vom Abschiednehmen.« *Brigitte*

»So gelingt ihr ein facettenreiches Porträt, eine letztlich lebensumspannende Studie...« Susanne Beyer, *Der Spiegel*

»Sigrid Damms Buch, eine anmutige, kunstvolle Erzählung von wunderbarer Leichtigkeit, findet so schnell nichts Ebenbürtiges.« Klaus Bellin, *Neues Deutschland*

Sigrid Damm, geboren in Gotha/Thüringen, lebt als freie Schriftstellerin in Berlin und Mecklenburg.

Von Sigrid Damm liegen im insel taschenbuch außerdem vor: *Vögel, die verkünden Land. Das Leben des Jakob Michael Reinhold Lenz* (it 1399), *Cornelia Goethe* (it 1452), *Christiane und Goethe. Eine Recherche* (it 2800) und *Das Leben des Friedrich Schiller. Eine Wanderung* (it 3232). Als suhrkamp taschenbuch sind erschienen: *Ich bin nicht Ottilie* (st 2999), *Diese Einsamkeit ohne Überfluß* (st 3175).

insel taschenbuch 3300
Sigrid Damm
Goethes letzte Reise

Sigrid Damm
Goethes letzte Reise

Insel Verlag

insel taschenbuch 3300
Erste Auflage 2009
© Insel Verlag Frankfurt am Main und Leipzig 2007
Alle Rechte vorbehalten, insbesondere das der Übersetzung,
des öffentlichen Vortrags sowie der Übertragung
durch Rundfunk und Fernsehen, auch einzelner Teile.
Kein Teil des Werkes darf in irgendeiner Form
(durch Fotografie, Mikrofilm oder andere Verfahren)
ohne schriftliche Genehmigung des Verlages reproduziert
oder unter Verwendung elektronischer Systeme
verarbeitet, vervielfältigt oder verbreitet werden.
Hinweise zu dieser Ausgabe am Schluß des Bandes
Vertrieb durch den Suhrkamp Taschenbuch Verlag
Satz: Libro, Kriftel
Druck: CPI – Ebner & Spiegel, Ulm
Printed in Germany
ISBN 978-3-458-35000-2

1 2 3 4 5 6 – 14 13 12 11 10 09

Goethes letzte Reise

I

Im August des Jahres 1831 entschließt sich Goethe zu einer Reise.

Am 24. August notiert er: *Brachte mit Vorbereitungen zur Abreise zu.* Am 25.: *Alles Nöthige zusammen gepackt.*

Am 26. August, es ist ein Freitag, ein *Wolkiger regenloser Tag*, wie das Tagebuch vermerkt, verläßt er die thüringische Residenzstadt.

Goethe ist einundachtzig Jahre alt. Reisen ist für ihn keineswegs mehr das Gewohnte. Im Gegenteil.

In den zurückliegenden Jahren hat der lebenslang reisehungrige, wanderbegierige Goethe – Reisen ein unabdingbarer Teil seiner Kreativität – dieser ihm so vertrauten und geliebten Existenzform fast völlig entsagt.

Das Jahr 1823 bringt den Einschnitt. Es bedeutet das Ende der großen Reisen. Die über Jahrzehnte beibehaltene Gewohnheit der langen Sommeraufenthalte in den böhmischen Bädern wird jäh aufgegeben. In diesem Sommer 1823, Goethe ist nach dem Tod seiner Frau Christiane seit sieben Jahren Witwer, versucht er sein Leben neu zu gestalten, eine junge Frau an seine Seite zu nehmen. Der Plan scheitert. Er verläßt Böhmen. Kehrt nie wieder dorthin zurück.

Ist es die in Marienbad und Karlsbad erfahrene Zurückweisung seiner Liebe durch die junge Ulrike von Levetzow, die ihn zu dieser Entsagung drängt? Ist es sein Alter, das ihm durch diese Zurückweisung bewußt wird? Er geht auf das fünfundsiebzigste Jahr zu.

Von da an gehören die Zeiten seiner Reisen der Vergangenheit an.

Nach 1823 verläßt Goethe Thüringen nicht mehr.

Er wird ein Seßhafter, spricht von sich als *Sedentarier*. Seine Weimarer Häuser und Gärten am Frauenplan und in den Ilmwiesen werden der Raum seiner Welt. Seine Arbeitsstube, im hinteren Teil des Stadthauses zum Garten und zur Ackerwand hin gelegen, nennt Goethe seine *Klause*, seine *Klosterzelle*; sich selbst einen *Einsiedler*, einen *Eremiten*.

Der Rückzug in die thüringische Residenzstadt.

Auch ihr kehrt er in all den Jahren, abgesehen von Ausfahrten in die Umgebung und kurzen Aufenthalten in Jena, nur noch ein einziges Mal den Rücken. Im Sommer 1828, als der Herzog stirbt. Der Mann, der ihn vor über einem halben Jahrhundert nach Weimar geholt hat, mit dem ihn eine an Höhen und Tiefen reiche Arbeits- und Lebenspartnerschaft verbindet. Am Tag, als der Leichnam des Herzogs in Weimar feierlich aufgebahrt wird (*Solenne Ausstellung der fürstlichen Leiche auf dem Paradebette in der Schloßkirche*, notiert Riemer), die Beerdigungszeremonien beginnen, zieht Goethe sich auf die Dornburger Schlösser zurück. *Die Paraden im Tode sind nicht das, was ich liebe.* Er verläßt die Stadt, ohne Abschied von der sterblichen Hülle des Freundes zu nehmen. Eine Reise wider Willen; Flucht vor dem Tod.

Nun, im August 1831, eine erneute Reise.

Aber diesmal ist es keine Flucht, sondern ein heiterer, freier Reiseentschluß. Wie es scheint, ist diese Reise lange im Kopf geplant, ist Belohnung für ein zeitlich festgelegtes und erreichtes Arbeitsziel.

26. August. In zwei Tagen wird sein 82. Geburtstag sein.

... *faßt ich den festen Vorsatz, es müsse vor meinem Geburtstag geschehen*, schreibt er dem Altersfreund Carl Friedrich Zelter. Und an Carl Friedrich von Reinhard: *ich bestimmte fest in mir: es müsse vor meinem Geburtstag geschehen seyn.*

Um was geht es?

Um seinen »Faust«, das Werk, das ihn sein ganzes Leben lang in Atem hält.

Für dessen Vollendung hat er sich ultimativ einen Termin gesetzt: den 28. August 1831.

Es sei, äußert er, *keine Kleinigkeit, das, was man im zwanzigsten Jahre concipirt hat, im 82. außer sich darzustellen und ein solches inneres lebendiges Knochengeripp mit Sehnen, Fleisch und Oberhaut zu bekleiden, auch wohl dem fertig Hingestellten noch einige Mantelfalten umzuschlagen, damit alles zusammen ein offenbares Räthsel bleibe, die Menschen fort und fort ergetze und ihnen zu schaffen mache.*

Bis in die Kindheit gehen die Anfänge: das Puppenspiel im Frankfurter Haus am Hirschgraben. Dann, 1774, die früheste Fassung. Auf Postpapier geschrieben, bringt sie der Fünfundzwanzigjährige mit nach Weimar und liest aus ihr vor.

Erst zehn Jahre später, nach seiner Flucht nach Italien, setzt er in Rom die Arbeit daran fort. Die Hexenküche entsteht im Garten Borghese. Am 11. August 1787 teilt er seinem Herzog aus Rom mit, *biß Ostern* wolle er *Faust ausgearbeitet* haben, *welches mir nur in dieser Abgeschiedenheit möglich wird.* Am 8. Dezember schreibt er: *Um das Stück zu vollenden, werd ich mich sonderbar zusammennehmen müßen. Ich muß einen magischen Kreis um mich ziehen...*

Es gelingt ihm nicht, den »Faust« zu vollenden.

Unter dem Titel »Faust. Ein Fragment« publiziert er das Vorhandene in Band sieben seiner von 1787 bis 1790 bei Göschen in Leipzig erscheinenden achtbändigen ersten Werkausgabe.

Schiller ist es dann, der ihn zur Weiterarbeit drängt. 1794 antwortet Goethe ihm: *ich wage nicht das Packet aufzuschnüren.*

Vier Jahre später ist es soweit. *Was mich so lange Jahre abgehalten hat wieder daran zu gehen war die Schwierigkeit den alten geronnenen Stoff wieder ins Schmelzen zu bringen,* schreibt er da. Und: *Meinen Faust habe ich um ein gutes weiter gebracht. Das alte noch vorräthige höchst confuse Manuscript ist abgeschrieben und die Theile sind in abgesonderten Lagen, nach den Nummern eines ausführlichen Schemas hinter einander gelegt. Nun kann ich jeden Augenblick der Stimmung nutzen, um einzelne Theile weiter auszuführen...*

Aber *Stimmung* stellt sich nur sporadisch ein.

Im Januar 1799 arbeitet er an der Walpurgisnacht. Am 21. September 1800 liest er Schiller den Helena-Akt vor.

Trotz dessen anhaltendem Zuspruch gerät die Arbeit ins

Stocken. Der Freund wird ungeduldig. Goethe sei *zu wenig Herr über seine Stimmung*, schreibt er am 10. Dezember 1801 an Cotta, *seine Schwerfälligkeit macht ihn unschlüssig und über den vielen Liebhaber Beschäftigungen, die er sich mit Wißenschaftlichen Dingen macht, zerstreut er sich zu sehr. Beinahe verzweifle ich daran, daß er seinen Faust noch vollenden wird.*

Sollte Schiller recht behalten? Nach dessen Tod ruht Goethes Arbeit an »Faust. Zweiter Teil« fast vollständig.

Einzig auf einer Reise nach Karlsbad am 13. Mai 1808 die Notiz: *Unterwegs de ... Fausti dramatis parte secunda et quae in ea continebuntur* (vom Zweiten Teil des »Faust«-Dramas und was darin enthalten sein wird).

Und am 16. Dezember 1816: *Meine Biographie: Schema des 2. Theils von Faust.* Bedeutet das, er will sich in »Dichtung und Wahrheit« auf eine Inhaltserzählung vom Zweiten Teil des »Faust« beschränken? Rechnet er selbst nicht mehr mit der Vollendung?

In den Jahren 1825 und 1826 dann häufen sich Notizen über die Arbeit am »Faust«.

Wiederum ist es Schiller, der ihn anspornt: Goethe liest, mit der Herausgabe ihres Briefwechsels beschäftigt, die alten drängenden Mahnungen des Freundes.

Zudem: Er bereitet bei Cotta seine Ausgabe letzter Hand vor. *Sodann darf ich dir wohl vertrauen*, gesteht er Zelter am 3. Juni 1826, *daß, um der ersten Sendung meiner neuen Ausgabe ein volles Gewicht zu geben, ich die Vorarbeiten eines bedeutenden Werks ... wieder vorgenommen habe, das seit Schillers Tod nicht wieder angesehen worden ...*

Ab jetzt wird den *zweyten Theil* seines *Faust zu vollenden* Goethes *Hauptgeschäft*.

1827 erscheint in Band vier der Cottaschen Ausgabe unter dem Titel »Helena klassisch-romantische Phantasmagorie. Zwischenspiel zu Faust« der Dritte Akt des Zweiten Teils.

Ein Jahr später, zur Ostermesse 1828, in Band zwölf der Erste Akt des Zweiten Teils.

Mitte des Jahres stockt die Arbeit.

Meine nahe Hoffnung, euch zu Michael die Fortsetzung von Faust zu geben, so Goethe am 26. Juli, *wird mir denn auch durch diese Ereignisse vereitelt.* Es ist der Tod des Großherzogs, der ihn beschäftigt.

Im Sommer 1829 dagegen ist er optimistisch: *wenn man sich von Seiten höchster Gewalten auffangen und auf ein Vierteljahr einer hohen Festung anvertrauen wollte, so sollte nicht viel übrig seyn,* heißt es am 19. Juli an Zelter.

Ich habe seit so vielen Jahren recht gewußt was ich wollte, habe aber nur die einzelnen Stellen ausgeführt die mich im Augenblick interessirten.

Jetzt müßten *Lücken ... ausgefüllt werden.*

Ich habe alles so deutlich in Herz und Sinn daß es mir oft unbequem fällt.

Im Januar 1830 äußert er, er könne *in ein paar Monaten mit der ›Walpurgisnacht‹ fertig sein. Es soll mich nun aber auch nichts wieder vom ›Faust‹ abbringen...*

Da treten zwei Ereignisse ein, die ihn erneut zur Unterbrechung seiner Arbeit zwingen: die Pariser Julirevolution 1830 und der Tod seines Sohnes Ende Oktober 1830 in Italien.

Die Vollendung des »Faust« ist fraglicher denn je.

Die Pariser Revolution, deren Ausläufer bis nach Thüringen spürbar sind, erlebt Goethe als fundamentale Bedrohung seiner Existenz. Sogar *Herzkrämpfe* stehen damit in Zusammenhang.

Von *Fieberanstoß, Erdbeben, Taumel, Tumult, Paroxysmus, Explosion*, von einem *Schlund* und *Abgrund*, der ihn zu verschlingen droht, spricht er.

Am 3. August heißt es im Tagebuch: *Erste Nachricht von dem Aufstand in Paris.*

Am 8. spricht er bereits vom *in Paris eingetretene⟨n⟩ Unheil*, vom *in Frankreich entzündete⟨n⟩ Feuer, das sich sowohl verbreitet ... als verderblich überspringt.*

Er läßt sich vom Weimarer Staatsminister Ernst Christian August von Gersdorff, der über diplomatische Quellen verfügt, auf dem laufenden halten. Von ihm erfährt er, daß die Unruhen in Dresden zur Ablösung der sächsischen Regierung und zur Bewilligung einer neuen Verfassung geführt haben, daß in Braunschweig der despotische Carl II. außer Landes gejagt wurde und in Brüssel sich die südlichen Landesteile in Folge der Revolution zum neuen Königreich Belgien formieren.

Am 30. September berichtet Goethe seinem Sohn nach Italien von *Rottirungen*, von *wilde⟨n⟩ Händel⟨n⟩*, von *Widerwärtigkeiten gegen die Regierungen ... In Leipzig haben sie Häuser gestürmt, in Dresden das Rathaus verbrannt und die Polizeyarchive zerstört. In einigen Fabrikorten sind auch dergleichen Auftritte gewesen.*

Das *Übel* sei Weimar *immer näher gerückt.*

Das gewaltige Pariser Erdbeben, das ganz Europa erschüttert, nöthigt einen jeden, nach seinen Mauern zu sehen, ob nichts reißt, und nach seinen Dächern, ob nichts den Einsturz droht, schreibt er am 8. Oktober an Marianne von Willemer.

Am 19. Oktober an Wilhelm von Humboldt: *Wie das Erdbeben von Lissabon fast im Augenblick seine Wirkungen auf die entferntesten Seen und Quellen spüren ließ, so sind auch wir von jener westlichen Explosion, wie vor vierzig Jahren, unmittelbar erschüttert worden.*

Es ist die auflebende Erinnerung an das Jahr 1792, als Goethe mit Carl August auf dem preußischen Feldzug gegen das revolutionäre Frankreich vor dem Sansculottenheer fliehen, sich zwischen *Trümmern, Leichen, Äsern und Scheishaufen* aufhalten mußte. *Wir haben,* schrieb er damals, *in diesen sechs Wochen mehr Mühseligkeit, Noth, Sorge, Elend, Gefahr ausgestanden ... als in unsrem ganzen Leben.*

Es sind die in der Phantasie aufsteigenden durchlebten Todesängste in den Kriegswirren 1806 und 1813, als durch Weimar ziehende marodierende Truppen eine Bedrohung für Manuskripte, Leib, Leben und Besitz waren.

Goethe kann seiner Verstörung durch die Ereignisse 1830 nur Herr werden, indem er sie als Herausforderung annimmt.

Keine größere Krisis haben wir gehabt, äußert er nach einem Zeugnis des Kanzlers Friedrich von Müller (Brief vom 4. September 1830 an Rochlitz), eine *Krisis,* die er *für die größte Denkübung ansehe, die ihm am Schlusse seines Lebens habe werden können.*

Bei dieser *Denkübung* geraten auch moderne Gesellschaftskonzepte in sein Blickfeld, so das der utopischen Sozialisten.

Bemühung dem St. Simonistischen Wesen auf den Grund zu kommen vermerkt er am 30. Mai 1831. Am 28. Juni heißt es an Carl Friedrich Zelter, daß er *Veranlassung* habe, *über die Réligion Simonienne nachzudenken.*

Die Spuren dieser Auseinandersetzung lassen sich im Zweiten Teil des »Faust« finden. (Wir kommen darauf zurück.)

Das zweite Ereignis, das die Vollendung seines Werkes bedroht, ist die Nachricht vom Tod seines Sohnes, die ihn am 10. November 1830 erreicht.

Von einer *Prüfung*, die dieser Tod ihm auferlegt, schreibt er Zelter am 21. November. *Das eigentliche Wunderliche und Bedeutende dieser Prüfung ist, daß ich alle Lasten, die ich zunächst, ja mit dem neuen Jahre abzustreifen und einem jünger Lebigen zu übertragen glaubte, nunmehr selbst fortzuschleppen und sogar schwieriger weiter zu tragen habe.*

Ich habe keine Sorge, als mich physisch im Gleichgewicht zu bewegen ... Der Körper muß, der Geist will ...

Der gewaltsam unterdrückte Schmerz ruft die körperliche Katastrophe geradezu herbei.

25. November: *Nachts gegen elf Uhr plötzlich von einem ungemein heftigen Lungenblutsturz befallen,* so das Bulletin des Arztes. Goethe schwebt in Lebensgefahr.

Führt auch die innere Anspannung über die notwendige Neufassung seines Testamentes, bedingt durch den Tod seines Universalerben, zu diesem Zustand?

Bereits am 19. November hatte Goethe Kanzler Müller, der in Weimar die Justizverwaltung leitet, zu sich gebeten, um die rechtlichen Fragen mit ihm zu beraten.

Als ich mich heute . . ., überliefert dieser, *bei Goethe einfand, um, seinem Wunsche gemäß, die Errichtung seines Testamentes näher zu besprechen, sprach Er zuvörderst von der Wichtigkeit und Umfänglichkeit der Pflichten, die den Vormündern seiner Enkel zufallen würden.* ›Meine *Nachlassenschaft‹, sagte Goethe, ›ist so kompliziert, so mannigfaltig, so bedeutsam, nicht bloß für meine Nachkommen, sondern auch für das ganze geistige Weimar, ja für ganz Deutschland, daß ich nicht Vorsicht und Umsicht genug anwenden kann, um jenen Vormündern die Verantwortlichkeit zu erleichtern und zu verhüten, daß durch eine rücksichtslose Anwendung der gewöhnlichen Regeln und gesetzlichen Bestimmungen großes Unheil angerichtet werde.‹*

Weiter sagt er: *Meine sämtlichen Gelder und Dokumente sind, wie Sie wissen, in Rinaldo Vulpius' Verschluß, dem ich darin volles Vertrauen schenke, und der auch über alles Rechnung und Rechenschaft geben wird.* Der achtundzwanzigjährige Rinaldo Vulpius, der Sohn von Christianes Bruder, führt die *Vermögens-Rechnungen*, und zwar *schon seit einigen Jahren aufs treuste*, wie Goethe dann in seinem Testament vermerkt und den *Großherzogl. Commissions-Secretär* dafür mit *Zweyhundert Thaler-Sächs.* bedenkt.

Goethe übersteht die Krankheit; in einem vom 10. bis 14. Dezember verfaßten Brief an Zelter, dem er das ärztliche Bulletin beilegt, heißt es lakonisch: *Wenn ich das Uhrwerk meiner Lebensbetriebe nicht gehörig in Ordnung hielte, so könnt ich in einem dergleichen leidigen Falle kaum weiter existiren. Dießmal aber hat der Zeiger nur einige Stunden retardirt, und nun ist alles wieder im alten mäßigen Gange.*

Die Beratungen mit Müller, den er zum Testamentsvollstrecker ernennt, gehen weiter.

Anfang Januar kommen sie zu einem Abschluß.

Goethe setzt im Testament vom 6. Januar 1831 seine drei Enkel: den am 9. April 1818 geborenen Walther Wolfgang, den am 18. September 1820 zur Welt gekommenen Wolfgang Maximilian und die am 29. Oktober 1827 geborene Alma Sedina Henriette Cornelia zu Universalerben ein.

Bestimmt ihnen mit Franz Ernst von Waldungen und Georg Friedrich Carl August Büttner Vormünder.

Er sichert seine Schwiegertochter ab. Unter Paragraph 8 wird ihr *freye Wohnung* und *Garten-Genuß* sowie ein *Witthum von Fünfhundert Thalern Sächs.* bewilligt, dieselbe Summe für *jedes meiner Enkel* als *Alimentations- und Erziehungsgeld bis zur Volljährigkeit.* Alma werden *im Fall ihrer Heirat ... Drey Tausend Thaler Sächs. zur Ausstattung* überschrieben.

2000 Taler jährlich stehen Ottilie von Goethe, geborene von Pogwisch somit zur freien Verfügung. Die Bedingung des Schwiegervaters ist, daß sie sich nicht *wieder vermähle*, ansonsten *fallen natürlich so wohl das Wittum als der freie Gebrauch des Mobiliars weg.*

Goethe verfügt, daß sein Haus mitsamt den Kunstgegenständen auf fünfundzwanzig Jahre nicht veräußert werden darf. Alle seine Kunst- und anderen Sammlungen werden unter die Custodie Kräuters gestellt.

Bereits am 5. Dezember hat er Friedrich Theodor David Kräuter, seinem langjährigen Schreiber und Sekretär – seit 1811 ist er in seinen Diensten – sämtliche Schlüssel zu seinen Sammlungen übergeben.

In einem weiteren Testament vom 22. Januar 1831 trifft Goethe genaueste Verfügungen über seinen Werknachlaß, über Briefe und Tagebücher, bestimmt Friedrich Wilhelm Riemer und Johann Peter Eckermann zu Herausgebern. In gesonderten Vereinbarungen mit beiden vom 15. Mai und 14. Juni 1831 legt er die inhaltlichen und finanziellen Modalitäten dieser Herausgebertätigkeit fest.

Riemer hat den Goethe-Zelter-Briefwechsel zu betreuen. Eckermann die auf fünf berechneten Nachtragsbände zur Ausgabe letzter Hand herauszugeben; *fünf Procent von dem Erlös* fließt ihm davon zu. Riemer werden *vierhundert Thlr. Sächs. zugebilligt*.

Auch über den Verbleib von Originalmanuskripten trifft er Entscheidungen. So werden die *Kästen* mit den Handschriften seiner *Correspondenz mit Schiller ... bei der Herzoglichen Regierung niedergestellt*, mit der Verfügung, sie 1850, nach Ablauf der Schutzfrist, erneut herauszugeben und den Erlös daraus seinen Enkeln und Schillers Erben zukommen zu lassen.

Die Schlüssel zu den im Hause befindlichen Kästen mit dem Zelter-Briefwechsel werden Riemer übergeben. Die zu denen der Werk-Manuskripte, ebenfalls im Haus am Frauenplan deponiert, erhält Eckermann.

Zu den *Lasten*, die er *nunmehr selbst fortzuschleppen* hat, gehört auch der Haushalt am Frauenplan.

August führte nicht nur seinen, sondern auch den des Vaters. *Mein Sohn ... versieht auch meine ganze Wirthschaft, um die ich mich nicht zu kümmern brauche.*

Nun muß er, wie er Caspar von Sternberg gegenüber klagt, *die Rolle des deutschen Hausvaters wieder übernehmen, welche denn doch die hohen Jahre nicht recht kleiden will.*

Aus der Stellung des Großvaters zum Hausvater, aus dem Herrn zum Verwalter überzugehen, war – gesteht er Sulpiz Boisserée – *eine bedeutende Forderung.*

Während der langen Abwesenheit des Sohnes stehen die Dienstboten nicht genügend unter Aufsicht. *Mägde und Diener bereichern sich und haben es so arg getrieben, daß* Goethe *genöthigt gewesen, einen Teil der Dienstboten zu verabschieden. Die Schwiegertochter bekümmert sich nicht darum, weil sie, wie sie behauptet, nichts von Wirtschaft versteht, oder weil sie, wie andere sagen, nichts davon verstehen will.*

Stadtklatsch oder Realität?

Daß Goethe sich zu einer durchgreifenden Neuordnung gezwungen sieht, belegt sein Tagebuch. 27. Dezember: *Übergab ich dem Kutscher die Schlüssel zum Holzstall und ließ für alle Heizungen Scheite tragen. Erhielt die Schlüssel zurück.*

Er habe *den Haushalt umgestürzt und dem Schuldenmachen der Schwiegertochter gesteuert,* weiß Caroline von Wolzogen Ernst von Schiller zu berichten. Sie spricht von der *Pedanterie, womit er jetzt die Wirtschaft treibt ...*

Er hat den Schlüssel des Holzstalles unter seinem Kopf-
kissen und läßt das Brot abwiegen. Auch machte er Auf-
zeichnungen über den Abgang seiner Nachthemden. Als
Gesellschafterin behandelt er Ottilie sehr artig; aber im
Hause muß sie sich fügen.

Goethe trifft Entscheidungen. Die bisher getrennten zwei
Haushalte werden zusammengelegt.

Er zahlt die ausstehenden Rechnungen des jungen Paares; nicht unerhebliche Summen, er muß für kurze Zeit
dafür selbst Geld borgen.

Er legt Ottilie gegenüber die *Küchenausgaben* fest, *für*
den nächsten Monat Februar können nur dreyssig Thaler
zugestanden werden.

Noch ums kleinste Detail kümmert er sich.

9. Februar: *Durch John Bezahlung der Haushaltungs-*
schulden. Manches bezüglich auf die nothwendige Verän-
derung. Unterhaltung über diesen Gegenstand mit Otti-
lien und Vulpius.

11. Februar: *Fortgesetzte Sorgfalt für die neue Haushal-*
tungseinrichtung.

12. Februar: *Unterhaltung mit Ottilien über den gegen-*
wärtigen Haushaltungszustand.

15. Februar: *Das Haushaltungswesen kam immer mehr*
in's Klare. Fünf Tage zuvor ist ein neuer Koch eingestellt
worden. Goethe: *Büchner stellte mir den jungen Straube*
vor, welcher als Koch in meine Dienste trat ... Vulpius
entließ die Köchin (Auguste Kluge) *mit billiger Entschädi-*
gung. Von dieser Last befreyt konnt' ich an bedeutende
Arbeiten gehen.

Ich hatte das zu erleben nicht gehofft, steht unter dem Datum 27. Januar 1831 in Goethes Tagebuch.

Es bezieht sich auf seine soeben abgeschlossene Werkausgabe, die Ausgabe letzter Hand, erschienen in acht Lieferungen zu je fünf Bänden von der Ostermesse 1827 an. *Die letzte Sendung meiner Werke war vom Buchbinder gekommen.* Er baut die Bücher vor sich auf: *Die 40 Bände der Sedez-Ausgabe in einer Reihe vor mir aufgestellt zu sehen, machte mir ein dankbar anerkennendes Vergnügen. Ich hatte das zu erleben nicht gehofft.*

Das mag ebenso und in noch stärkerem Maße für seinen »Faust« gelten.

Als er im Januar 1830 schwor: *Es soll mich nun aber nichts wieder vom Faust abbringen*, fügte er an, *denn es wäre doch toll genug, wenn ich es erlebte ihn zu vollenden!*

Das Krisenjahr 1830. Trotz aller Widrigkeiten versucht er die Arbeit voranzutreiben.

Im August vollendet er die Klassische Walpurgisnacht.

Am 2. Dezember, wenige Tage nach der überstandenen Krankheit, heißt es: *Nachts an Faust gedacht und einiges gefördert.* Einen Tag später: *Nach 1 Uhr einige Stunden gewacht. Verschiedenes in Gedanken gefördert.*

Am 12. Februar 1831, zwei Tage nach dem Vermerk, daß er wieder an *bedeutende Arbeiten* gehen könne, der Eintrag im Tagebuch: *Das Hauptwerk muthig und glücklich angegriffen.*

Gegen alle Widerstände kämpft er; nicht zuletzt gegen sein mit zunehmendem Alter sich verlangsamendes Arbeitstempo.

Nach einem Bericht Eckermanns vom 11. März 1828

äußert er, daß er in seinem *Leben eine Zeit* gehabt habe, *wo* er *täglich einen gedruckten Bogen* (16 Druckseiten Oktav) von sich *fordern konnte*, und es ihm *mit Leichtigkeit ... gelang ... Jetzt, am zweiten Teil meines Faust, kann ich nur in den frühen Stunden des Tages arbeiten, wo ich mich vom Schlaf erquickt und gestärkt fühle und die Fratzen des täglichen Lebens mich noch nicht verwirrt haben. Und doch, was ist es, das ich ausführe! Im allerglücklichsten Fall eine geschriebene Seite; in der Regel aber nur so viel, als man auf den Raum einer Handbreit schreiben könnte, und oft, bei unproduktiver Stimmung, noch weniger.*

Daher nutzt er selbst die Stunden, die er in der Nacht wach liegt.

Und er denkt sich Listen aus.

So überliefert Eckermann von jenen Februartagen des Jahres 1831, daß Goethe das Manuskript des Zweiten Teils habe *heften* lassen, ›*damit es mir*‹, wie er sagt, ›*als eine sinnliche Masse vor Augen sei. Die Stelle des fehlenden vierten Aktes habe ich mit weißem Papier ausgefüllt, und es ist keine Frage, daß das Fertige anlocket und reizet, um das zu vollenden, was noch zu tun ist. Es liegt in solchen sinnlichen Dingen mehr als man denkt, und man muß dem Geistigen mit allerlei Künsten zu Hülfe kommen.*‹

Abschluß der 5. Abtheilung (Fünfter Akt) *Beginn der vierten*, vermerkt das Tagebuch am 4. Mai.

Am 1. Juni heißt es an Zelter: *ganz in's ... Klostergarten-Leben* sei er *beschränkt, um ... den zweyten Theil* seines *Faust zu vollenden.*

Er arbeitet an dem noch fehlenden Vierten Akt.

Der 28. August rückt näher.

Er konzentriert alle Kräfte.

Den *magischen Kreis*, den *um* sich zu *ziehen* dem Acht-unddreißigjährigen in Rom nicht gelang, vermag nun der Einundachtzigjährige zu schließen.

Von seinem *absondernde⟨n⟩, theils revolutionäre⟨n⟩, theils einsiedlerische⟨n⟩ Egoismus* berichtet er Johann Heinrich Meyer am 20. Juli. *Den meinen, will ich nur bekennen, hab ich in's Innerste der Production zurückgezogen* ...

Und endlich, endlich kann er das Ende der Arbeit ankündigen.

Er habe den *nunmehr seit vollen vier Jahren, wieder ernstlich aufgenommenen zweyten Theil des Faust in sich selbst arrangirt, bedeutende Zwischenlücken ausgefüllt und vom Ende herein, vom Anfang zum Ende das Vorhandene zusammengeschlossen. Dabey hoffe ich, es soll mir geglückt ⟨seyn⟩, alle den Unterschied des Früheren und Späteren ausgelöscht zu haben. Und so ist nun ein schwerer Stein über den Bergesgipfel auf die andere Seite hinabgewälzt.*

Einen Tag danach vermerkt sein Tagebuch: *Abschluß des Hauptgeschäftes.* Und am 22. Juli: *Das Hauptgeschäft zu Stande gebracht. Letztes Mundum. Alles rein Geschriebene eingeheftet.*

Freude über das Vollbrachte; *es wäre doch toll genug, wenn ich es erlebte ihn zu vollenden.*

Er erlebt es.

Eckermann bestätigt, *daß im August der ganze zweite Teil geheftet und vollkommen fertig dalag.* Und berichtet:

Dieses Ziel, wonach er solange gestrebt, endlich erreicht zu haben, machte Goethe überaus glücklich. ›Mein ferneres Leben‹, *sagte er,* ›kann ich nunmehr als ein reines Geschenk ansehen, und es ist jetzt im Grunde ganz einerlei, ob und was ich noch etwa tue.‹

Eine Reise des Aus- und Aufatmens also.

Wie haben wir uns nach dem bisher Berichteten Goethe vorzustellen, als er sich in den Augusttagen 1831 zur Reise rüstet?

Keineswegs als selbstgewissen strahlenden Olympier, sondern als einen, der trotz Schicksalsschlägen, Krankheit und politischen Verunsicherungen seiner verfließenden Lebenszeit beharrlich sein Werk abringt; suchend, zweifelnd, keineswegs gewiß, ob es ihm gelingen wird.

Als einen Arbeitsbesessenen, einen unablässig tätigen Mann; als einen, der noch im hohen Alter tagtäglich die *Pyramide seines Daseyns ... in die Lufft ... spizz⟨t⟩.*

Mit einem Zeitgeiz, der seinesgleichen sucht. Die Einteilung der Zeit, Tag für Tag genau, über jede Stunde sich Rechenschaft gebend; man kann das faszinierend finden oder bürokratisch nennen. Das Ergebnis zählt.

Seine Arbeitslast verteilt er zudem auf viele Schultern, spannt andere rigoros für seine Zwecke ein, mit diesen Mitarbeitern seine Kräfte vervielfachend.

Ihm sei daran gelegen, *dasjenige was von mir auf dem Papyr schwarz und weiß übrig bleibt, in Zucht und Ordnung zu bringen.*

Er *suche die vielen Vorarbeiten ... zu eigenem Ge-*

brauch seit Jahren gehäuft, zu einem Ende zu bringen, *daß so wenig als möglich verloren gehe, wenn ich früher oder später abgerufen werde.*

Wenn einer, wie ich, über die achtzig hinaus ist, äußert er am 15. Mai 1831 zu Eckermann, *hat er kaum noch ein Recht zu leben; er muß jeden Tag darauf gefaßt sein, abgerufen zu werden ...*

Das Durchschnittsalter von Männern lag damals bei fünfunddreißig Jahren; bei Menschen in geistigen Berufen war es etwas höher.

Goethe hat das achtzigste Lebensjahr bereits erreicht.

Altwerden gehört zu seinem Lebenskonzept.

Da ist der Sömmerring gestorben, kaum elende 75 Jahre alt. Was doch die Menschen für Lumpe sind, daß sie nicht die Courage haben, länger auszuhalten als das, äußert er am 17. März 1830.

Und im Februar 1832 sagt er zu Kanzler Müller: *Im Jahre 1834 kommt der große Komet; schon habe ich an Schrön geschrieben ...* (Heinrich Ludwig Friedrich Schrön, Astromon, seit 1829 Leiter und Observator der Sternwarte in Jena) *damit er wohl vorbereitet und würdig empfangen werde.*

Als neunjähriges Kind hat Goethe von dem *große⟨n⟩ Komet⟨en⟩,* dem Halleyschen Kometen, gehört, dessen Erscheinung für 1758 belegt ist. Für 1834 ist seine Wiederkehr angekündigt.

Sind die Vorbereitungen zu seinem Empfang ein geheimer Verweis auf seinen Lebenswunsch, sein erhofftes Alter? (Er wird den Kometen nicht mehr sehen, erst 1835, drei Jahre nach seinem Tod, erscheint er wieder.)

Lange leben heißt gar vieles überleben, geliebte, gehaßte, gleichgültige Menschen, Königreiche, Hauptstädte, ja Wälder und Bäume, die wir jugendlich gesäet und gepflanzt. Wir überleben uns selbst und erkennen durchaus noch dankbar, wenn uns auch nur einige Gaben des Leibes und Geistes übrig bleiben. Alles dieses Vorübergehende lassen wir uns gefallen; bleibt uns nur das Ewige jeden Augenblick gegenwärtig, so leiden wir nicht an der vergänglichen Zeit. Das steht in einem Brief von 1823.

Das Jahr der Zäsur.

Von da an beginnt Goethe seine Vorstellung vom Alter zu entwickeln. *Jedem Alter des Menschen antwortet eine gewisse Philosophie*, lautet ein Aphorismus aus dem Nachlaß.

Die *Gaben*, die *übrig bleiben...*

1831, am 15. Oktober, wiederholt er: *Im hohen Alter, wo uns die Jahre nach und nach wieder entziehen was sie uns früher so freundlich und reichlich gebracht haben, halte ich für die erste Pflicht gegen uns selbst und gegen die Welt, genau zu bemerken und zu schätzen, was uns noch übrig bleibt.*

Goethe sieht das Alter, das damals gemeinhin als Phase schwindender körperlicher und geistiger Kräfte abgetan wird, als eine eigenständige, neue Lebensphase.

Älter werden heißt selbst ein neues Geschäft antreten; alle Verhältnisse verändern sich und man muß entweder zu handeln ganz aufhören oder mit Willen und Bewußtsein das neue Rollenfach übernehmen, schreibt er 1825 in den Maximen über »Kunst und Altertum«.

Er setzt geistige *Beweglichkeit* gegen den altersbedingten körperlichen Verfall: *Genau gesehen haben wir uns*

*noch alle Tage zu reformieren ... Man muß sich immerfort
verändern, erneuern, verjüngen, um nicht zu verstocken.*

Er liebt das Wort *Verjüngung*, spricht sogar von *wieder-
holte⟨r⟩ Pubertät.*

Im Vergleich von Lebensmitte und Alter schneidet letzteres nicht schlecht ab: *So war ich in meinem vierzigsten
Jahre über einige Dinge vollkommen so klar und gescheit
als jetzt und in manchen Hinsichten sogar besser,* äußert er
nach Eckermann am 12. April 1829, *aber doch besitze ich
jetzt in meinem achtzigsten Vorteile, die ich mit jenen
nicht vertauschen möchte.*

Und dann darf ich Dir wohl in's Ohr sagen, gesteht er
Zelter am 29. April 1830, *ich erfahre das Glück, daß mir
in meinem hohen Alter Gedanken aufgehen, welche zu
verfolgen und in Ausübung zu bringen eine Wiederholung
des Lebens gar wohl werth wäre.*

Sieben Wochen vor seinem Tod schreibt er an seinen
Freund in Berlin: *aber ich weiß am besten, was mich im
höchsten Alter jung erhält, und zwar im praktisch pro-
ductiven Sinne, worauf denn doch zuletzt alles ankommt.*

All diese scheinbar ungebrochen positiven Äußerungen
sind vielleicht auch ein Mutmachen des alten Mannes gegen den Druck von außen: denn nicht zu übersehen ist, daß
Goethe massiven politischen und literarischen Angriffen
ausgesetzt ist.

Theologen, Deutschnationale, Romantiker und Jung-
deutsche attackieren ihn: *... die äußerste Rechte und die
äußerste Linke verbanden sich gegen ihn; und während
der schwarze Pfaffe mit dem Kruzifixe gegen ihn los-
schlug, rannte gegen ihn zu gleicher Zeit der wütende
Sansculotte mit der Pike,* schreibt Heinrich Heine.

Für die Anhänger Saint-Simons stellt Goethes Werk das *moralische Nichts* dar, es sei das *lasterhafte Universum der Indifferenz, der Langeweile, des Atheismus und des Individualismus. Ohne mitreißendes, pathetisches Ziel sei es, ohne Inspiration der Liebe.*

Gegen das Goethe fehlende *mitreißende, pathetische Ziel* stellen die jungen Franzosen ihr *heroisches Ideal der Ordnung, der Gemeinschaft und Opferbereitschaft.*

Heinrich Heine, den die Politik der Restauration aus Deutschland nach Paris ins Exil treibt, der dort die Julirevolution begeistert begrüßt (auf der Überfahrt nach Helgoland *roch* ihm *die ganze See ... nach frischgebackenem Kuchen*), wirft Goethe *Indifferentismus* als *Resultat seiner pantheistischen Weltsicht* vor.

Er spielt Schiller gegen ihn aus. Während Schillers *Worte ... Taten* hervorbrächten, seien *die Goetheschen schönen Worte ... kinderlos.*

Schiller schrieb für die großen Ideen der Revolution ...

Goethe dagegen ist für Heine ein *Aristokratenknecht*; er sieht in ihm *einen schwachen abgelebten Gott, den es verdrießt, daß er nichts mehr erschaffen kann.*

Unbeeinflußt ist das wohl nicht von Goethes Verhalten Heine gegenüber. *Ich hätte hundert Gründe, Ew. Excellenz meine Gedichte zu schicken. Ich will nur einen erwähnen: Ich liebe Sie,* stellt Heine sich, noch Jurastudent in Berlin, 1821 Goethe vor. Er schließt seinen Brief: *Ich küsse die heilige Hand, die mir und dem ganzen deutschen Volke den Weg ins Himmelreich gezeigt hat ...*

Goethe antwortet nicht. (Vielleicht wegen des allzu schmeichelnden Tons?)

Zwei Jahre später sucht Heine den Dichter in Weimar

auf; auf dessen Frage, woran er arbeite, entgegnet er keck: an einem Faust-Drama; womit das Gespräch, nach Heines Zeugnis, abrupt ein Ende findet.

Heine bewundert Goethe, sieht in ihm eine *hundertjährige Eiche*. Nicht von ihm anerkannt und geschätzt zu werden kränkt ihn, treibt ihn – *Neid* spielt dabei wesentlich mit, wie er gesteht – in die *Emeute* seiner Gegner.

Goethe lobe und preise *alle unbedeutende⟨n⟩ Kleingeister*, da er *Angst vor jedem selbstständigen Originalschriftsteller* habe.

Von Goethes angeblicher *Alleinherrschaft in der deutschen Literatur* spricht er. 1833, ein Jahr nach Goethes Tod, bringt er es auf den Punkt: *Erst jetzt..., seitdem die hundertjährige Eiche gefallen* sei, könne *ein junger Wald*, könnten *dessen Stämme*, bisher von den *Zweigen* der Eiche *weit überragt und überschattet ... ihre Größe zeigen.*

Goethe und die nachfolgende Generation.

Lakonisch stellt er fest: *Der Alte verliert eins der größten Menschenrechte, er wird nicht mehr von seines Gleichen beurtheilt.*

Realistisch sieht er sich als einen isolierten Dichter, der kaum mehr Einfluß auf seine Mitlebenden hat. *Wenn man in und für die Zeit schreibt, ist es gar zu unangenehm, zu finden, daß man nichts auf sie wirkt*, gesteht er Kanzler Müller.

Dieser unablässig tätige alte Goethe ist ein einsamer Mann.

Nicht im Alltag; Familie, Mitarbeiter und Freunde sind

ihm nah, täglich sind Besucher aus mehreren Ländern in seinem Haus, eine umfangreiche Korrespondenz verbindet ihn mit der Welt.

Es ist eine Einsamkeit im geistigen Sinne. *Ich kann eigentlich mit niemanden mehr über die mir wichtigsten Angelegenheiten sprechen, denn niemand kennt und versteht meine Prämissen,* klagt er am 5. April 1830 Kanzler Müller. Und am 17. Januar 1831 Zelter: *zu meinen eigenen Überzeugungen find ich keine Gesellen . . .*

Er sieht und wertet die Zeitereignisse anders als die meisten der Jüngeren. Zunehmend wird er vom Gefühl der *Unzeitgemäßheit* seiner Anschauungen beherrscht.

Mehrfach betont er, wie froh er sei, in der Mitte des 18. Jahrhunderts geboren zu sein: *. . . ich danke dem Himmel, daß ich jetzt, in dieser durchaus gemachten Zeit, nicht jung bin . . . Als ich achtzehn war, war Deutschland auch erst achtzehn, da ließ sich noch etwas machen . . .* äußert er am 15. Februar 1824. *Aber jetzt . . .* seien *alle Wege verrannt.*

Seine Epoche sei eine aufstrebende gewesen, mit der er sich in Übereinstimmung befunden habe; es *ist ein eigen ehrenwerthes Schicksal, daß ich gerade in ein gleichsinnig wirkendes Jahrhundert eintraf.*

Er sieht das 19. Jahrhundert, dessen erste Dezennien er erlebt, nicht als Fortführung des alten Jahrhunderts, sondern als eine neue, ihm fremde Ära.

Die alte europäische Kultur, aus der er kommt, empfindet er als bedroht durch das, was auf ihn zukommt: die technisch-industrielle Welt des beginnenden Maschinen- und Industriezeitalters.

Zwischen beiden Welten existiert für ihn ein radikaler Bruch. Die Französische Revolution markiert ihn.

Nach seiner Wahrnehmung hatte sie in allen Lebensbereichen Krisen und sich steigerndes Chaos zu Folge.

Es sei eine *verrückte Zeit*. Der *Tag* sei *absurd und confus*, die *Hansnarren des Tages* hätten die Oberhand. *Schrecklich sei es, wie das Jahrhundert seine Schwächen aufsteift und aufstutzt.*

Goethes Abneigung gegen das 19. Jahrhundert geht so weit, daß er, wäre er jetzt jung, nicht in Deutschland, nicht in Europa leben wollte und sich mit dem Gedanken der Auswanderung trüge.

Ich würde nicht zu bleiben wissen, äußert er.

Mögliche Zufluchtsorte sind für ihn die pazifischen Inseln und der nordamerikanische Kontinent.

Bei letzterem fügt er skeptisch hinzu: *Ja selbst wenn ich nach Amerika flüchten wollte, ich käme zu spät...*

Die *Zustände* der *alten Europäer* seien so *schlecht, künstlich und kompliziert, daß man, um nur einmal das menschliche Dasein, ohne falschen Beigeschmack durchaus rein zu genießen*, sich *oft wünsch⟨e⟩, auf einer der Südsee-Inseln als sogenannter Wilder geboren zu sein.*

Fremdheit. Distanz.

Die sich *entwickelnden Weltbegebenheiten*, so behauptet er, seien fern von ihm, *der ich, in meinen Klostergarten schauend, jene wichtigsten Ereignisse nur als phantasmagorische Wolken über mir vorbeyziehen sehe.*

Verweigert er sich der Gegenwart?

Ist er doch der *Stabilitätsnarr*, wie Ludwig Börne bissig schreibt, *das große Zeitablehnungsgenie, das sich selbst letzter Zweck ist*, wie Heinrich Heine formuliert?

Keineswegs.

Bis ins hohe Alter verfolgt Goethe die neuesten Entwicklungen in Kunst und Kultur, in Politik, Technik und Naturwissenschaften.

Farbenlehre, Morphologie und Geologie beschäftigen ihn. Der Streit zwischen Neptunisten und Vulkanisten. Die 1828 erstmals gelungene Umwandlung anorganischer in organische Materie durch die Wöhlersche Harnstoffsynthese.

Im September 1830 nimmt er die Eröffnung der ersten Eisenbahnstrecke von Liverpool nach Manchester zur Kenntnis; in seinem Besitz ist ein Modell der 1829 von Stephenson gebauten Lokomotive.

Sein Interesse gilt dem *Projekt eines Durchstiches der Landenge von Panama*. Es sei *vorauszusehen,* daß Amerika, *dieser jugendliche Staat ...* dies *bewerkstelligen* werde. *Dieses möchte ich erleben,* äußert Goethe am 21. Februar 1827. *Zweitens möchte ich erleben, eine Verbindung der Donau mit dem Rhein hergestellt zu sehen ... Und endlich drittens möchte ich die Engländer im Besitz eines Kanals von Suez sehen. Es wäre,* sagt er, *wohl der Mühe wert, ihnen –* diesen *drei großen Dinge⟨n⟩ – zu Liebe es noch einige funfzig Jahre auszuhalten.*

Ein Mann also, der mit vitaler Neugier seiner Zeit, besonders ihren technischen Errungenschaften, zugewandt ist.

Und der dennoch nicht ihrer Fortschrittsgläubigkeit huldigt.

Im Gegenteil, sie eher als Kainsmal des Künftigen sieht.

Kritisch stellt er fest: *Reichthum und Schnelligkeit ist was die Welt bewundert und wornach jeder strebt; Eisen-*

bahnen, Schnellposten, Dampfschiffe und alle möglichen
Facilitäten der Communication sind es worauf die gebilde-
te Welt ausgeht, sich zu überbieten, zu überbilden und
dadurch in der Mittelmäßigkeit zu verharren ...

Er spricht vom *Zeitstrudel.* Von der Abwesenheit von
Besinnung und Langsamkeit. *Für das größte Unheil unse-*
rer Zeit, die nichts reif werden läßt, muß ich halten daß
man im nächsten Augenblick den vorhergehenden ver-
speist, den Tag im Tag vertut, und so immer aus der Hand
in den Mund lebt, ohne irgend etwas vor sich zu bringen.

Schnelligkeit und Beschleunigung regieren nach seiner
Meinung die Welt. Er nennt es das *Veloziferische.* (Eine
Wortschöpfung aus dem lateinischen velocitas = Eile und
dem italienischen velocifero = Eilwagen oder Eilposten.)
Das *Veloziferische* – für Goethe wohl mit einem Anklang
an das Hybrid-Luziferische – wird ihm zum Stigma der
neuen Zeit.

Eine Möglichkeit, dieses *Veloziferische* aufzuhalten,
sieht er nicht. *So wenig nun die Dampfmaschinen zu*
dämpfen sind, so wenig ist dies auch im Sittlichen möglich:
die Lebhaftigkeit des Handels, das Durchrauschen des
Papiergeldes, das Anschwellen der Schulden, um Schulden
zu bezahlen, das alles seien *die ungeheuren Elemente*, die
die Gegenwart prägen.

Am lebendigen Leib seiner Zeit sieht Goethe das sterben,
was ihm lebenswichtig ist. Und die Werte, die seine Mitlebenden vertreten, sind ihm zweifelhaft; sie stimmen
nicht mit den seinen überein.

An ihnen, den Werten der alten europäischen Kultur,
hält er daher unbeirrt fest.

Keineswegs ist er also ein alter Mann, der seine Zeit

nicht mehr versteht, sich in eremitischer Alterseinsamkeit selbst feiert, sondern einer, der das geistige Alleinsein sucht, der die Einsamkeit am Ende seines Lebens in Kauf nimmt.

Daß er dennoch unter der Entfremdung vom Zeitgeist und seiner zunehmenden Wirkungslosigkeit gelitten hat, steht außer Frage.

Und so macht er aus seiner Not eine Tugend, erklärt: *Meine ganze Zeit wich von mir ab.* Mit diesem Gedanken-Salto gewinnt er Distanz und schafft sich die Freiheit, sein Werk im vollen Bewußtsein seiner *Unzeitgemäßheit* zu vollenden.

Auf seine eigene Lebenswahrheit richtet er seine gesamte Energie. Sein Feld ist das des Erinnerns und der Selbstprüfung. *Was an mir noch zu berichtigen möglich ist, zu berichtigen,* notiert er am 21. Mai 1830, und am 17. März 1832: *und ich habe nichts angelegentlicher zu thun als dasjenige was an mir ist und geblieben ist wo möglich zu steigern und meine Eigenthümlichkeiten zu cohobiren...*

Unter diesem Blickwinkel ist er auch nicht mehr zum Eingreifen in die Zeitdebatte, zu öffentlichen Verteidigungen und Selbstbehauptungen gezwungen.

Er läßt für seine Person Streit Streit sein; *die polemischen Richtungen werden bey mir immer schwächer.* Er, der in Zeiten seiner Freundschaft zu Schiller mit den »Xenien« angriffslustig *Pfähle ins Fleisch der Collegen* rammte, begegnet den literarischen Kämpfen nun gleichgültig; angeblich übersieht, überhört er sie.

Das *Widerbellen sei er durch viele Jahre gewohnt,* gesteht er Zelter. Und seinem böhmischen Freund Joseph

Stanislaus Zauper: ... *ich weiß so wenig was für und ge-*
gen mich geschieht, als ich mitten in Deutschland von den
Stürmen der Nord- und Ostsee oder auch des Mittel- und
adriatischen Meeres etwas gewahr werde.

Ist das eine Demonstration von Gelassenheit?

Oder tatsächliche Gelassenheit?

Wir wissen kaum, was Goethe von den Angriffen von
rechts und links zu Augen und Ohren gekommen ist.

Er breitet Schweigen über dieses ihn gewiß kränkende,
bittere Kapitel seines Alters. Allenfalls lassen indirekte
oder verschlüsselte Äußerungen Vermutungen zu.

Lediglich auf einem Gebiet liegt seine Differenz zu den
vom Zeitgeist Bewegten relativ offen, auf dem politischen
der nationalen Befreiungskriege 1813/14.

Goethe, der in Napoleon Bonaparte denjenigen sieht,
der die Blutströme der Französischen Revolution zum
Stillstand gebracht, mit dem *Code civil* eine neue Ordnung
geschaffen, dem Chaos Einhalt geboten hat, wendet sich
nicht von Napoleon ab, als dieser Europa mit seinen Er-
oberungskriegen überzieht.

Als sein Sohn sich freiwillig zum Kriegsdienst gegen das
napoleonische Joch meldet, tut er alles, um diese Entscheidung rückgängig zu machen. Er ist zu keiner, nicht der
geringsten, patriotischen Geste bereit, stimmt nicht in
den Chor der Franzosenhasser ein.

Damit nimmt er nicht nur seine Isolierung in Weimar
und in ganz Deutschland in Kauf, sondern riskiert auch
einen Bruch mit seinem Landesherrn.

Es ist kein Zufall, daß er in der Folgezeit seine Vorstellung von Literatur gegen eine enge deutsche und nationale Konzeption entwickelt.

Ich sehe mich ... gerne bei fremden Nationen um, äußert er nach Eckermann, *und rathe jedem es auch seinerseits zu thun.*

National-Literatur will jetzt nicht viel sagen, die Epoche der Welt-Literatur ist an der Zeit, und jeder muß jetzt dazu wirken, diese Epoche zu beschleunigen.

Er wendet sich gegen deutschen Kleingeist und *pedantischen Dünkel ... wenn wir Deutschen nicht aus dem engen Kreise unserer eigenen Umgebung hinausblicken,* mahnt er. *Es gibt keine patriotische Kunst und keine patriotische Wissenschaft. Beide gehören, wie alles hohe Gute, der ganzen Welt an, und können nur durch allgemeine freie Wechselwirkung aller zugleich lebenden, in steter Rücksicht auf das was uns vom Vergangenen übrig und bekannt ist, gefördert werden,* hält er fest.

Unter der *Epoche der Welt-Literatur* versteht er: weit über den deutschen Sprachraum hinaus den Kontakt zu den europäischen Kulturen zu suchen. Durchaus im praktischen Sinne, als Begegnung, Gespräch, Meinungsaustausch zwischen den Vertretern der einzelnen Nationalliteraturen, einschließlich ihrer Vermittler und Übersetzer.

So hält er es selbst im Alter.

Größte Wertschätzung genießen beim alten Goethe, nicht zuletzt als Anreger für sein eigenes Werk, vor allem drei europäische Schriftsteller: der 1785 geborene Italiener Alessandro Manzoni, der Schotte Walter Scott, Jahrgang 1771, und Lord Byron, 1788 in England zur Welt gekommen.

Byron ist für Goethe das *größte Talent des Jahrhunderts*. Byron sei *der brennende Dornstrauch, der die heilige Zeder des Libanon in Asche legt* ... *Byron ist nicht antik und ist nicht romantisch, sondern er ist wie der gegenwärtige Tag selbst*, äußert er nach Eckermann. *Ihm sei nichts im Wege als das Hypochondrische und Negative, und er wäre so groß wie Shakespeare und die Alten.*

Byron seinerseits verehrt den deutschen Dichter, er widmet ihm seinen »Sardanapalus«; in der gedruckten *Dedikation* erscheint Goethe als *the first of existing writers*.

Scott drückt seine Bewunderung für ihn aus, indem er seinen »Götz von Berlichingen« übersetzt.

Zu beiden Schriftstellern sucht Goethe über den brieflichen Kontakt hinaus den persönlichen. Beide lädt er nach Weimar ein.

Lord Byrons früher Tod verhindert die Begegnung. 1823 geht er von Italien nach Griechenland, um den Freiheitskampf des griechischen Volkes zu unterstützen. Am 19. April 1824 stirbt er – zu Goethes Schmerz –, sechsunddreißig Jahre jung, in Missolunghi.

Sir Walter Scott will 1832 mit seiner Tochter auf der Rückreise von Neapel den Weg über Weimar nehmen. Er werde nicht in seine Heimat zurückkehren, ohne Goethe besucht zu haben, versichert er ihm. Dieser läßt Scott noch am 10. März 1832 ausrichten, er werde sich in Weimar *durchaus einheimisch finden ... und nicht nur als Verfasser so vieler und bedeutender Werke* ... Goethe spricht von seiner *durchgängigen Anerkennung* für Scott, die bei ihm *durch eine gewisse Zärtlichkeit einer vieljährigen Verwandtschaft noch erhöht* werde.

Auch diese Begegnung findet nicht statt.

Scott wäre zu spät gekommen. Zudem: sein eigener äußerst schlechter Gesundheitszustand zwingt ihn zu unverzüglicher Rückkehr; 1832, im gleichen Jahr wie Goethe, stirbt er, erst zweiundsechzig Jahre alt, in Abbotsford in Schottland.

Die Anerkennung durch Byron und Scott läßt Goethe möglicherweise seine Isolierung in Deutschland leichter ertragen.

Aber nicht nur auf den angelsächsischen Raum richtet er seinen Blick. *Seit einiger Zeit bin ich in das Lesen französischer Bücher gewissermaßen ausschließlich versenkt worden*, heißt es am 18. Mai 1829.

Als Achtzigjähriger nimmt er die jungen französischen Romanciers zur Kenntnis, liest Hugo, Balzac und Stendhal.

Über Honoré de Balzacs 1831 in Paris erscheinenden Roman »La peau de chagrin« (1841 deutsch »Das Chagrinleder«) äußert er – nach Frédéric Soret –, in dem Buch *lasse sich jede Einzelheit bekritteln, Konstruktionsfehler und Überspanntheiten fänden sich auf jeder Seite, mit einem Wort, es habe mehr Fehler als man zur Abschlachtung eines guten Buches brauche, und doch müsse man es als das Werk eines außerordentlich begabten Talentes anerkennen und käme von der Lektüre nicht los.*

Der Roman »Notre Dame de Paris« des neunundzwanzigjährigen Hugo findet dagegen wenig Gnade.

Das vorzügliche Talent des Victor Hugo kann nicht aus dem unseligen Kreise der Zeit heraus; das Allerhäßlichste mit dem Allerschönsten zu vermählen ... hält Goethe am 15. Juni 1831 nach der Lektüre fest.

Als Boisserée ihm schreibt, das Buch sei für ihn ein *aus dem mittelalterlichen Gassenkehricht der Stadt Paris mit der frechsten Willkür zusammengestoppeltes Fratzenwerk*, entgegnet er am 8. September: *Ihr Urtheil über Notre Dame de Paris unterschreib ich Sylbe für Sylbe.*

Es sei *eine widerwärtige, unmenschliche Art von Composition*, notiert er am 20. Juni des gleichen Jahres in sein Tagebuch. Und am 12. Oktober: *Ich habe den zweyten Theil nicht auslesen können.*

Von Stendhals Roman »Rouge et Noir« (»Rot und Schwarz«) dagegen, 1830 in Paris erschienen, ist er angetan. Er läßt ihn sich in Originalsprache von seiner Schwiegertochter vorlesen. *Große Beobachtung und psychologischer Tiefblick* lobt er und schätzt damit als einer der ersten den in seiner Zeit völlig verkannten und erfolglosen Autor.

Vergleichsweise enthusiastische Äußerungen wie die über Lord Byron oder engagierte wie über die jungen Franzosen lassen sich über die deutsche Literatur bei Goethe kaum finden; eher Fehlurteile, wie man wohl seine Äußerungen schon über Jakob Michael Reinhold Lenz, über Hölderlin, Kleist oder Jean Paul nennen muß.

Die deutsche Literatur führt beim alten Goethe ein Schattendasein, sie interessiert ihn wenig, kommt nur am Rande vor; zufällig und marginal sind seine Lektüren, seine Urteile oft allgemein.

Die *jetzige Generation* fürchte sich – überliefert Eckermann eine Äußerung Goethes – *vor aller echten Kraft*; ihr fehlen *die würdigen Gegenstände*, daher *hapert es auch so mit aller Kunst der neuern Zeit. Die Poeten schreiben alle, als wären sie krank und die ganze Welt ein Lazaret.*

Bereits im äußeren Habitus begegnet Goethe das *Schwache* als *Charakterzug unseres Jahrhunderts... Kurzsichtig, blaß, mit eingefallener Brust, jung ohne Jugend: das ist das Bild der Meisten, wie sie sich mir darstellen.*

Dennoch: bei aller Kritik an der Gegenwart verläßt ihn die Neugier auf die Jungen nie.

Noch am 27. Januar 1832, kaum zwei Monate vor seinem Tod, schreibt er Zelter: *Wegen der jungen Leute, deren Wesen und Treiben man nicht billigen kann und sie doch nicht los wird, lebt man in- und auswendig immerfort im Streite. Oft bedaure ich sie daß sie in eine verrückte Zeit gekommen, wo ein starr-zäher Egoismus auf halben oder gar falschem Wege sich verstockt und die reine Selbstheit sich auszubilden hindert ... Jetzt gängeln sie sich in schlendrianischen Labyrinthen und merken nicht was ihnen unterwegs bevorsteht...*

Bereits 1822 heißt es: *Jüngere zu gewinnen* sei jetzt sein *unabläßlicher Wunsch.* Er sucht den Kontakt zu jungen Leuten, fühlt sich für sie verantwortlich, ist auch bereit, von ihnen zu lernen.

So erschließt ihm der vierunddreißig Jahre jüngere Kunstsammler und Kaufmann Sulpiz Boisserée die mittelalterliche Malerei und Architektur. Mit dem 1795 geborenen Frédéric Soret, Naturforscher und Schriftsteller, von 1822 bis 1836 Erzieher des Prinzen Carl Alexander in Weimar, debattiert er vornehmlich naturwissenschaftliche und politische Fragen.

Mit Felix Mendelssohn Bartholdy musikalische. Der 1809 Geborene hat bereits als Zwölfjähriger Goethe auf dem Klavier vorgespielt. Im Juni 1830 ist er wieder in

Weimar. *Mir war seine Gegenwart besonders wohltätig,* schreibt Goethe am 3. Juni an Zelter. *Von der Bachischen Epoche heran, hat er mir wieder Haydn, Mozart und Gluck zum Leben gebracht; von den großen neuern Technikern hinreichende Begriffe gegeben, und endlich mich seine eigenen Productionen fühlen und über sie nachdenken machen...*

Besondere Nähe sucht er auch zu seinen jungen Übersetzern. Als Beispiel mag der 1795 geborene Schotte Thomas Carlyle stehen. Sein unweit von Edinburgh gelegenes Gehöft Craigenputtoch, auf dem er als Literaturhistoriker, Übersetzer und Philosoph arbeitet, ist für Goethe ein wichtiger literarischer Ort. Er lädt Carlyle nach Thüringen ein; mit seiner jungen Frau kommt er nach Weimar.

Auch der fünfundzwanzigjährige Pariser Frédéric Albert Alexandre Stapfer, der zwischen 1821 und 1825 Goethes dramatisches Werk ins Französische übertragen hat, besucht ihn im Mai 1827.

Und im März 1830 erreicht Goethe eine große Sendung aus der französischen Metropole. Der fast vierzig Jahre jüngere Bildhauer Pierre Jean David d'Angers, der 1829 in Weimar Goethes Kolossalbüste modelliert hat (1831 führt er sie in Marmor aus) schickt ihm eine Kiste.

Sie enthält eine Anzahl von David angefertigter Medaillons französischer Dichter, Maler, Gelehrter und Feldherren. Und von Émile Deschamps eine Übersetzung von Goethes »Die Braut von Korinth«. Darüber hinaus *eine Masse Bücher, jedes war* – wie Soret überliefert, der beim Auspacken der Kiste zugegen ist – *mit einer handschriftlichen Widmung des Autors versehen.* Unter den Büchern sind auch Werke von Honoré de Balzac und Victor Hugo. Goethe gefällt diese Huldigung der jungen Generation; seine Freude sei groß gewesen. *>Solch eine Sendung<, sagte er, >ist eine kräftige Lebensstärkung<.*

Und die Stimmen aus Frankreich, die sein *Werk* das *moralische Nichts* nennen, das *lasterhafte Universum der Indifferenz, der Langeweile, des Atheismus und des Individualismus*?

Dieses Verdikt ist ihm mit hoher Wahrscheinlichkeit vor Augen gekommen, denn die Broschüre »Doctrine de St. Simon«, in der es steht, ist nachweislich in seinem Besitz.

Auf diesem Hintergrund erhält Goethes Beschäftigung mit der *Réligion Simonienne* während seines Ringens um den Abschluß des »Faust« ein besonderes Gewicht. Es ist belegt, daß Goethe für seine Faust-Figur Züge dieser Lehre, zum Teil in wörtlichen Zitaten oder paraphrasierend, übernommen hat.

An der Spitze dieser Secte stehen sehr gescheite Leute, sie kennen die Mängel unserer Zeit genau und verstehen auch das Wünschenswerthe vorzutragen . . ., urteilt er.

Überraschend stimmt er mit der Zustandsanalyse der Saint-Simonisten überein, sie entspricht seiner eigenen Prognose über die Folgen des Maschinenzeitalters.

Schroff aber lehnt er ihre Theorie der Veränderung ab: *wie sie sich aber anmaßen wollen, das Unwesen zu beseitigen und das Wünschenswerthe zu befördern, so hinkt sie überall*, schreibt er. *Die Narren bilden sich ein, die Vorsehung verständig spielen zu wollen, und versichern, jeder solle nach seinem Verdienst belohnt werden, wenn er sich mit Leib und Seele, Haut und Haar an sie anschließt und sich mit ihnen vereinigt.*

Ihr *heroisches Ideal der Ordnung, der Gemeinschaft und Opferbereitschaft* ist ihm zutiefst zuwider.

In den radikalen Eingriffen der Saint-Simonisten in Eigentums- und Besitzrechte: Abschaffung von Privateigentum an Produktionsmitteln, von Erbrecht und Geburtsadel, sieht Goethe die Autonomie des Individuums bedroht und die Fundamente der alten europäischen Kultur zerstört.

Entschieden wendet er sich dagegen, *die reine Selbstheit*, das individuelle Dasein einem abstrakten Wohl der Gemeinschaft zu opfern.

Als gefährlich schätzt er demzufolge die *Narren* ein, die durch die Ereignisse von 1830 heftigen Aufwind bekommen.

Von der Sociéte St. Simonienne bitte sich fern zu halten..., gebietet er Thomas Carlyle am 17. Oktober 1830.

Und als er aus einem Brief von Felix Mendelssohn Bartholdy aus Paris, den Zelter ihm schickt, erfährt, daß den Anhängern Saint-Simons in Folge der gescheiterten Revolution der Prozeß gemacht, ihre Organisation zerstört wird, atmet er am 4. Februar 1832 erleichtert auf: *Den besten Dank für die Pariser Nachricht ... Es ist ... ein großer Sieg über die Anarchie.*

Die Feindseligkeit der Jungen.

Ein Niederziehen? Oder – auf Umwegen – vielleicht doch eine *Lebenskräftigung*? Könnte es nicht sein, daß dieser Stachel im Fleisch die Abwehr des alten Goethe mobilisiert, in der stillen Empörung über die Feindseligkeiten sich letztlich seine inneren Kräfte nochmals energisch bündeln und formieren?

In seiner 2004 erschienenen Arbeit »Fausts Kolonie«

stellt Michael Jaeger die Frage, ob der alte Goethe nicht hintersinnig und ironisch die ihm zugedachte Rolle angenommen und eine bitterböse Satire auf diese von ihm als *Narren* eingeschätzte *Secte* geschrieben, in der Gestalt des alten Faust ihre Theorien ad absurdum geführt habe.

Ist sein Faust nicht ein obsessiv von der zeitgenössischen Arbeits- und Industriebegeisterung gepackter Evangelist der Technik, der die authentischen Züge des modernen jakobinischen und saint-simonistischen Voluntarismus trägt?

Ein Antipode zur klassischen Lebenskunst, der die Schöpfung radikal umbauen will, der *tabula rasa* machen, Philemon und Baucis vernichten muß, um sein zweifelhaftes Reich auf den Trümmern der Überlieferung zu bauen?

Und sieht Goethe sich selbst – dessen Leben und Werk vom Motiv des Wanderers durchzogen ist – als den *Wanderer*, der bei Philemon und Baucis Schutz sucht und wie die beiden ein schauerliches Ende nimmt? Formuliert er in diesem *Wanderer* seine eigene *Unzeitgemäßheit*?

Der Morgen des 26. August 1831.

Das geöffnete Haustor am Frauenplan.

Das Schnauben der Pferde.

Die Räder der Kutsche auf dem Kopfsteinpflaster. *Früh halb Sieben aus Weimar*, vermerkt das Tagebuch. Goethe, der mit eigenem Gefährt, mit Kutscher, Diener und zwei Begleitern die Stadt verläßt.

Der Mann auf dem Kutschbock ist Wilhelm Heinrich König. Unter der *Nr. 41* führt ihn das Weimarer Gesindebuch. *König, Wilhelm Heinrich aus Weimar 24 Jahr alt,*

Haar: blond, Auge: blau, Nase und Mund: proportionirt, Statur: mittel, besondere Kennzeichen: keine, legitimirt Weimar Dienstschein 4. 1. 1823 beym Herrn Geh. Rath v. Göthe als Kutscher.

Seit neun Jahren ist König im Haus am Frauenplan. 48 Reichstaler beträgt sein Gehalt. Hinzu kommt freie Kost. Und Kleidung.

Was Friedrich Metzdorf, der Schneider, für ihn fertigt, belegt eine Rechnung vom 28. Februar 1825: *eine Jacke mit vergoldeten Knöpfen und Kragen von Halbsamt, einem blauen Oberrock, Kragen und Aufschläge mit Tressen belegt und paspeliert, vierundzwanzig vergoldete Knöpfe, dazu schwarze Hosen und schwarze Weste, Mantel mit Pelzkragen und einen Fuchspelz extra.*

Die Wintersachen, Mantel und Fuchspelz, hängen im Schrank. Aber die Uniform, gewiß schon erneuert, wird König tragen; die goldenen Knöpfe blinken im Morgenlicht.

Goethe legt Wert auf Korrektheit. Wie auf Befolgung seiner Befehle. Bei der Einstellung wird König das Rauchen untersagt. Überliefert ist, als Goethe, vom Fenster des oberen Stockwerks in den Hof blickend, den Kutscher einmal rauchen sieht, läßt er ihn in Polizeigewahrsam setzen. (In jüngeren Jahren war er wesentlich großzügiger, seinem Sekretär Philipp Seidel bezahlte er den Tabak pfundweise.)

Die Kutsche hatte König mit August von Goethe zusammen aus Gera geholt. Das Ausgabenbuch verzeichnet unter dem Datum des 25. August 1825: *Eine neue Chaise von Gera 367 rh. 12 gr.*

Die Kutsche am Morgen des 26. August. Das Frauentor ist bereits passiert. Auch die ansteigende Allee nach Belvedere.

Die Reisenden.

Die gewonnene Höhe. Die Türme von Schloß Belvedere im Schwinden. Der Kutscher schlägt den Weg nach Bad Berka ein.

Aus- und Aufatmen. Hält die Reise die Zeit an?

Der Augustmorgen. Spätsommerlich warm. In der Kutsche ist es stickig. Der Blick der beiden Mitreisenden vielleicht, ob man das Verdeck nicht aufschlagen könne, die Nasen mit Fahrtwind füllen, die Augen mit der Landschaft; bettelnd, voller Neugier, dieser Blick. Goethes Blick auf die beiden, die er zur Mitreise eingeladen hat.

Wer sind sie?

Zwei halbwüchsige Knaben. Ein Dreizehnjähriger, ein Zehnjähriger. *Das kleine Volk im zweyten Grade,* wie er seine Enkelkinder nennt. Es sind Walther und Wolfgang von Goethe.

Nicht oft in seinem Leben ist Goethe mit Kindern gereist. An jenen thüringischen Ort aber, der auch heute sein Ziel ist, ist er mehrfach mit *kleine⟨m⟩ Volk* gefahren.

Mit seinem Ziehsohn Fritz von Stein, der jahrelang bei ihm lebte. Die Nähe zu dem Kind war ihm Nähe zu der geliebten Frau. Im Winter 1784 nahm er Fritz und seinen älteren Bruder Karl mit; eine Fahrt mit dem Schlitten durch den tief verschneiten Thüringer Wald.

Dann war es der eigene Sohn, der ihn begleitete. Im Sommer 1795, im November 1796, August, *Gustel*, wie er ihn nennt, war fünf beziehungsweise sechs Jahre. Die Besorgnis der Mutter. *Laß, Lieber, das Kind nur nicht bei geladnes Gewehr gehen*, schrieb die in Weimar zurückgebliebene Christiane. Goethe antwortet, *der Kleine ist so artig, als sich nur denken läßt ... er sitzt eben auf dem Canapee, ich habe ihn ausgezogen und wir sind die besten Freunde.*

Der Tod seines Sohnes mit vierzig Jahren.

Der frühe Tod seiner vier anderen Kinder, die er mit Christiane hatte. Der kleine Namenlose, der tot zur Welt kam, ein Sohn, 1791. Die anderen drei gesund geboren, in den ersten Lebenstagen und Wochen ihre Hinfälligkeit – über Unverträglichkeit der Blutgruppen wußte man damals nichts, Bluttransfusionen, die die Kinder hätten retten können, gab es noch nicht – so war es das unerklärliche Schicksal, das sie den Eltern nahm.

Ein Brief des schottischen Schriftstellerkollegen Walter Scott, der Goethe von seinen erwachsenen Kindern erzählt.

Wie alt wären die seinen jetzt?

Kathinka, die letztgeborene, 1802 zur Welt gekommen, wäre jetzt neunundzwanzig. *Ein ganz kleines Mädchen ist bey uns glücklich angekommen*, hatte er damals Schiller geschrieben. Und ihm bei anderer Gelegenheit: *das Schwiegertöchterchen säumt noch*, dem Freund die *Bildung der Schwägerschaft* und *Vermehrung der dichterischen Familie* anheimstellend.

Kathinka wäre längst verheiratet. Ebenso die 1793 geborene Caroline – sie wäre fast vierzig. Urgroßvater könnte er schon sein. Zwei Schwiegersöhne, Juristen oder Verleger vielleicht; eine Schar Enkelkinder.

Oder die Töchter ledig geblieben. Von Christiane im Hauswesen unterrichtet, nach ihrem Tod ihm das große

Haus am Frauenplan führend mit gleicher Leichtigkeit, organisatorischer Begabung und haushälterischem Geschick, wie es jahrzehntelang seine Lebensgefährtin und Ehefrau getan hat. Ganz im Gegensatz zum jetzigen Zustand mit seiner intellektuellen Schwiegertochter, deren Interessen eher auf ihre literarische Zeitschrift »Chaos« gerichtet sind. Welchen Arbeitsfreiraum hätte ihm das geschaffen.

Und der Sohn Carl, vier Jahre nach August geboren, sechsunddreißig wäre er jetzt, längst mit der Ausbildung fertig und ihm vielleicht – wie es August gewesen war – ein Helfer, Stellvertreter, Mitarbeiter, lebenswichtig für seine eigene schöpferische Arbeit.

Die Kutsche passiert Bad Berka. Das nächste Dorf wird Tannroda sein.

Die beiden halbwüchsigen Knaben. Der Großvater.

Siebenundsechzig war Goethe, als der erste Enkel zur Welt kam; ein später Großvater, wie er ein später Vater war; vierzig, als sein erster Sohn geboren wurde.

Nachsicht und Großzügigkeit, die schon sein Verhältnis zum Sohn in dessen Kindesalter geprägt haben, verstärken sich ganz offensichtlich mit dem Alter. Sein besessenes Pädagogisieren, das der Fünfzehnjährige seiner Schwester Cornelia gegenüber an den Tag legte, ist längst Geschichte.

Nicht die strengen Erziehungsprinzipien seines Vaters Caspar sind für ihn bindend. Eher die heitere Natur seiner Mutter. Rückblickend auf ihre Kindheit äußerte Katharina Elisabeth, daß sie *Gott danke*, daß ihre *Seele von Jugend auf keine Schnürbrust angekriegt hat, sondern daß sie nach Herzens Lust hat wachsen und gedeihen, ihre*

Äste weit ausbreiten können und nicht wie Bäume in den langweiligen Ziergärten zum Sonnenfächer ist verschnitten und verstümmelt worden.

Dieses *nach Herzens Lust ... wachsen* entspricht Goethes Vorstellung. Kinder müssen nicht *zum Sonnenfächer ... verschnitten* werden, ihre Natürlichkeit strahlt.

Das schönste Kompliment über seine *drey Enkel, zwey Knaben und ein Mädchen*, findet sich in einem Brief Goethes vom 7. Juni 1831: sie *sind wirklich wie heiteres Wetter, wo sie hintreten, ist es hell. Am Augenblick Freude, er sey wie er wolle; das theilt sich denn unmittelbar auch den Ältesten mit, und so wollen wir die guten Geister loben, die uns dergleichen Lichtlein angezündet haben.*

Freude über die Enkel.

Walther Wolfgang wird zusammen mit dem gleichaltrigen Prinzen Carl Alexander unterrichtet, teils am Frauenplan, teils am Hof. Er ist musikbegeistert, spielt Klavier, komponiert schon frühzeitig. Über den Sechsjährigen schreibt Goethe, er sei *durch Stunden, Clavierübung und Hofbesuche beschäftigt und zerstreut*. Monate später, *durch Leben und Lernen* sei er *aus dem Kreise großväterlicher Liebe hinausgeführt* und lasse ihm *den kleinen ... zurück der mir immer liebenswürdiger erscheint, je mehr er sich in meiner Nähe gefällt.*

Den *kleinen*, Wolfgang Maximilian – Wolf oder Wölfchen nennt Goethe ihn – zieht er an sich, räumt ihm Freiheiten ein, selbst seine Arbeitsstube, sein Schreibtisch sind kein Tabu. *Wolf hält sich besonders zu mir*, heißt es über den Vierjährigen, *und hat eine Schublade in meinem Schreibtisch sich zu Kleinigkeiten und anderen Spielsachen angemaßt, die er jeden Tag umlegt; aber stets mit*

Sorgfalt und in einer gewissen symmetrischen Ordnung,
woran man sich zu erfreuen hat.

Frédéric Soret, vertraut im Hause Goethe, beobachtet:
Wolf ist der Liebling des Großpapas, ich treffe ihn sehr oft
bei ihm; Walter, das arme Kerlchen, wird etwas vernach-
lässigt, er hat kein so liebenswürdiges Wesen wie der jün-
gere Bruder und weiß nicht so zärtlich zu schmeicheln.

Goethe verführbar? Oder wie alle Großväter sich stets
dem Jüngsten zuwendend?

Über die dreijährige Alma schreibt Goethe: *Das Mäd-*
chen ist allerliebst und, als ein ächt gebornes Frauenzim-
merchen, schon jetzt incalculabel. Mit dem Großvater im
besten und liebevollen Vernehmen ... Anmuthig, indem
sie, bey entschiedenem Willen, sich ablenken und be-
schwichtigen läßt ... Wolf, halb eifersüchtig, bemerkte
schon, daß sie in einigen Jahren seine Rolle übernehmen
und dem Großvater manches ablocken könnte.

Zu diesem Zeitpunkt ist Wolf zehn Jahre –, und noch
immer nicht *aus dem Kreise großväterlicher Liebe hinaus-*
geführt.

Wölfchen hält sich wie immer ganz nah an dem Groß-
vater, so Goethe, *wir frühstücken zusammen, und von da*
an zieht sich's durch den ganzen Tag. Der Zehnjährige
begeistert sich für das Theater, *er schreibt Trauer- und*
Lustspiele, sammelt die Comödienzettel, liest gränzen-
los... Wolf ist klug, wie alle Kinder und alle Menschen,
die unmittelbare Zwecke haben, urteilt Goethe. *Wenn ich*
sehe, wo er hinaus will, so mach ich mir einen Spaß, seine
Wünsche bald zu hindern, bald zu fördern, wodurch er
sich aber in seinem Gange keineswegs irren läßt.

Über den dreizehnjährigen Walther, der von einer Leipzig-Reise und einem dortigen Opern-Besuch zurückkehrt, schreibt Goethe: *Walther, dem man ein musikalisches Talent zugestehen muß, scheint mir einen Sonnenstich von der ersten Leipziger Sängerin erlitten zu haben; er componirt Arien, die er, von ihr gesungen, allenfalls hören möchte.*

Die Enkel als *heiteres Wetter*, als *angezündet⟨e⟩ Lichtlein*?

Zwei Kreidezeichnungen von Johann Joseph Schmeller, um 1830 entstanden, zeigen die Knaben. Sympathisch offene Gesichter. Große dunkle Augen; aus denen Wolfs glaubt Goethe herauszulesen, daß er ein *Dichter werde*, die Walthers wirken eher nach innen gekehrt. Ein ernster Gesichtsausdruck. Ebenmäßige Züge. Wolf hat die längliche Gesichtsform seiner Mutter geerbt. Frisur und Kleidung sind, der neusten Mode folgend, bei beiden einfach; glattes gescheiteltes Haar, weiße Hemden mit großen Kragen, geschlossene Wämschen darüber.

Das Pastellgemälde der fünfjährigen Alma dagegen, 1832 von Luise Seidler gemalt, hat eher die Anmutung eines höfischen Porträts. Tief ausgeschnittenes Kleidchen, über der Kinderbrust gerafft und gebauscht, eine Erwachsene imitierend. Eine herabfallende Lockenpracht, ein Kettchen mit einem Kreuz am Hals. Aber die gleichen großen dunklen Augen wie die Brüder, und wie bei Walther geht ihr Blick nach innen.

Sind Goethe, der ohne liebende Gefährtin lebt, die Kinder, auch in ihrer körperlichen Nähe, eine Art Liebesersatz?

Seine Briefe an Marianne von Willemer, die einst von ihm geliebte Frau, von der er sich zurückgezogen hat, legen das nahe.

In ihnen bezeugt er – wenngleich verschlüsselt, indem er über die Kinder spricht – seine Fähigkeit zu Nähe und Zärtlichkeit. Er bezieht Marianne ein, ihr die Besorgung von Geschenken für die Enkel auftragend; Spielsachen, Süßigkeiten, Pfeffernüsse, Honig.

Ein *Kästchen* mit *mancherlei Geräthschaften zu Taschenspieler-Künsten mit Anweisung zum Gebrauch* bestellt er vom *Frankfurter Weihnachtsmarkt. Das zweyte Fäßchen Honig* sei *angebrochen worden*, bedankt sich Goethe, *und mein zweyter Enkel, welcher vorzüglich auf diese Süßigkeiten begierig ist, machte deshalb gar freundliche Gesichtchen.*

Ein Schwebezustand der Nähe bei der Empfängerin des Briefes? Beim Schreiber?

Einmal schickt Marianne von Willemer eine kleine Schatulle mit einem Vogel, einem Wiedehopf, darin.

Sie bekennt, daß sie *recht gern an seiner Stelle wäre und mich herzlich vergnügt in das Kästchen einsperren ließe.* Eine Anspielung. Einst schenkte sie Goethe einen Spazierstock mit einem Wiedehopf-Griff. Und im Divan-Gedicht »Gruß« ist der Hudhud, der Wiedehopf, der Liebesbote zwischen König Salomon und der Königin von Saba.

Mein zweyter Enkel, als er bey Eröffnung des Kästchens das Vögelein sah, antwortet Goethe, *erkannt es zwar gleich, aus der frühzeitig ihm eingeprägten Naturgeschichte, daß es ein Wiedehopf sey, dabey blieb er jedoch nicht stehen, sondern sagte: ›aber ich weiß, es ist ein Liebesbote!‹. Was sagen Sie zu der Cultur unserer zehnjährigen Knaben? es ist eine hoffnungsvolle Nachkommenschaft!*

Die Knaben mit dem Großvater auf der Reise.

Vielleicht beide mit ihrem Theaterenthusiasmus beschäftigt. Der eine mit Oper und Musik, der andere mit Schauspiel und Text. Die Brüder zweieinhalb Jahre auseinander. Besserwisserei des Älteren, Widerspruch des Jüngeren. Oder umgekehrt. Goethe gibt in seinem Tagebuch vom 21. Februar 1831 davon einen heiteren Bericht. *Spazieren gefahren mit den Knaben*, heißt es da, *welche beyde mit dem lustigsten Wetteifer ihre theatralischen Tendenzen, Theilnahme, Unternehmungen und Pläne auf das Lebhafte⟨ste⟩ vortrugen, als wahrhafte Poeten sich darstellend, indem wenn der Andere sich mit Enthusiasmus erging, der Eine sich in's Gähnen verlor, und wenn dieser an die Reihe kam, der andere pfiff.*

Pfeifen und Gähnen im Wechsel vielleicht auch jetzt.

Der Großvater ist eingenickt. Lautstarker Disput der beiden. Gottlieb Friedrich Krause, der Diener, der vorn auf dem Bock neben dem Kutscher sitzt, hört es, denkt an die Maßregeln, die Frau von Goethe ihm eingeschärft hat über das Verhalten der Knaben. Muß er eingreifen?

Da die Stimme des Alten. Dann Lachen. Ruhe. Vielleicht.

Dieser Gottlieb Friedrich Krause ist Goethes letzter Diener. Nach der Entlassung Stadelmanns im Dezember 1824 eingestellt. Neunzehn war er da. Jetzt ist er sechsundzwanzig.

Von diesem Diener Krause ist überliefert, daß er weggeworfene Notizen und Brief-Konzepte Goethes aus dessen Papierkorb entwendete und – gegen Geld – veräußerte. Auch später, als Bediensteter Ottilie von Goethes, liebte er es, lange Finger zu machen; ein *ganzes Erinnerungsmu-*

seum habe er sich *zusammengestohlen*, wird von ihm berichtet.

Goethe bleiben die seltsamen Entleerungen seines Papierkorbs zu pekuniären Zwecken offenbar verborgen, denn die Entdeckung dieses Vertrauensmißbrauchs hätte die sofortige Entlassung zur Folge gehabt. Im Gegenteil, er scheint mit seinem letzten Diener, den er gelegentlich auch zu Schreiberdiensten heranzieht, zufrieden zu sein. Im Testament bedenkt er ihn mit *einhundertundfunfzig Talern Sächs.*, und, *vorausgesetzt, daß er bis zu meinem Ableben bey mir bleibt*, mit einem Flurstück, *Nr. 2130 Catastri*, mit dem von Christiane einst gekauften *Krautland an der Lotte*.

Kranichfeld ist passiert. Barchfeld ebenso. Auch Dienstedt und Groß-Hettstedt. Stadtilm ist der nächste Ort. Über fünf Stunden fahren sie schon.

Endlich Stadtilm.

Goethes Tagebuch vermerkt: *Nach 12 Uhr in Stadtilm.* Der erste Halt. Am Marktplatz. Im Gasthof »Zum Hirschen« steigt man ab.

Der Gasthof ist zugleich Poststation. König tränkt die Pferde, versorgt sie mit Hafer und Heu. Die Postknechte rauchen. Er sieht zu. Überprüft Zaumzeug, Riemen und Zügel, prüft, ob die Naben der Räder noch genügend geschmiert sind.

Von dem Geld, das er zu verwalten, von dem er *Futter, Chausseegelder* und *Schmiergelder* zu begleichen hat, zahlt er dem Posthalter in Stadtilm den in Rechnung gestellten Betrag.

Der Gastraum. Ein Mittagsmahl wird bestellt. Krause (wie jeder Diener von Goethe zum Tagebuchschreiben angehalten) notiert: *Im Hirschen ... wo das Mittagessen für diesmal sehr einfach war, indem man sich auf keine besonderen Gäste vorbereitet hatte.*

Bis drei Uhr nachmittags hält man sich in Stadtilm im »Hirschen« auf. Über der Gaststube Kammern. Vielleicht ein kurzer Mittagsschlaf des Einundachtzigjährigen.

Goethe ist mehrfach hier im »Hirschen« am Marktplatz abgestiegen. Das letzte Mal 1813.

Seine Frau Christiane lebte noch, es war der Sommer, in den ihr fünfundzwanzigjähriger Hochzeitstag fiel (nicht 1806, das Jahr der Eheschließung, sondern 1788, das Jahr ihres Liebesbundes feierten sie als solchen). Es war eine unruhige, vom Kriegsgeschehen überschattete Zeit. Christiane war besorgt, riet ihm, entgegen ihren eigenen Wünschen – nach langem Aufenthalt in Karlsbad war er wieder bei ihr –, die Stadt wegen möglicher Truppendurchzüge zu verlassen.

In der Kutsche, auf dem Weg von Weimar nach Stadtilm entstand damals das Gedicht »Gefunden«. Jene Verse *Ich ging im Walde / So vor mich hin...*, er schrieb sie mit Bleistift, in lateinischer Schrift auf zwei Kleinoktav-Seiten. Widmete sie der zurückgebliebenen Christiane. Setzte das Datum 26. *August 1813* darunter, versiegelte die zusammengefalteten Blättchen *mit Oblaten* und sandte sie von Stadtilm – mit fahrender Post, mit reitendem Boten? – an *Frau von Goethe* nach Weimar.

Genau auf den Tag achtzehn Jahre ist es her.

Damals hatte er das gleiche Ziel, das er heute hat. Stadtilm ist nur der erste Halt auf seinem Weg.

Wohin geht die Reise? Wir haben es dem Leser bisher vorenthalten.

An einen Ort, an den Goethe als Sechsundzwanzigjähriger kurz nach seiner Ankunft in Thüringen an einem regnerischen Maitag des Jahres 1776 erstmals zu Pferde kam. Und ausrief: *die Gegend ist herrlich herrlich!*

An den es ihn fortan immer wieder zieht, diesen Ort, den er zu seinem thüringischen Arkadien stilisiert, von dem er sagt: *Ich war immer gerne hier ... ich glaube es kommt von der Harmonie in der hier alles steht. Gegend, Menschen, Clima, Thun und Lassen.*

Das am Nordabhang des Thüringer Waldes gelegene *Landstädtchen* Ilmenau, das Amt Ilmenau, eine Exklave des Herzogtums Sachsen-Weimar-Eisenach, ist sein Reiseziel.

Ilmenau ist wie kein anderer Ort in seinem Leben Experimentierfeld seiner sozialen Utopie.

Festes irdsches Glück will er mit der Wiederbelebung des Bergbaus für die Bewohner schaffen.

Engagiert und besessen wirkt er für dieses soziale Vorhaben; fast ein Vierteljahrhundert lang bindet es einen nicht unerheblichen Teil seiner Energien.

Aber ein Mißerfolg folgt dem anderen.

Ilmenau ist damit auch der Ort seines Scheiterns. Lebenslang breitet er Schweigen darüber.

Die Bitternis, die den Siebenundvierzigjährigen 1796 erfüllt, als das Bergwerk nach einem Wassereinbruch in den Stollen endgültig stillgelegt werden muß, läßt sich nur ahnen. Sein Arkadien wird ihm zum finsteren Ort, zu *Cimmerien*, nach Homer das Land nahe beim Eingang zum Hades, wo immer Dunkelheit herrscht, weil Helios dort nicht hinleuchtet.

Ein Ort, den er für siebzehn lange Jahre meiden wird.

Erst 1813 führt ihn, wie erwähnt, der Weg wieder nach Ilmenau.

Auch das liegt weit zurück.

Als er sich im August 1831 zur Reise entschließt, kommentiert er, er habe *in frühern Jahren* hier *viel gewirkt und eine lange Pause des Wiedersehens gemacht.*

Eine Reise in die Vergangenheit sei es, eine *Wallfahrt zu den Stellen früherer Leiden und Freuden, reiche Betrachtungen aufdringend.*

Eine Reise in die Erinnerung; *zu übersehen: das Dauernde, das Verschwundene.*

Eine Reise des Abschieds auch?

Des bewußten Abschiednehmens? Sieben Monate hat Goethe noch zu leben. Ahnt er das, weiß er es?

Mit dem Tod ist er nicht unvertraut. Im Februar 1823 hat er eine lebensbedrohende Herzattacke, die sich im November des gleichen Jahres in Folge der seelischen Erschütterung durch die zurückgewiesene Liebe wiederholt. Ende November 1830, wenige Wochen nach der Nachricht vom Tod des Sohnes, jener Blutsturz. Dem *äußern Anschein nach* sei er *schon mit den Fußzehen im Flusse des Vergessens* gewesen, er *sollte aber dießmal doch die Barke nicht erreichen*, schreibt er nach der überstandenen Gefahr.

Eine Reise also im Bewußtsein gezählter Tage, des nahen Endes? Es wird Goethes letzte Reise sein.

II

Ehe wir Goethe in Ilmenau ankommen lassen, halten wir unsere Erzählung an. Und blicken zurück auf seine früheren Erfahrungen und Erlebnisse dort.

Im Mai 1776 ist er erstmals hier; äußert jenes *die Gegend ist herrlich herrlich!*

Seit wenigen Monaten weilt er in Thüringen.

Er hat seine Laufbahn als bürgerlicher Schriftsteller mit einer Anwaltspraxis zum Broterwerb in der freien Reichsstadt Frankfurt am Main aufgegeben, hat seine hessische Heimat verlassen, um sich, gerufen von einem jungen Fürsten, auf eine politische Karriere in der Regierung eines winzigen Fürstentums in Thüringen einzulassen.

Reizt ihn auch die Idee der Fürstenerziehung? *Es sei ein wunderbaar Ding ums Regiment dieser Welt, so einen politisch moralischen Grindkopf nur halbe weegen zu säubern und in Ordnung zu halten*, schreibt er.

Er, der sich bisher mit der Rolle des Lehrmeisters seiner Schwester Cornelia zu begnügen hatte, gefällt sich nun in der weitaus attraktiveren dem acht Jahre jüngeren Landesfürsten gegenüber.

In der wahrsten und innigsten Seelen Verbindung stehe

er zu Carl August, und später, als er ihn *an seine Geschäff-te gebunden* hat, heißt es: *aus unsrer Liebschafft ist eine Ehe entstanden.*

Am 11. Juni 1776 wird er zum *Geheimen Legationsrat* ernannt und in die Weimarer Regierung berufen.

Ein kleines armes Land hat er erwählt.

Nicht ohne schauspielerischen Übermut stilisiert er sich, triumphierend schreibt er neun Monate nach seiner An-kunft in Thüringen: *Ich bin nun ganz in alle Hof- und politische Händel verwickelt … Meine Lage ist vortheil-haft genug, und die Herzogthümer Weimar und Eisenach immer ein Schauplatz, um zu versuchen, wie einem die Weltrolle zu Gesichte stünde.*

Goethe sei *nun Geheimer Legationsrat und sitzt im Mini-sterio unseres Herzogs,* äußert Wieland und prophezeit: *er wird viel Gutes schaffen, viel Böses hindern, und das muß … uns dafür trösten, daß er als Dichter wenigstens auf viele Jahre für die Welt verloren ist. Denn Goethe tut nichts halb. Da er nun einmal in diese neue Laufbahn getreten ist, so wird er nicht ruhen, bis er am Ziel ist; wird als Minister so groß sein, wie er als Autor war.*

Goethe selbst vergleicht sich ein wenig kokett mit dem König von Preußen. *Wenn ein deutscher Dichter ist so ist ers,* schreibt er am 14. Mai 1780 an Johann Georg Christian Kestner. *Meine Schriftstellerey subordinirt sich dem Leben, doch erlaub ich mir, nach dem Beyspiel des grosen Königs der täglich einige Stunden auf die Flöte wandte, auch manchmal eine Übung in dem Talente das mir eigen ist.*

Der Konflikt zwischen *Minister* und *Autor* beginnt schon bald zu schwelen.

Zuwachs im Praktisch-Tätigen innerhalb der Regierungsarbeit und drohender Verlust des poetischen Vermögens stehen sich gegenüber. Er *gewinne täglich mehr in Blick und Geschick zum thätigen Leben. Doch ist mirs wie einem Vogel der sich in Zwirn verwickelt hat, ich fühle, dass ich Flügel habe und sie sind nicht zu brauchen*, heißt es schon 1780.

Aber noch überhört oder verdrängt Goethe die innere Stimme.

Mit Feuereifer stürzt er sich in die Arbeit.

Bei seinen vielfältigen Aufgaben in der Weimarer Regierungsbehörde, dem *Geheimen Consilium*, nimmt die Tätigkeit abseits der Residenzstadt Weimar im ärmsten Landesgebiet, der Exklave des Amtes Ilmenau – und nur darüber reden wir hier –, eine besondere Stellung ein.

Das Amt Ilmenau umfaßt die gleichnamige Stadt, acht Dörfer in ihrem nördlichen Vorland, im südlichen Waldgebiet einige Häuser von Manebach (beim Steinkohlenbergwerk Kammerberg) und ein Teil von Stützerbach (etwa zwölf Häuser).

Der junge Herzog hat bei seinem Regierungsantritt 1775 den Entschluß gefaßt, den Bergbau in Ilmenau wiederzubeleben.

Seit Mitte des 15. Jahrhunderts wurden in Ilmenau Silber und Kupfer gefördert. An der Wende vom 16. zum 17. Jahrhundert fanden 600 bis 800 Knappen Arbeit und Brot im Bergwerk.

Zahlen sind überliefert. Die Stollen der *Sturmheide* brachten im Zeitraum von 1730 bis 1739, innerhalb von nur neun Jahren, einen Gewinn von 288 878 Reichstalern. Eine beträchtliche Summe.

1739 kam die Förderung durch einen Wassereinbruch zum Erliegen.

Drei Jahre später, 1741, fällt das Ilmenauer Amt aus Teilen der Hennebergischen Erbschaft an das Weimarer Herzogtum. In dem fast ausschließlich von Landwirtschaft geprägten Ländchen knüpft der Landesherr große wirtschaftliche Erwartungen an die Bodenschätze des neu hinzugekommenen Gebietes. Es soll *die* Einnahmequelle für das nicht mit Reichtümern gesegnete Land werden.

Goethe ist, als die Entscheidung fällt, noch nicht zugegen. Aber er bekundet, als er von dem Plan erfährt, sofort Interesse.

Bei seinem ersten Besuch in Ilmenau 1776 fährt er bereits einen Tag nach seiner Ankunft, am 4. Mai, in ein stillgelegtes Bergwerk ein. Auch über Tage sieht er die toten Zeichen der einstmals florierenden Zechen; *traurig die alten Ofen*, schreibt er seinem Herzog.

Bereits wenig später, am 20. Juli, inspiziert er mit Carl August und dem Vizeberghauptmann Friedrich Wilhelm Heinrich von Trebra aus Clausthal-Zellerfeld *den Threuen-Friedrich-Schacht*.

Trebra, der Fachmann, hat ein Gutachten erstellt. Um das Ilmenauer Bergwerk wieder in Gang zu bringen, sei eine Summe von 22 500 Reichstalern notwendig, verteilt auf drei Jahre, danach werde es gewinnbringend arbeiten.

Der Herzog gründet eine *Bergwercks-Commission*. Kammerpräsident Johann August von Kalb steht ihr vor. Hofrat Eckardt gehört ihr an.

Am 18. Februar 1777 beruft Carl August seinen Freund

und Favoriten in die Kommission. Goethe trägt nun den Titel: *Bergwercks-Commisar.*

Mit Kalb muß er Differenzen gehabt haben, wie aus einer Tagebuchnotiz Goethes von 1778 zu schließen ist. *Hundsfüttisches Votum von K in der Bergw. Sache* heißt es da.

Am 8. April 1780 wird Kalb suspendiert. Mit Dekret vom 18. April überträgt der Herzog Goethe die *Direction über alle Bergwercks-Angelegenheiten in Unseren sämtlichen Fürstlichen Landen.*

Da er *nichts aus Büchern lernen kann*, wie er sagt, habe er *die meilenlangen Blätter unserer Gegenden umgeschlagen*; auf Ritten und Wanderungen erkundet er geologisch den Raum um Ilmenau.

Durch den Bergbau wird er in das Reich der Steine, in die Mineralogie und Geologie eingeführt; hier ist der Ausgangspunkt seines Weges als Naturwissenschaftler. Hier beginnt sein Gespräch mit der Erde.

Ilmenau wird zum Raum seiner Feldforschung, in dem Naturerfahrung und Menschenerfahrung eine ungewöhnliche Symbiose eingehen.

Er sei *höchst unwissend in allen Naturstudien nach Weimar* gekommen und erst die *Unternehmungen* des Herzogs hätten ihn *zum Studium der Natur* getrieben, wird er später sagen. *Ilmenau hat mir viel Zeit, Mühe und Geld gekostet, dafür habe ich auch etwas dabei gelernt und mir eine Anschauung der Natur erworben, die ich um keinen Preis umtauschen möchte.*

Und: *Ohne meine Bemühungen in den Naturwissen-*

*schaften hätte ich jedoch die Menschen nie kennengelernt,
wie sie sind.*

*Wir sind auf die hohen Gipfel gestiegen und in die Tiefen
der Erde eingekrochen, und mögten gar zu gern der grosen
formenden Hand nächste Spuren entdecken. Es kommt
gewiss noch ein Mensch der darüber klaar sieht. Wir wollen ihm vorarbeiten,* formuliert er am 7. September 1780.
Und auf das Ilmenauer Bergwerk bezogen: *Könnten wir
nur auch bald den armen Maulwurfen von hier Beschäfftigung und Brod geben.*

Goethes Einstieg in die ihm fremde Materie der Steine
geschieht nicht auf der akademischen Ebene, sondern im
Hinblick auf praktisch-menschliche Tätigkeit. Die Mineralien begegnen ihm nicht als Musterstücke einer Lehr-
sammlung, sondern als natürliche Vorkommen im Gebirge, die in mühseliger Arbeit vom Bergmann aus der Masse
des Gesteins als nutzbare Erze herausgelöst werden müssen.

Dieser Einstieg in die *Berg- und Gesteinslust* ist folgen-
reich. 1829 schreibt er: *Wo der Mensch im Leben herge-
kommen, die Seite von welcher er in ein Fach hineinge-
kommen läßt ihm einen bleibenden Eindruck ... ich habe
mich der Geognosie* (älterer Ausdruck für Geologie) *befreundet, veranlaßt durch den Flözbergbau.*

Zu dem Umschlagen der *meilenlangen Blätter unserer Gegenden* zu geologischen Zwecken tritt das Gespräch mit
den Bewohnern der Region. Durch das Ilmenauer Bergwerk lernt Goethe Menschen kennen, denen er in einer
Frankfurter Rechtsanwaltspraxis niemals begegnet wäre.

Hautnahe Berührungen. *Mit denen Leuten leb ich, red*

ich, und lass mir erzählen. Wie anders sieht auf dem Plazze aus was geschieht als wenn es durch die Filtrir Trichter der Expeditionen eine Weile läufft …

Die Erfahrungen schärfen sein soziales Gespür. Im Vorfeld einer Consiliumssitzung notiert er: *Bei denen ohne Frage überspannten Abgaben der Unterthanen ist ihnen die möglichste Nachsicht zu gönnen. Immer aber muß die alte Betrachtung wieder vor Augen stehen, dass der Unterthan in seinen bekannten Umständen jederzeit Mitleiden und Nachsicht verdient.*

Aus Ilmenau heißt es an Herder: *Das arme Volck muß immer den Sack tragen und es ist ziemlich einerley ob er ihm auf der rechten oder lincken Seite schweer wird.*

Ebenfalls aus Ilmenau, von einem frühen Zeitpunkt, stammt eine Äußerung, die er gewiß nicht seinem Landesherrn Carl August gegenüber getan hätte. Sie findet sich in einem Brief vom 17. April 1782 an Karl Ludwig von Knebel.

Den Blick auf das Ganze gerichtet, artikuliert Goethe – sieben Jahre vor Ausbruch der Französischen Revolution – sein politisches Unbehagen: *So steig ich durch alle Stände aufwärts, sehe den Bauersman der Erde das Nothdürftige abfordern, das doch auch ein behäglich auskommen wäre, wenn er nur für sich schwizte. Du weißt aber wenn die Blattläuse auf den Rosenzweigen sitzen und sich hübsch dick und grün gesogen haben, dann kommen die Ameisen und saugen ihnen den filtrirten Safft aus den Leibern. Und so gehts weiter, und wir habens so weit gebracht, daß oben immer in einem Tage mehr verzehrt wird, als unten in einem beygebracht werden kann.*

Der Hintergrund für solche Äußerungen ist unter anderem Goethes Kenntnis von Betrug, Unterschlagung und Korruption der Beamtenschaft.

Und zwar beim höchsten Staatsdiener angefangen. Wegen finanzieller Mißwirtschaft, Verschuldung der Hofkasse und Veruntreuung wird 1782 der Kammerpräsident von Kalb (mit Goethe bis 1780 in der Bergwerkskommission) als Leiter der obersten Finanzbehörde des Fürstentums entlassen.

Der Herzog drängt Goethe: *Wir würden gerne sehen, wenn Ihr Euch mit denen Cammergeschäften näher bekannt machen und Euch sothanem Directorio zu qualificiren suchen wolltet.* De facto bedeutet das seine Ernennung zum interimistischen Kammerpräsidenten.

In dieser Eigenschaft hat Goethe sich auch mit den Finanzen des Amtes Ilmenau zu befassen. Er sieht sich vollkommen verwahrlosten Finanz- und Steuerverhältnissen gegenüber.

Bereits unter Anna Amalia, im Jahr 1768, begehrten die Ilmenauer Bürger gegen ihre korrupte Beamtenschaft auf. Die Herzogin sah es als *Rebellion* und antwortete mit einer brutalen Strafaktion. Eine danach eingesetzte Untersuchungskommission brachte keine Veränderung.

Hier ist freilich mehr Arbeit als des Augias Stall auszumisten, schreibt der in Ilmenau lebende geheimnisvolle Johann Friedrich Krafft, der Goethe ab Herbst 1779 mit Informationen versorgt. *Ein jeder, der hier einen Griff, Amtswegen, in die Casse thun können, hat es gethan... Da dies fast von jedem geschehen ist, so hat das auch einer immer dem andern nachgesehen und durchgeholfen.*

Goethe setzt alles daran, diesen *Augias Stall auszumi-*

sten. Gegen die Widerstände von wichtigen Leuten in der Weimarer Regierung. Noch als alter Mann ist er stolz darauf. *Den Ilmenauer Steuer-Kassierer Gruner brachte ich ins Zuchthaus ... trotzdem, daß Minister Fritsch und Hetzer, Eckart usw. ihn protegierten.*

Dieser Gruner, Steuereinnehmer und Ratsherr in Ilmenau, hat sich einer Unterschlagung von 5000 Talern schuldig gemacht. Zudem sind in seiner Amtszeit Steuerrückstände in Höhe von 11 000 Talern aufgelaufen. Goethe überführt ihn. Am 3. Dezember 1782 kommt er ins Gefängnis. Aber bereits Anfang Februar 1783 wird er – wohl durch die, die ihn in Weimar protegierten – in einem Gnadenakt des Herzogs anläßlich der Geburt des Erbprinzen wieder auf freien Fuß gesetzt.

Die Unredlichkeit der Beamten, die das Vertrauen der Bürger in die Obrigkeit zerstört.

Eine Obrigkeit, der Goethe nun angehört, die er repräsentiert.

Zermürbende Kämpfe. Die ihn mit der rauhen ökonomischen und sozialen Wirklichkeit des Landes konfrontieren.

Als *Bergwercks-Commisar* versucht er, in kurzer Zeit ein hohes Maß an Fachkompetenz zu erlangen, sowohl in geologischer als auch in technologischer Hinsicht.

Ein erster Gewährsmann für den Bergbau in Ilmenau ist ihm der Markscheider Johann Gottlob Schreiber, den Trebra aus dem Harz mitgebracht und den Carl August eingestellt hat. 1776/77 fertigt er eine geologische Karte des Raums um Ilmenau, ermittelt die Verbreitung der verschiedenen Gesteinsarten und ihre Lage in den durch den Bergbau aufzuschließenden Tiefen. Goethe läßt die Karte in Dresden drucken. Schreibers handschriftliche Aufzeichnungen »Bergmännische Erfahrungen. Ilmenau am 21. August 1777« sind mit Rötelstrichen versehen, die Goethes Lektüre bezeugen.

Auch seine Reisen dienen fortan bergbaulichen Erkundungen.

So die in den Harz im Winter 1777. Sie bestärkt ihn. Im Harz sieht er, wo *von unterirrdschem Seegen die Bergstädte fröhlig nach wachsen*. Diesen *Seegen* erträumt er sich auch für Ilmenau, die Stadt, von der er als *verfallen* spricht.

Er nutzt jede Möglichkeit, um Einrichtungen moderner Bergbaubetriebe zu studieren. Besucht das Bergwerk im Rammelsberg südlich von Goslar. Fährt in Clausthal in drei Schächte ein. Am 8. Dezember notiert er: *früh eingefahren in der Caroline Dorothee und Benedickte.*

Einfahren bedeutet Niedersteigen in die Schächte, in Clausthal in eine Tiefe bis 520 Meter. Die sogenannten Leiterfahrten, zwei im Takt sich auf und ab bewegende Leitern, deren Sprossen man abwechselnd betreten muß, gibt es noch nicht. Das Hinab- und Hinaufsteigen geschieht ausschließlich mit eigener Kraft, ist eine große körperliche Leistung und, wie er an diesem Dezembertag beinahe am eigenen Leibe erfährt, nicht ohne Gefahr. *Schlug ein Stück Fels den Geschwornen vor mir nieder*, notiert er, fügt aufatmend hinzu, *ohne Schaden weil sichs auf ihm erst in Stücke brach.*

Weiterhin befährt Goethe die Frankenscharrer Silberhütte, die Gruben Samson und Neufang in Andreasberg. In Lauterberg besichtigt er die Königshütte, die bedeutendste hannoversche Eisenhütte.

Auch das System der künstlichen Gräben beschäftigt ihn, mit dem die Bergleute von Clausthal und Zellerfeld das Wasser aus den dem Brocken vorgelagerten Bergen in Teichen sammeln.

Denn Wasser ist entscheidend. Auch in Ilmenau. Zum einen müssen die Schächte trockengelegt, die *Grubenwässer* entfernt werden; in großen Radstuben arbeiten dazu Pumpen, genannt *Kunstzeuge*. Zum anderen muß taubes Gestein und Erz aus den Schächten gehoben werden; das geschieht mittels großer Maschinen, die mit den sogenannten *Aufschlagwässern* betrieben werden.

Bereits 1592 war von Martinroda aus ein sieben Kilometer langer unterirdischer Entwässerungsstollen getrieben worden. (Das Mundloch mit der Jahreszahl 1592 ist noch heute zu sehen.) Über Tage wurde das Wasser in *Berggräben* meilenweit herbeigeführt. Der mittlere Berggraben existiert zu Goethes Zeiten noch, ist aber großenteils verfallen; bei Manebach haben ihn die Bauern zu Feldern eingeebnet.

Auch seine Schweiz-Reise mit dem Herzog 1779 nutzt Goethe, die Welt der Steine näher zu erkunden. Geologische Prozesse der Vorzeit, die Architektur der Alpen und der Granit beschäftigen ihn.

In Genf besucht er mit Carl August den Experten für den Montblanc, den Begründer der Alpengeologie Horace Bénédict de Saussure. Er liest Saussures »Voyages dans les Alpes«.

Nimmt erdgeschichtliche Theorien seiner Zeit zur Kenntnis. So Georges Louis Leclerc de Buffons »Histoire et Théorie de la Terre«.

Zurückgekehrt nach Thüringen, steht Goethe ab Frühjahr 1780 ein weiterer Fachmann zur Seite, der jüngere Bruder seines Weimarer Ministerkollegen Christian Gottlob Voigt. Dieser Johann Carl Wilhelm Voigt kommt von Freiberg. Dort hat er drei Jahre auf Kosten Carl Augusts studiert. Sein Lehrer ist Abraham Gottlob Werner, Inhaber des ersten Lehrstuhls für Geognosie an der Bergakademie in Freiberg und Begründer der Mineralienkunde. Werner ist Vertreter der neptunistischen Theorie der Erdgeschichte, nach der alle Gesteine als Ablagerungen eines mit der Zeit stetig an Umfang abnehmenden Ozeans entstanden seien. Eine Theorie, die auch Goethe lebenslang vertritt.

Gespräche mit Voigt; seine *ausgebreitete Kenntniß des Details*, die er *mitgebracht*, sei ihm *von größten Nutzen*. Goethe lernt von ihm und leitet ihn zugleich an. Beauftragt ihn zum Beispiel, das gesamte Gebiet des Herzogtums im Hinblick auf Gesteine, Mineralien und nutzbare Materialien zu untersuchen. Bereits im Sommer 1780 liefert Voigt seinen Bericht »Mineralogische Reise durch das Herzogtum Weimar und Eisenach«.

Auch die Arbeit des Rudolstädter Arztes Georg Christian Füchsel, des ersten Geologen Thüringens, wird gewiß debattiert. Füchsel betrachtet Thüringen nicht als besondere Region, sondern, wie er sagt, *als Maßstab* für den ganzen Erdball. Auch er deutet Steine als Bildungen aus dem Meer, legt dreizehn übereinanderfolgende *Zeitläufe* dafür fest; ähnlich wie Buffon, der von *Epochen* spricht.

Einmal klagt Goethe: *Der Steine von Thüringen hab ich nun satt...* Aber die Phase der Erkundung der Geognosie hält an.

Auch die Erfahrungen florierender Thüringer Bergwerke macht er sich zu eigen. So reitet er vom 2. bis 5. Juli 1781 mit Knebel nach Schwarzburg und Blankenburg, um die dortigen Kupferbergwerke zu besichtigen.

Er vergleicht. Berät sich mit Fachleuten.

Lädt den *Fürstlich Schwarzburgischen Berg Meister Herrn Johann Otto Mühlberg zu Blanckenburg, so in vorigen Zeiten auf denen hiesigen Silber- und Kupfer-Bergwerken gearbeitet,* nach Ilmenau ein, bittet um Auskünfte.

Erhält sie. Fährt mit drei anderen, *dem Geschworenen Schreiber aus Ilmenau, dem Obersteiger Paul und Johann Carl Wilhelm Voigt,* am 10. Juli 1781 zu einer *Generalbefahrung* ein. *Zu erst den Schacht: Treuer Friedrich 39 Lachter* (Lachter: Längenmaß, etwa zwei Meter) *tief hinein, bis an das sogenannte Nasse Ort, und dann noch 11 Lachter bis aufs Füllort ... Vom Füllorte gieng die Befahrung durch einen ohngefehr 10 Lachter erlängten Quergang, bis auf den tiefen Martinröder Stollen, der wie bekannt größtenteils auf den Rödlitzer Gange, oder auf den Punkte des Flözes getrieben worden ist, wo es sich in senkrechter Richtung an den Grundgebürge angelegt hat. Auf diesem Stolln fuhr man vors erste 330 Lachter Stunde 10. gegen die Stadt Ilmenau bis an den Querschlag, der von ihn ab nach dem Schachte: Johannes getrieben worden ist.*

Und so weiter. Ein genaues Protokoll, von Voigt niedergeschrieben.

Ich habe mich diesen Wissenschaften, da mich mein Amt dazu berechtigt, mit einer völligen Leidenschaft ergeben ..., gesteht Goethe am 11. Oktober 1780 seinem Jugendfreund Johann Heinrich Merck.

Er pocht auf seine Fachkompetenz. Er sei *im Stande, einen kleinen Aufsatz zu liefern ... Ich habe jetzt die all-*

gemeinsten Ideen und gewiß einen reinen Begriff, wie alles auf einander steht und liegt, ohne Prätension auszuführen, wie es auf einander gekommen ist.

Und er fährt fort, er *finde in* seiner *Art zu sehen, das bischen Metallische, das den mühseligen Menschen in die Tiefen hineinlockt, immer das Geringste.*

Heißt das, er achtet sein Bergbaugeschäft gering, sieht es als Mittel zur Befriedigung seiner Wißbegier? Man könnte den Satz so lesen.

Goethes Handeln sagt anderes. Naturerlebnis und Sorge um die materiellen Lebensbedingungen der Bewohner dieser Region stehen in unmittelbarem Zusammenhang.

Er sieht den *Flözbergbau* nicht isoliert, sondern von Anfang an ordnet er die Thüringer Geognosie in die universale Geschichte des Erdkörpers ein, will den Weltzusammenhang erkunden; auch als *Bergwercks-Commisar* bleibt er Philosoph und Dichter.

An die Seite seines naturwissenschaftlichen Gesprächs mit der Erde tritt zeitgleich auch das lyrische, wie das im Harz entstandene große Gedicht »Harzreise im Winter« und der in der Schweiz geschriebene »Gesang der Geister über den Wassern« belegen.

Seiner amtlichen Tätigkeit aber gibt er zu diesem Zeitpunkt eindeutig den Vorrang vor der Dichtung.

Engagiert und leidenschaftlich lebt er auf den Tag der Wiedereröffnung des Ilmenauer Bergwerkes hin, sein Ziel ist, *den armen Maulwurfen ... Beschäfftigung und Brod ⟨zu⟩ geben.*

Sieben Jahre werden vom Eintritt in die Bergwerkskommission bis zur Eröffnung vergehen.

Was Goethe in diesen Jahren an mühseliger und stumpfsinniger Kleinarbeit mit Akribie und Ausdauer geleistet hat, ist nachzulesen in den im letzten Jahrhundert auch innerhalb der Goethe-Ausgaben edierten »Amtlichen Schriften«, die die Aktenstücke und amtlichen Vorgänge, an denen Goethe beteiligt war, wiedergeben.

Nicht nur seine bergmännischen Kenntnisse sind gefragt, sondern auch sein juristisches Können und sein Wissen als Ökonom.

Es müssen die Rechte der Fürstentümer Sachsen-Gotha und Kursachsen, die sich auf die »Hennebergische Berg-Ordnung anno 1566« beziehen, verhandelt und abgegolten werden. Eckardt und Goethe sind damit beauftragt. Aktenberge sind zu wälzen.

Dann wird eine zweitägige *Konferenz* mit den Höfen von Gotha und Dresden anberaumt. Das Fürstlich Sächsische Haus Gotha wird vertreten vom Hofmarschall und Kammerrat von Franckenberg, das Kursächsische vom Oberaufseher Herrn von Taubenheim. Alles wird bedacht. Das *Protokoll* der *Konferenz* vom 27. Juni 1781 hält sogar die Sitzordnung fest: ... *ich, der Geheime Rat Göthe, saß an der Querseite der Tafel.*

Noch Jahre wird es dauern, bis ein *Vergleich* zustande kommt.

Auch private alte Rechteinhaber und Gläubiger müssen ermittelt und abgefunden werden. Allein hunderteinundsechzig Aktenstücke beschäftigen sich mit der Freiin von Gersdorf aus Görlitz. Ihre Ansprüche an das Ilmenauer Bergwerk belaufen sich auf 65 000 Taler. Ausgehandelt wird, daß ihr 6000 Taler sofort zugestanden, dann, jährlich zur Leipziger Messe, in Raten, jeweils 1000 Taler gezahlt werden.

Weiterhin müssen Entscheidungen über *rückständigen Lohn von Bergleuten und Handwerkern* getroffen werden, *welche* – so die Akten – *sich zusammen auf 2000 thr. beliefen.* Wie diese ausstehenden Löhne gezahlt worden sind, darüber habe ich keine Belege finden können.

Die hohen Schulden sind von Anfang an eine große Last für das Unternehmen.

Und wie soll das Geld für die notwendigen Investitionen aufgebracht werden? Auch damit hat Goethe sich auseinanderzusetzen. *Die neue Gesellschaft hat erst ein ansehnliches Geld hinein zu verwenden, eh eine Ausbeute zu hoffen ist* …, notiert er in jenem im Brief an Merck erwähnten Aufsatz »Geschichte des Ilmenauer Bergbaus und Voraussetzungen für seine Wiederaufnahme«. *Aufgesezt im May 1781. von G.* steht unter dem Dokument.

Diese *neue Gesellschaft* – so das Finanzmodell – soll eine *Gewerkschaft* sein. Sich aus Käufern von Anteilscheinen, einer Art Aktien, genannt *Kuxe*, zusammensetzen. Mit den *Kuxen* – jede im *Wert von Zwanzig Thalern in Louisdor a 5 Rthl.* – sichern sich die Inhaber einen Bergwerksanteil, mit dem Ziel, Gewinn daraus zu ziehen.

Um finanzkräftige Käufer zu finden, wird das Vorhaben über das Weimarer Fürstentum hinaus im ganzen deutschen Gebiet bekannt gemacht und der Erwerb von *Kuxen* propagiert.

Die Gesamtheit der Kuxinhaber soll in einer *Gewerkschaft* zusammengeschlossen, in einem *Gewerkenbuch* sollen alle Besitzer von Bergwerksanteilen, alle *Kuxinhaber*, verzeichnet werden.

Ein Protokoll vom 29. Oktober 1783 besagt, daß der *Entwurf zu einem Gewerkenbuch* vorliegt. Ebenso, daß *der Entwurf zu den Gewährscheinen für die zu vergewerkschaftenden 1000 Kuxen gefertiget werden solle.*

Auch *ein Bergsiegel mit Fürstlichem Wappen* wird in Auftrag gegeben.

Die Vorbereitungen laufen auf Hochtouren.

Zu Beginn des zweiten Halbjahres 1783 scheidet Hofrat Eckardt aus, ab dem Wintersemester 1783/84 lehrt er an der Universität Jena; er wird es sein, der das juristische Gutachten zur Kindsmörderin Anna Catharina Höhn erstellt.

Für Eckardt wird – wohl auf Goethes Wunsch – Christian Gottlob Voigt in die Kommission berufen.

Am 24. Dezember 1783 tritt in Weimar die *Bergwercks-Commission* in neuer Gestalt zusammen: der *Herr Geheimderat von Göthe* und der *Herr Regierungsrat Voigt.* Der *Secretarius Joh. Carl Wilh. Voigt* führt das Protokoll.

Es wird *vor gut befunden, zu jedem Kux ein eignes Stückchen Akten anzufangen, fortzuführen und mit dessen Nummer zu bezeichnen.* Weiterhin: *Zu der Besiegelung der Gewährscheine soll ein Petschaft verfertiget, und solche mit gutem Siegellack besiegelt werden.*

Anfang 1784 sind *400 Kuxe gezeichnet.* Die *Nro. 1* von Carl August: *urkundlich ... in beglaubigter Form ausgefertigt* und ausgestellt auf den Namen des *Durchlauchtigsten Fürsten und Herrn, Herrn Carl August, regierenden Herzoge zu Sachsen Weimar und Eisenach.* Er trägt, wie alle Kuxe, die Unterschriften von Goethe und Voigt, weiter unten steht die des Sekretärs. Ein Siegel beglaubigt den Kauf. (Originale solcher Anteilscheine sind heute im Goethe-Museum des Ilmenauer Amtshauses zu sehen; die *Nro. 1* ist als Faksimile erhältlich.)

Weitere neunundzwanzig Anteilscheine erwirbt die herzogliche Familie. In Ilmenau selbst, wo man, wie Schreiber notiert, *höllisch hietzig darauf worden*, werden sechzig Kuxe gezeichnet. Im Amt Berka zwanzig. Die Berliner Bankiers David Ephraim und Isaac Daniel Itzig erwerben insgesamt hundert Anteile. In Weimar sind es Herder und Knebel, die kaufen. Wieland erwirbt zehn Anteile. Goethe einen einzigen: den Kux *Nro. 100.* Er kauft zwei weitere, um sie zu verschenken, den einen seinem Ziehsohn Fritz von Stein, den anderen einem Jungen aus Ilmenau.

Dann kommt der Tag, auf den Goethe acht Jahre hingearbeitet hat, der Tag, an dem das Bergwerk eröffnet wird: der 24. Februar 1784.

Goethes ein halbes Jahr zuvor geschriebenes Gedicht »Ilmenau«, das er Carl August zu seinem 26. Geburtstag widmet, enthält sein Versprechen: *Und Seil und Kübel wird in längrer Ruh / Nicht am verbrochnen Schachte stocken. / Es wird der Trug entdeckt* (eine Anspielung auf die Veruntreuung der Steuergelder durch Gruner), *die Ordnung kehrt zurück / Es folgt Gedeihn und festes irdsches Glück.*

Das Gemeinwohl des Fürstentums in dieser kleinen überschaubaren Welt des Amtes Ilmenau hat er sich zum Ziel gesetzt, dafür tritt er ein.

Er ist an diesem Tag der wichtigste Mann. Er wird die Festrede halten. Er wird den ersten Hieb mit der Bergmannshaue am einzuweihenden neuen Schacht tun.

Nicht sein Fürst.

Er agiert als höchster Repräsentant des Fürstentums.

Ein herausragender Tag. Ein einmaliger in seinem Leben. Die einzige große öffentliche Rede, die Goethe je hält, hält er an diesem Tag.

Eine politische Rede, die seine soziale Vision in die Öffentlichkeit trägt.

In diesem ärmlichen, verfallenen Städtchen inmitten des Thüringer Waldes tritt er vor die Menschen.

Ein großer Ernst erfüllt ihn. Gottfried Benn hat es – emphatisch – in die Worte gekleidet: *Das ist doch die Stimme des Erzvaters vor der Hütte, der die Herden ruft, die Silhouette des Hirten steht am Abendhimmel.*

Goethe hat sich gut vorbereitet, hat seine Festrede schriftlich ausgearbeitet. Hat sie drucken lassen, um sie an die Bevölkerung zu verteilen. Jeder in Ilmenau, selbst der *Geringste*, soll sie in Händen haben.

So sehnlich er die Verbreitung in Ilmenau wünscht, so zurückhaltend ist er in bezug auf Weimar und den Hof. Er macht fast ein Geheimnis daraus.

Ein oder zwei Tage vor dem Festakt sendet er aus Ilmenau ein *Exemplar der Rede* an Charlotte von Stein mit der Bitte: *schicke sie Dienstags früh um 10 Uhr an Herdern und schreibe ihm dazu, daß sie in diesem Augenblick sey gehalten worden, er soll sie aber niemanden sehn lassen bis ich wieder komme.*

Der *Dienstag früh*. Der 24. Februar. Es ist Fastnacht; nach einer *alten löblichen Gewohnheit* versammeln sich die Ilmenauer *Bergleute jährlich* an diesem Tag und feiern.

Im Posthaus, dem Sächsischen Hof (heute das Haus der Stadtapotheke, an der Ecke Schwanitzstraße zur Fußgängerzone der Friedensstraße) *versammelten sich früh halb 9 Uhr die allhier wohnhaften Standespersonen und Honoratioren geistlichen und weltlichen Standes ...*

Sämtliche Knappschaft aber, so der Bericht, *zog von dem Zechenhause her mit fliegender Fahne, und klingendem Spiel, und stellte sich vor den Posthause als den Quartier der Fürstlichen Herrn Kommissarien.*

Die Bergleute in ihren Uniformen, Musikanten, neugierige Bürger, Kinder. Die ganze Stadt ist auf den Beinen.

Hierauf wurde in dem Versammlungszimmer von Seiner Hochwohlgeboren dem Herrn Geheimen Rat von Göthe die Absicht des feierlichen Tages durch eine Rede eröffnet, die man zu gleicher Zeit der versammelten Knappschaft gedruckt austeilte.

Endlich erscheine, so der Redner, *der Augenblick, auf den diese Stadt schon beinahe ein halbes Jahrhundert mit Verlangen wartet.* Es sei, sagt Goethe, *der Augenblick ... dem ich selbst seit acht Jahren, als so lange ich diesen Landen angehöre, mit Sehnsucht entgegensehe.*

Vom *zweideutige⟨n⟩ Metall* spricht er, *das öfter zum Bösen als zum Guten gewendet wird;* hier nun, im Ilmenauer Bergwerk, *möge* es *zu seiner Ehre und zum Nutzen der Menschheit gefördert werden.*

Dieser Schacht, den wir heute eröffnen, soll die Türe werden, durch die man zu den verborgenen Schätzen der Erde hinabsteigt, durch die jene tiefliegenden Gaben der Natur an das Tageslicht gefördert werden sollen.

Wenn *dereinst der Bergbau in einen lebendigern Umtrieb* komme, *wird die Bewegung und Nahrung dadurch in diesen Gegenden stärker, erhebt sich die Stadt Ilmenau wieder zu ihrem alten Flor.*

Er appelliert an *jeden* Bürger. *Ein jeder Ilmenauer Bürger und Untertan*, sagt er, *kann dem aufzunehmenden Bergwerke nutzen und schaden … Es tue ein jeder, auch der Geringste, dasjenige, was er in seinem Kreise zu dessen Beförderung tun kann, und so wird es gewiß gut gehen.*

Er beschwört ein Gemeinwesen, ein wirtschaftliches Unternehmen, das selbstbestimmt, gemeinschaftsstiftend und zugleich lukrativ sein soll.

Dafür habe, so Goethe, Ilmenau *einen großen Teil von Teutschland zu Beobachtern und Richtern unsrer Handlungen.*

Er malt die Vision einer Zukunft, die es nicht geben wird.

Überliefert ist ein Zwischenfall während des Festaktes. Eckermann schildert ihn später nach Aussagen von zwei Anwesenden: *Goethe blieb mitten in der Rede stecken, und da er das Manuskript nicht aus der Tasche holen wollte, ließ er die Zuhörer wenigstens zehn Minuten lang in einer peinlichen Stille warten, bis er den verlornen Faden wieder gefunden hatte.*

Möglicherweise waren es nur sechzig oder achtzig Sekunden, aber in Erwartung des nächsten Satzes dehnt sich die Zeit, gerät ihr wahres Maß außer Kontrolle.

Stocken, Fadenverlieren in einem so wichtigen Moment des Lebens, bei einem vorbereiteten Text?

Dieser Umstand hat die Goethe-Forschung nachhaltig beschäftigt. Kurt Eissler hat in seiner Arbeit »Goethe. Eine psychoanalytische Studie« die These aufgestellt, vor Goethes innerem Auge sei in diesem Moment die Schlußvision Faustens aufgetaucht.

Gleichsam als sei er, der offizielle Redner in seiner Funktion als Minister, im Verstummen, zum Dichter gewechselt; Formulierungen hätten sich eingefunden, Verse sich in ihm gesammelt.

Vielleicht sogar, frage ich mich, an Eisslers Vermutung anknüpfend, nicht die Vision eines dem Meer abgerungenen Landes, sondern ein Faust, der aus dem Erdinneren den Reichtum der Metalle zutage fördert?

Nicht der Technokrat und Großunternehmer, jener Faust am Schluß des Zweiten Teils: *Herrschaft gewinn ich, Eigentum!* Sondern tatsächlich ein Faust, der die Vision des *freien Volks auf freiem Grund* Wirklichkeit werden läßt, jene demokratische und gemeinnützige Vision, die die ganze Rede des dreiunddreißigjährigen Goethe atmet.

Aber auch das Gegenteil ist möglich.

Die versammelte Knappschaft an diesem kalten Februarmorgen. Die auf ihn gerichteten Augen. Alte Bergleute, vielleicht sind sie noch in die *Sturmheide* eingefahren, junge Männer von zwanzig waren sie damals; hinter ihnen liegen fünfundvierzig Jahre Arbeitslosigkeit. Lauern, Bitternis, Erwartung, Hoffnung in diesen Augen.

Was ist, wenn das Unternehmen scheitert? Die Angst vor der eigenen Courage, die Goethe möglicherweise packt.

Ein Drittes ist denkbar. Vor ihm auf einmal der Name auf dem Kux, den er am Morgen unterschrieben hat. Die Idee: auch die nächste Generation soll in das Unternehmen einbezogen werden. Ein Junge soll dazu bei der Eröffnung des Schachtes nach Goethe einen Hieb mit der Bergmannshaue vollführen. Und diesem Jungen soll – symbolisch – ein Anteilschein übergeben werden.

Dazu ist der *Knabe*, der die *Kinderfahne* trägt, ausgewählt. Sein Name ist Höhn.

Der Name aus den Prozeßakten.

Die Namensgleichheit.

Es ist der Name der Kindsmörderin aus Tannroda, über deren Schicksal er mitentschieden hatte: Höhn, Anna Catharina. Drei Monate nur liegt es zurück, am 23. November 1783 war Anna Catharina Höhn, zum Tode verurteilt, in Weimar mit dem Schwert hingerichtet worden.

War es das, was ihn stocken ließ?

Nie werden wir wissen, was in Goethe vorgegangen ist.

Nach Schluß dieser Rede, überliefert der *BergSecretarius* Voigt, *zogen die Bergleute voraus in die Kirche; nach ihnen folgten die Herrn Kommissarien mit der ganzen Versammlung von Honoratioren.*

Wir sehen – ein äußerst seltener Anblick – Goethe im Gotteshaus. In der nur wenige Minuten vom Posthof entfernten Stadtkirche St. Jakobus, die nach mehreren Bränden 1760/61 in spätbarocker Form umgebaut ist. Auf der *nördlichen Empore* im *Herrschaftsstuhl* sitzt er, wie belegt ist; ihm unmittelbar gegenüber *die Bergleute* auf der *südlichen Empore*.

Von dem Herrn Superintendent Jacoby, wurde eine eigene auf diesen Tag gerichtete Predigt gehalten... Die Predigt selbst ist nicht überliefert; nur der Bibeltext, wonach sie gehalten wurde. Jesaja 26: *Verlasset Euch auf den Herrn ewiglich, denn Gott der Herr ist ein Fels ewiglich.*

Voigt fährt fort, *nach der Predigt sei Musik gegeben worden und hierauf der Zug zu dem zum neuen Schachte bestimmten Punkte angetreten.*

Am Vortag schreibt Goethe: *Das Wetter ist stürmisch wir hoffen daß es morgen besser werden soll.* Hoher Schnee, Verwehungen. Goethe ist aus Weimar mit dem Schlitten gekommen.

Vielleicht ist es an diesem 24. Februar 1784 klar und ruhig. Der Zug, der sich bergan bewegt, zum Markt mit dem Rat- und Amtshaus, am Gottesacker vorbei.

Eine Anhöhe 530 Meter ü. N.N. (Heute erinnert ein Gedenkstein unmittelbar an der Straße nach Erfurt, an der B 4, an das Ereignis.) Der weite Blick über die verschneite Landschaft.

Voigts Protokoll besagt: *Voraus gieng ein Bergmann, der eine neue, zierlich mit einer Inschrift, gearbeitete Keilhaue trug.*

Hierauf folgte der Musikchor in Berghabit; alsdenn der Fürstliche Berggeschworne Schreiber, mit der ersten Division Bergleute, vor den 2 Steiger und die Fahne vorausgiengen...

Nach den zweiten Zug Bergleute folgten die Fürstlichen Herrn Kommissarien, unter Begleitung der Standespersonen und Honoratioren. Hierauf zog die Schuljugend, mit zwei Fahnen, unter ihren Anführern, und ein Teil der Bürgerschaft beschloß den Zug.

Und weiter: *Als man bei den zum neuen Johannesschacht abgesteckten Platz ... ankam, wurde ein Kreis um denselben geschlossen, worauf der Fürstliche Berggeschworne die neue Keilhaue der Fürstlichen Kommission präsentierte.*

Des Herrn Geheimen Rat von Göthe Hochwohlgeboren taten hierauf den ersten Anhieb; es wurde hierauf von den Anwesenden ein dreimalig Glückauf! ausgerufen.

Nachdem noch weitere *Honoratioren* symbolisch den ersten Anhieb vollzogen hatten, *riefen seine Hochwohlgeboren der Herr Geheimerat von Göthe den Fahnenträger der Knaben, Namens: Christoph Bernhard Friedrich Höhn, herbei, und ließen demselben, um bei der Jugend dieser Feierlichkeit noch mehrern Eindruck zu verschaffen, ebenfalls einen dreifachen Anhieb tun, und demselben zum Andenken der Sache, den Kux Nr. 404. frei zugewähren.*

Der dreimalige Hieb des Jungen. Die Rufe des »Glückauf« danach. Goethe geht auf das Kind zu und überreicht ihm das Geschenk, einen Eigentumsanteil im *Wert von Zwanzig Thalern in Louisdor a 5 Rthl.*

Mit der Übergabe des Kux an den Knaben Höhn wird die *Feierlichkeit beschlossen, der übrige Tag aber unter mancherlei Vergnügen hingebracht; wie denn der Herr Geheimerat von Göthe einen Teil der Standespersonen und Honoratioren bei sich bewirteten; Abends aber auf dem Rathause war ein Ball veranstaltet worden.*

Nicht leicht habe ich etwas mit soviel Hoffnung, Zuversicht und unter so glücklichen Aspeckten unternommen, als diese Anstalt eröffnet, schreibt Goethe dem Gothaer Herzog Ernst II., als er ihm am 15. März 1784 seine zehn gezeichneten Kuxe übersendet.

Am 24. April an Knebel: *Mit dem Baue selbst geht es sehr gut.* Und in bezug auf die Bergleute: *Wir haben wenig aber gute Leute bey der Anstalt.*

Im Herbst ist der Johannesschacht bereits *38 Lachter*

tief abgeteuft (abteufen = einen Schacht niederbringen). Am 12. Oktober befahren Goethe und Voigt ihn; neun Stunden sind sie unter Tage.

Am 15. Oktober ist Goethe wieder in Weimar, er berichtet seinem Herzog: *Ich hoffe es soll Ihnen dieses Werck zur Freude wachsen, wo schon für wenig Geld und in kurzer Zeit viel geschehen ist. In einigen wenigen Wochen werden sie auf dem nassen Orte durchschlägig, und noch vor Ostern auf dem Stollen seyn.*

Goethe täuscht sich. Acht volle Jahre werden vergehen, bis der Johannesschacht so weit abgeteuft ist, daß ein Flöz erreicht wird.

Noch ahnt er das nicht, ist voller Optimismus.

... die Zahl der ansehnlichen Gewerken aus den meisten Provinzen Deutschlands gebe, heißt es am 24. Februar 1785, *den besten Beweis ... von dem Vertrauen welches man dem angekündigten Unternehmen geschenket.*

Das *Vertrauen* wird auf härteste Proben gestellt werden.

Immer wieder unvorhergesehene Schwierigkeiten, Mißgeschicke, menschliches Fehlverhalten.

Goethe kümmert sich um die geringsten Dinge, er arbeitet unermüdlich, ist oft in Ilmenau. 1785 vom 2. bis 16. Juni und vom 6. bis 12. November. Ein Jahr später, zusammen mit Carl August, in der ersten Maiwoche und sechs Tage im Juni.

Ein *Bergamth* wird gegründet, eine *Knappschaftskasse* und ein *Kornmagazin* eingerichtet, ein *Bergarzt* berufen. Mit hohem Kostenaufwand wird das alte System der Berggräben wieder instand gesetzt. Am 8. November 1785 sieht Goethe bei einem Gang durch den mittleren Berggraben das Wasser ihm entgegenfließen; *zum erstenmal wieder seit vielen Jahren* machte es *diesen Weeg*, schreibt er beglückt. Der Berggraben ist nahezu fertig. Treibhaus und Treibrad sind gebaut.

Im Stollen selbst arbeiten nach einer Aktennotiz vom 24. Februar 1785 neunundzwanzig Mann, ein Obersteiger namens Paul, zwei Untersteiger, vier Zimmerlinge, zwölf Hauer, neun Knechte und zwei Jungen.

Für die Arbeit über Tage ist am 21. Januar 1784 *der Werkmeister Joh. Gottfried Otto aus Poberschau* mit einem Monatslohn von zwölf Talern eingestellt worden. Seine Verantwortlichkeiten sind protokollarisch festgelegt. Er hat für die *Erbauung des Treibewerks und anderer Maschinen* zu sorgen, ist verantwortlich für die *Anlegung der Tagegebäude*, für die *Aufsicht bei der Grabenanlegung* und bei der *Schachtmauerung ... Wegen des Transports seiner Familie und Mobilien hofft er, daß ihm eine den Umständen gemäße billige Vergütung gereicht werden wird.*

Am 10. Juni 1785 wird der Obersteiger Paul entlassen. Bei den sieben Punkten der in der Akte festgehaltenen Verfehlungen heißt es unter anderem, *daß er sich des Brandewein Trinkens beflissen*, und *daß er nachteilig wider den neuen Bergbau räsonieret* habe.

In einer zwei Tage später verfaßten Aktennotiz über einen *Stollenbruch* wird als Ursache angegeben, er *sei durch Bosheit kaniert worden*. Sabotage?

Das Vertrauen der Bergleute in das Unternehmen scheint nicht allzu groß gewesen zu sein.

Anfang Februar 1786 flieht der Werkmeister Otto. Er wird durch einen Steckbrief verfolgt und von Husaren gefangengenommen. Wird in Anwesenheit Goethes verhört.

Er schwört, keinen weiteren Fluchtversuch zu unternehmen. Aber er, der mit seiner Familie aus einem anderen Bergbaugebiet zuwanderte, ist nicht bereit zu bleiben. Seinem Schwur folgt sein Entlassungsgesuch.

Aufwand und Ergebnis von Goethes amtlicher Tätigkeit nicht nur im Ilmenauer Bergwerk, sondern auch in anderen Bereichen, geraten in ein immer größeres Mißverhältnis.

Der *Vogel* im *Zwirn*.

Enttäuschung breitet sich aus. Die rauhe Wirklichkeit beginnt die Hoffnung zu zerstören. Eine umfassende Lebenskrise bereitet sich vor...

Die Sinngebung seiner ersten zehn Weimarer Jahre steht in Frage.

Die resignativen Töne mehren sich: *Indessen begiest man einen Garten da man dem Lande keinen Regen verschaffen kann.*

Am 10. Juli 1786 zieht Goethe die bittere Bilanz seiner politischen Existenz, seiner Karriere als Minister: *wer sich mit der Administration abgiebt, ohne regierender Herr zu seyn, der muß entweder ein Philister oder ein Schelm oder ein Narr seyn.*

Wenige Wochen zuvor, Mitte Juni, hat er sich in Ilmenau aufgehalten.

Der letzte Aktenvermerk *in Gegenwart des Geheimderats von Göthe* ist vom 13. Juni 1786.

Am 23. Juli beauftragt Goethe seinen Sekretär Philipp Seidel künftig *Sachen das Bergwerk oder H. Steuerwesen* betreffend *an des Herrn Hofrath Voigts Wohlg.* weiterzuleiten.

Die nächste Akte, die Goethes Anwesenheit belegt, ist vom 30. Oktober 1789.

Dazwischen liegt seine Flucht nach Italien, sein über zweijähriger Aufenthalt dort.

Während seiner Zeit in Italien läßt ihn der Gedanke an das Ilmenauer Projekt nicht los.

Er gibt die im »Ilmenau«-Gedicht geäußerte Hoffnung auf ein *festes irdsches Glück* nicht auf.

Aus der Ferne verfolgt er alles.

Beunruhigung und Freude wechseln. *Von unserm Bergwercke raunt mir ein böser Geist in's Ohr: daß das Wasser noch nicht herbeygebracht sey*, schreibt er aus Verona am 18. September 1786 an Voigt.

Am 23. März des folgenden Jahres dann aus Neapel: *Es hätte mir nicht leicht eine größere Freude von Hause kommen können, als mir die Nachricht von dem Fortgange des Ilmenauer Bergwercks gebracht hat. Ich bin so sehr mit dem Gedancken an diese Anstalt geheftet daß mir nichts erwünschter seyn kann als zu hören daß sie glücklich fortgeht.* Er bekennt, daß ihm sein soziales Engagement so wichtig wie sein literarisches Werk ist: *daß ich meinen Nahmen als wie unter einer selbst verfertigten Schrift lese*, heißt es im Hinblick auf das Bergwerk.

Goethes Aufatmen und seine Freude sind von kurzer Dauer.

Am 9. August bricht Wasser ein, in Stärke eines Armes quillt es in den Schacht. Zudem: ein Treibseil reißt, eine schwere Tonne saust in den Schacht nieder und tötet einen Bergmann, verletzt drei andere schwer.

Um den *unterirdischen Neptun* zu bezwingen, wird der Einbau einer neuen Maschine (eines *Kunstgezeugs*) notwendig. Am 18. November beginnt sie zu arbeiten.

So sind denn die Wasser wieder gewältigt! frohlockt Goethe am 29. Dezember aus Rom. *Wie sehr beruhigt mich das einstweilen, biß mir, nach dem Versprechen, Ihr nächster Brief das Genauere erzählt.*

Da aber ist die Katastrophe schon eingetreten. Am 7. Dezember ist es gegen Mitternacht zu einem erneuten Wassereinbruch gekommen; zwölf mal so stark wie der vorhergehende.

Fünf Jahre Zeitverlust und erneute enorme Kosten wird dieser Vorfall zur Folge haben.

Goethe reagiert darauf, datiert Rom, den 26. Januar 1788: *wenn schon nicht die Hoffnung, so sei doch die nächste Freude zu ersäufen*, schreibt er, spricht aus der Ferne Mut zu, der wohl bei den Handelnden in der Nähe schon geschwunden ist. *Aber nur getrost. Noch ist ein gutes Glück bey unserm Bergbau. Wir haben doch jetzt die gewisse Anzeige und müssen immer bedenken: daß es törig wäre da zu verzweifeln, wenn das begegnet was man voraussehen konnte.*

Monate später, am 18. Juni, ist Goethe wieder in Weimar. In Italien *wickelt* sich der *Vogel* aus dem *Zwirn*, findet zum Gebrauch seiner *Flügel* zurück; er erlebt seine Wiedergeburt als Dichter.

Bereits aus dem Süden signalisiert er seinem Fürsten, daß er künftig als *Künstler* und *Gast* in Thüringen leben wolle; legt ihm nahe, ihn *nur das thun ⟨zu⟩ lassen was niemand als ich thun kann.*

Das heißt, seine Antwort auf die von ihm selbst gestellte Frage nach der *Weltrolle*, wie sie ihm *zu Gesicht stünde*, ist negativ ausgefallen. Er ist nicht mehr bereit, für den Zugewinn im Politisch-Tätigen seine poetischen Kräfte zu opfern.

In der Folge verändert sich sein Engagement für öffentliche Aufgaben und das Gemeinwesen. Die *Schriftstellerey* wird nicht mehr einem von amtlichen Aufgaben beherrschten Leben *subordinirt*; nach Goethes Rückkehr aus Italien ist das Gegenteil der Fall.

Er löst sich von den Alltagsgeschäften im Regierungsgremium, zieht sich zurück, gibt die reguläre Sitzungsarbeit im *Geheimen Consilium* auf.

Lediglich als Ratgeber steht er dem Herzog weiterhin zur Verfügung. Und in der Folgezeit sind es fast ausschließlich Aufgaben im kulturellen und wissenschaftlichen Bereich, die er wahrnimmt.

Mit einer Ausnahme: die das Amt Ilmenau betreffenden Verpflichtungen. Sie bleiben in vollem Umfang in seiner Hand. Sowohl die ihm 1784 übertragenen Aufgaben in der Ilmenauer Steuerkommission (bis 1818 bestehend) als auch die in der Bergwerkskommission, die formal erst 1814 aufgelöst wird.

Ist es sein vor den Ilmenauer Bürgern und vor *Teutschland* gegebenes Wort in seiner großen öffentlichen Rede vom 24. Februar 1784, das ihn bindet? Ist es die Vision des *Gemeinwohls*, die soziale Verantwortung? Ist es die Wißbegier des durch das Ilmenauer Bergwerk auf die Spur der Erdforschung gebrachten Naturwissenschaftlers, den weit über die pragmatische Dimension hinaus die ethische im Kampf mit der Natur reizt?

Auffällig ist die konsequente Weiterführung der Ilmenauer Verpflichtungen auf jeden Fall.

Freilich: sein Enthusiasmus ist in der nachitalienischen Zeit nicht mehr ganz so groß.

Eine gewisse Kühle entnimmt man bereits seiner ersten Äußerung Voigt gegenüber. *Das Geschäfte in Ilmenau muß mir immer werth bleiben und Ihre Gegenwart dabey, Ihr Würcken macht mir alles doppelt interessant*, schreibt er ihm am 16. August 1788.

Erst am 24. September, ein Vierteljahr nach seiner Rückkehr aus Italien, reitet Goethe nach Ilmenau. Er besichtigt das neue Kunstrad zur Wassergewältigung, kehrt am 26. September zurück. Am 1. Oktober berichtet er dem Herzog: *Die Wasser sind jetzt 25 Lachter unter dem Stollen gewältigt. Ich bin biß auf sie hinab gefahren, um die Arbeit selbst zu besehn die nötig ist.*

Sein Optimismus über den Fortgang der Sache scheint nicht allzugroß gewesen zu sein. Von *Bergwercks Besorgnisse⟨n⟩* ist am 5. November 1789 an Carl August die Rede.

In den Akten des Ilmenauer Bergbauamtes Cap. I Tit. 2 Nr. 12. befindet sich ein Brief, den der Ilmenauer Lehrer Julius Voigt in seinem Buch »Goethe und Ilmenau« 1912 erstmals publiziert und auf das Jahr 1789 datiert. Der Inhalt des Schreibens: der Bergsekretär Johann Carl Wilhelm Voigt, der auf Goethes Betreiben inzwischen seinen ständigen Wohnsitz in Ilmenau genommen hat, bittet den Geschworenen Schreiber, Goethe nicht mit Kleinigkeiten (es geht um eine *verdrüßl. Eisenrechnung*) zu belästigen, sondern sich so zu verhalten, wie er, Voigt, es tut.

Ich suche, schreibt er, *den vortrefflichen Mann alle⟨r⟩*
nicht schlechterdings nothwendige⟨r⟩ verdrüßl. Dinge zu
überheben. Es ist nicht gut, einen solchen Mann auf dergl.
Art nicht so zu schonen, wie er es so sehr verdient. Kein
Wunder wäre es sonst, er zög sich ganz zurück. Was das
Beste der Sache erfordert, muß man in jedem Amte tragen;
aber nur nicht unnötige Plackerey.

...er zög sich ganz zurück. Goethe wird das nicht tun.
Aber einen Tiefpunkt in seinem Verhältnis zum Bergwerk
erreicht er wohl in dieser Zeit.

Am 21. August 1790 schreibt er an Voigt aus Breslau
– er begleitet Carl August auf dem Feldzug nach Schle-
sien –, es wolle ihm scheinen, *als wenn erst unsern Nach-*
kommen aufbehalten wäre dabey Ehre einzulegen.

Zugleich nutzt er die Reise zu bergbaulichen Erkundungen, besucht die Blei-Zinkerz-Gruben in Tarnowitz und
das Salzbergwerk Wieliczka bei Krakow. *In Tarnowitz*
heißt es in einem Brief vom 12. September an Voigt, *habe*
ich mich über Ilmenau getröstet; sie haben, zwar nicht aus
so großer Tiefe, eine weit größere Wassermasse zu heben
und hoffen doch.

Zurückgekehrt, widmet er dem Ilmenauer Bergwerk erneut seine Energie. Am 6. Juni 1791 eröffnet er den 1. Gewerkentag mit einer Rede. Mit Sprachgewalt und takti-
schem Geschick gelingt es ihm, die versammelten Aktionäre zu neuen Geldzahlungen (*Zubußen* zu den *Kuxen*)
für den Bau von zwei weiteren Kunstgezeugen in Kosten-
höhe von 7800 Talern zu bewegen. Die Schuldensumme
von 5000 Talern soll durch *Verkaufung einiger Gewerk-*
schaftliche⟨r⟩ Grundstücke verringert werden.

Goethe versäumt nicht, die *wohlmeynenden Ilmenauer*

Einwohner einzubeziehen; diese hätten *einen großen Theil* ihres *jetzigen Wohlstandes ... der ansehnlichen Gewerk-schaft* zu verdanken. Nach tagelangen Beratungen stellt Goethe in seinem Schlußwort vom 11. Juni in Aussicht, daß *binnen eines Jahres das Flöz ersunken*, das bedeutet die Erzader erreicht und der Schacht förderbereit sein werde.

Die erneute Investition lohnt sich, Ende Juni 1792 ist das Wasser *gewältigt*, der Schacht auf Dauer trocken.

Am 8. August 1792 verläßt Goethe Weimar, um seinen Herzog auf dem preußischen Feldzug gegen das revolutionäre Frankreich zu begleiten. Am 10. September schreibt er an Voigt aus dem Feldlager vor Verdun: *... möchte ich nun hören daß einmal das Flöz ersuncken ist. Vielleicht trifts in die Epoche unsres Einzugs in Paris.*

Zu diesem Zeitpunkt ist das thüringische Städtchen Ilmenau bereits im Freudentaumel. Am Morgen des 3. September verbreitet sich die Nachricht, daß die erste Tonne ans Tageslicht gefördert werde. Bergrat Voigt überliefert: *Schon früh am Tage fand ich die Halde und das Treibhaus mit Menschen angefüllt, die das neue Flöz sehen, und sich freuen wollten.* Voigt läßt die Tonne *illuminiren* und die *zwey untersten Lachter des eisernen Treibseils mit Blumen einflechten und behängen. In der Stadt*, so berichtet er, *wurde bekannt gemacht, daß Abends um 6 Uhr die erste Tonne Schiefer getrieben werden sollte, welches eine große Menge Menschen herbeyzog.*

Als die *geschmückte Tonne* erschien, *bewillkommten sie Trompeten, Pauken, Kanonen, Doppelhaken und Trommeln, alles jauchzte ... eine aufsteigende Rakete kündigte den Anfang eines kleinen Feuerwerks an.*

Ein allgemeines Bedauern, so überliefert Voigt, *verursachte die Abwesenheit* der *hohen Bergwerk-Commission, der mit vielen Seegenswünschen und lautem Vivatrufen oft gedacht wurde.*

Vivatrufe auf Goethe genau an dem Ort, an dem er acht Jahre zuvor, an jenem Februartag, mit der Keilhaue symbolisch den ersten Schlag getan hat. Seine große öffentliche Rede. Sein Traum von Gemeinwohl und *irdschem Glück, die Stadt Ilmenau wieder zu ihrem alten Flor* zurückzuführen, nun, nach acht mühsamen, von unzähligen Rückschlägen gekennzeichneten Jahren, in greifbarer Nähe?

Das Teilen der Freude mit den Bewohnern, den Bergleuten, wäre er anwesend.

An jenem 3. September aber reitet er vom preußischen Feldlager außerhalb Verduns in die Stadt hinein. *Wir besuchten ... sogleich die namentlich gerühmten Läden* (von Kaufmann Leroux), *wo der beste Liqueur aller Art zu haben war. Wir probierten ihn durch und versorgten uns mit mancherlei Sorten ... Auch Dragéen, überzuckerte kleine Gewürzkörner, in sauber zylindrischen Deuten wurden nicht abgewiesen.* Wenig später wird ein *Körbchen* mit Geschenken *gepackt* und geht an Christiane nach Weimar. Und am 10. September schreibt er der Geliebten: *Wärst du nur jetzt bey mir! Es sind überall große breite Betten und du solltest dich nicht beklagen wie es manchmal zu Hause geschieht. Ach! mein Liebchen! Es ist nichts besser als beysammen zu seyn.*

Von jenem 10. September ist auch sein Brief, in dem er die *Ersinkung* des *Flözes* und die *Epoche des Einzugs in Paris* in Zusammenhang bringt.

Eine seltsame Parallele?

Ein schlechtes Omen gar?

Vor Valmy hält das Sansculottenheer die preußische Armee auf, zwingt sie zu einem schmählichen Rückzug. Goethe durchlebt bittere Tage.

Als er am 16. Dezember wieder in Weimar eintrifft, ist in Ilmenau die Freude bereits verflogen.

Die Schmelzproben vor Ort, aber auch auswärtig in Freiberg und Hettstedt, ergeben, daß das zutage Geförderte ein fast taubes Gestein ist.

Nach den Mühen der vielen Jahre ein schwerer Schlag.

Nun setzt man die Hoffnung auf eine effektive Aufbereitung. Investitionen in Schmelzhütte, Poch- und Waschanlagen werden nötig.

Im April 1793 hat das Bergwerk 7293 Reichstaler Schulden. 147 Kuxe müssen *kaduziert*, für ungültig erklärt werden. Die Aktionäre büßen lieber ihr bereits gezahltes Kapital ein, als weitere Beiträge (*Zubußen*) für ein Unternehmen zu zahlen, in das sie kein Vertrauen mehr haben.

Als Goethe im August 1793 wiederum von einer kriegerischen Unternehmung, der Belagerung von Mainz, an der er auf Anordnung des Herzogs teilzunehmen hatte, zurückkehrt, findet er das Ilmenauer Bergwerk in der mißlichsten Lage.

Am 7. Dezember reist er nach Ilmenau, ist nach zweieinhalb Jahren erstmals wieder dort und eröffnet am 9. Dezember den 2. Gewerkentag. Wieder agiert er mit äußerstem Geschick. Verbreitet Optimismus. Scheut nicht vor der ihm so fremden patriotischen Geste zurück, stellt alle diejenigen, die das *Vaterland verteidigen* als *aufmunterndes Beispiel* hin. *Bergwerks Angelegenheiten wollen, wie die Kriegsvorfälle summarisch traktiert sein ...* hatte er bereits in einer früheren Ausarbeitung notiert.

Man sei an einem *kritischen Punkte des Unternehmens*, gesteht Goethe, setzt aber auf *Kunstgriffe der Mechanik*, auf die *Chemie (so wird uns ja wohl gegenwärtig die Chemie nicht verlassen, deren Wirkungskreis sich in neuern Zeiten um so ein Merkliches erweitert)*. Das heißt, er umgeht das eigentliche Problem, die Unergiebigkeit des Geförderten, zielt ausschließlich auf eine vorteilhaftere Aufbereitung der Erze.

Nochmals werden neue Gelder notwendig; es soll wiederum in den Bau von Laboratorien investiert werden, um den geringen Gehalt von Gestein und Sanderzen durch *geschickte Behandlung ... zu einem wirklichen Ertrag zu bringen*.

Zugleich vermutet man, das Flöz an einer falschen Stelle erreicht zu haben, den *Flöz-Rücken* müsse man treffen, so Goethe, dann sei eine Ausbeute wahrscheinlich.

Goethe nennt in seiner Rede vor dem 2. Gewerkentag das Ilmenauer Bergwerk eine *große wichtige kostspielige und in manchem Sinne gefährliche Anstalt. Die Hindernisse*, mit denen man *zu kämpfen* habe, seien *diejenigen die uns die Natur entgegengesetzt, welche zu überwinden der menschliche Geist seine Tätigkeit aufzuwenden berufen ist.*

Er vermag die Aktionäre zu überzeugen. Aber man will weitere Proben und Gutachten abwarten. Zudem die Gewerkenversammlung auf eine breitere Basis stellen, dazu

um das Osterfest des folgenden Jahres erneut zusammen-
kommen. Bis dahin soll die Arbeit eingestellt werden.

Am 12. Dezember 1793 ordnen Goethe und Voigt die Still-
legung des Bergwerks an. Zwei Tage später kehrt Goethe
nach Weimar zurück.

Ende April 1794 tagt der neu formierte Gewerkenaus-
schuß. *Nicht ohne Verlegenheit sende ich einen Eilboten
an Sie ab*, schreibt Goethe am 28. April an Voigt. Er läßt
ihn allein reisen, entschuldigt sich mit privaten Dingen:
Ich habe in meinem Hinterhause einreisen lassen . . . Und
mit Theatersorgen.

Unter Voigts Leitung werde in Ilmenau *alles zum besten
gehen und gedeihen*, versichert er, und fügt hinzu: *Fänden
Sie meine Gegenwart unumgänglich nothwendig, wie ich
nach redlicher Selbstprüfung und Kenntniß der Sache
kaum glaube, so könnte ich immer noch durch einen rei-
tenden Boten avertirt werden . . .*

Am 1. Mai schreibt er: *Tausend Dank für alles, was Sie
in meine Seele und an meiner Stelle thun.*

1795 hält sich Goethe vom 25. August bis 4. September
mit seinem Sohn in Ilmenau auf.

Einen Tag nach seinem 46. Geburtstag schreibt er jene
Worte, die Ilmenau als sein thüringisches Arkadien erscheinen lassen. *Ich war immer gerne hier und bin es noch*,
läßt er Schiller wissen, *ich glaube es kommt von der Harmonie in der hier alles steht. Gegend, Menschen, Clima,
Thun und Lassen. Ein stilles, mäßiges ökonomisches Streben, und überall den Übergang vom Handwerck zum Maschinenwerck, und bey der Abgeschnittenheit einen grö-*

ßern Verkehr mit der Welt als manches Städtchen im flachen zugänglichen Lande.

Sein allgemein gehaltenes Wohlgefühl und die Lage des Bergwerks freilich stehen in offensichtlichem Gegensatz.

Goethe befaßt sich, wie seine Aufzeichnungen belegen, ausführlich mit dem *Maschinenwerck*. Er besichtigt, notiert, berechnet.

Ein *böses Geschäft* nennt er es.

Sein Resümee vom 2. September: *Es ist schon vorauszusehen daß unsere Poch und Wasch Anstalt so wie unser nächstes Schmelzen betrübte Resultate geben wird...* Dies – intern – an Voigt. Es ist das Eingeständnis, daß dem Hauptübel, der Unergiebigkeit der Erze, nicht abzuhelfen ist.

Zugleich muß Goethe feststellen, daß das Vertrauen der Ilmenauer Bürger und der Bergleute in das Unternehmen rapide sinkt.

Auch scheint der Unwille der Leute selbst manche Hinderniß in den Weg zu legen. Ja man hat Spuren von ausgeübter Bosheit, die untersucht werden, ist in seinem Aktenvermerk vom 27. August zu lesen.

Aber nicht nur in Ilmenau, auch bei den auswärtigen Aktionären, den Kuxinhabern, scheint die Geduld am Ende. Es gibt Eingaben, Rücktrittserklärungen und massive Proteste; in den Akten ist von denen der *Herrn Berliner,* der *Herrn in Niedersachsen und Westphalen* die Rede. In Berlin sind es die Bankiers Itzig und Ephraim, die mit dem Kauf von Kuxen in das Bergwerk investiert haben und nun nach über einem Jahrzehnt Erlöse sehen wollen. Aber statt dessen werden *neue Zubußen* gefordert. Viele der Kuxinhaber leisten die *Zubußen* nicht, ihre Anteile werden daraufhin *kaduziert*, das heißt entwertet, und gehen in das Eigentum der Gewerke über.

Die finanzielle Situation wird immer schwieriger, um nicht zu sagen aussichtslos. Im Protokoll vom 20. Oktober 1795 werden im Bericht an den Herzog *Maßnahmen zur Überwindung der finanziellen Krise des Bergwerks zu Ilmenau* beschlossen.

Ein Jahr später ist nichts gebessert; 1796 müssen wiederum Zubußen verlangt werden und eine Summe aus der herzoglichen Schatulle wird geborgt.

Am 3. März 1796 schreibt Goethe aus Jena an Voigt, daß das Ilmenauer Bergwerk *einer auslöschenden Lampe* ähnele.

Dennoch wird verzweifelt ein Ausweg aus der Lage gesucht. Im Juli 1796 finden vier Gewerkenzusammenkünfte statt. Der Ort der Tagungen ist diesmal Weimar. In der dritten Bergwerks-Session am 6. Juli hält Goethe eine Ansprache. Sie ist in einer Niederschrift Kruses überliefert, Goethe hat sie eigenhändig korrigiert. *Die Fortsetzung des Werkes ist der einzige Zweck der beisammenbleibenden Gewerkschaft*, heißt es. Und: *Die Frage, die wir an die Natur zu tun haben, kann bloß dadurch beantwortet werden, daß wir uns dem Rücken nähern und denselben erreichen.*

Das Flöz ist gemeint, auf das man 1792 bei der Abteufung an der falschen, d. h. tauben Stelle getroffen sei. Erreiche man aber den *Rücken* des Flözes, so sei eine Ausbeute wahrscheinlich. Eine erneute Abteufung des Schachtes?

Das Pochen und Waschen soll eingestellt, Bergrat Voigt

und der Einfahrer Schreiber sollen entlassen werden, so Goethe; und an das Bergbauamt soll *wegen des Angriffs eine Verordnung* gegeben werden.

Ob es darüber zu Meinungsverschiedenheiten kam, die Weisungen nicht ausgeführt wurden? Am 11. September jedenfalls schreibt Goethe ungehalten an seinen Weimarer Ministerkollegen Voigt über dessen jüngeren Bruder in Ilmenau: *Daß der Bergrath das Pochen erlaubt hat, ist schon wieder gegen alle Zucht und Ordnung... Was sollen alle unsere Sessionen und Consultationen, wenn man oben in Ilmenau immer in dem Schlendrian der Insubordination und des unzeitigen Geldausgebens verharren will, und was spielen wir vor wie nach vor eine Figur gegen die Deputirten?*

Goethes Ungeduld ist unverkennbar; sein Appell vom 6. Juli 1796, *daß... alle Kräfte gemeinschaftlich aufzubieten sind, um die Ehre desselben aufrecht zu erhalten und seine Existenz zu sichern,* scheint ungehört zu verhallen.

In diesen Appell hinein fällt ein Ereignis, das das endgültige Aus des Bergwerks bedeutet.

In der Nacht vom 22. zum 23. Oktober bricht der Martinsröder Stollen, und Wasser strömt ein, die zwölf in der Nachtschicht arbeitenden Bergleute können sich nur in letzter Minute retten.

Goethe wird nach Ilmenau gerufen.

Er habe ihm *am Abend den bösen Vorfall im Stollen* berichtet, notiert Herzog Carl August am 29. Oktober.

Im Brief, den Goethe am gleichen Tag an Schiller richtet, klingt es weniger dramatisch.

Ohne Angabe eines Grundes die Mitteilung: *Ich bin*

genöthigt auf einige Tage nach Ilmenau zu gehen... *Ein schönes Glück wär's wenn mir in Ilmenau noch ein Stück des epischen Gedichts* (er arbeitet an »Herrmann und Dorothea«) *gelänge, die große Einsamkeit scheint etwas zu versprechen.*

Am 30. Oktober verläßt er Weimar, wie im Vorjahr begleitet ihn sein Sohn. *Nach Ilmenau, mit Gusteln. War ein sehr schöner Tag*, vermerkt das Tagebuch.

In Ilmenau angekommen, wird er mit dem Ausmaß der Katastrophe konfrontiert.

Eine der ersten Nachrichten ist der Tod des Hüttenmeisters Schrader. Goethe ordnet sofort Untersuchungen an, beruft Sitzungen, *Sessionen*, ein, fertigt Protokolle an. Tag um Tag. Es sei *ein Kriegszustand*, heißt es an Voigt.

Aus den Berichten der Bergleute geht hervor, daß noch ein zweiter Stollen eingestürzt sein muß. Die *Muthmaßung wegen des zweiten Bruchs ist das allerschlimmste.*

Dennoch besteht Goethe darauf, den Stollen wieder befahrbar zu machen. Er will so lange bleiben, bis die *neue Einrichtung im Gange* ist.

Aber er täuscht sich, es ist unmöglich. Zudem: die Bergleute weigern sich, in den gefährlichen Stollen einzufahren.

Zwanzig Jahre nach der enthusiastischen Geburt des Projekts, zwölf Jahre nach seiner großen öffentlichen Rede, seinem Versprechen, der *Stadt Ilmenau* den *alten Flor* zurückzugeben, seinem Anspruch, *einen großen Teil von Teutschland zu Beobachtern und Richtern unserer Handlungen zu haben* – wie muß Goethe zumute gewesen sein?

Wir wissen es nicht. Er schweigt.

Nur indirekte Äußerungen lassen auf seine Betroffenheit schließen. Für ihn, der noch ein Jahr zuvor Schiller gegenüber Ilmenau zu seinem thüringischen Arkadien stilisiert hat, wird die Stadt nun zum finsteren Ort, zu *Cimmerien*.

Goethes Stimmung ist schlecht.

Der graue November. Es regnet, *das Wetter ist ganz abscheulich*. Der Ofen im Gasthof »Zum Goldenen Löwen« raucht, seine Unterkunft sei *äußerst unruhig und unbequem*. Das Kind stört. *Noch will mirs*, schreibt er am 1. November an Christiane, *hier nicht recht behagen, denn der Kleine, so artig er auch übrigens ist, läßt mich die Nächte nicht ruhig schlafen und Morgens nicht arbeiten. So geht mir die Zeit verloren und ich habe noch nicht das mindeste thun können* . . .

Er *habe auch nicht den Saum des Kleides einer Muse erblickt*, schreibt er Schiller, *ja selbst zur Prosa habe ich mich untüchtig gefunden, und weder Production noch Reproduction ließ sich im geringsten spüren*.

Am 2. November stirbt der Wirt im Gasthof »Zum Goldenen Löwen«, der *gute Türk*. Goethe zieht aus, findet beim Oberforstmeister von Fritsch eine Unterkunft.

Daß er nun, nach dem Umzug, *nicht weit vom Bergrath wohne, an dessen Mineralienkabinet ich mich unterhalte*, teilt er am 3. November Christiane mit.

Und dann lesen wir im Brief an Schiller, am 12. November, zwei Tage nach der Rückkehr nach Weimar geschrieben, die erstaunlichen Sätze: *Durch die unmittelbare Berührung mit den Gebürgen und durch das Voigtische Mineralienkabinet bin ich diese Zeit her wieder in das*

Steinreich geführt worden. Es ist mir sehr lieb, daß ich so zufälligerweise diese Betrachtungen erneuert habe, ohne welche denn doch die berühmte Morphologie nicht vollständig werden würde. Ich habe diesmal diesen Naturen einige gute Ansichten abgewonnen...

... zufälligerweise, als handle es sich um einen Ausflug. Kein Wort über das Unglück, über das soziale Debakel für die Region.

Die *Geschäfte* für den Bergbau werden nicht erwähnt.

Nur das *Geschäft* des Schreibens. Wenn auch »Herrmann und Dorothea« nicht vorgerückt ist, so hat doch die »Morphologie« gewonnen.

... daß ich meinen Nahmen als wie unter einer selbstverfertigten Schrift lese, hieß es noch aus Italien im Hinblick auf das Ilmenauer Unternehmen.

Das gilt offenbar nicht mehr.

Es geht ausschließlich um sein Werk, das dichterische wie das naturwissenschaftliche. Nur das zählt.

Auch den Gestus, sich dem *Geringsten* zuzuwenden, den seine große Rede zur Eröffnung des Bergwerks auszeichnete, vermißt man. Kühl notiert Goethe für Voigt über die Frau des *mit dem Tode abgegangenen* Hüttenmeisters Schrader: *Seine Witwe bleibt freilich mit vielen Kindern zurück, an der wohl auch einige Barmherzigkeit zu tun ist; doch wird man sie wohl mit einer kleinen Abfindung los, weil sie wohl wieder nach Hessen zurückgeht.*

Das Ende der Utopie des *irdschen Glücks*, das Ende des sozialen Engagements in Ilmenau.

Von diesem November 1796 an zieht sich Goethe aus seiner Verantwortung für den Bergbau fast gänzlich zurück.

Er meidet *Cimmerien*, den finsteren Ort, siebzehn lange Jahre bleibt er Ilmenau und seiner Umgebung fern. Die anfallenden unangenehmen Pflichten überläßt er im wesentlichen seinem Ministerkollegen Voigt.

Mit einem Schreiben an den Herzog vom 3. Mai 1797 versuchen die beiden zu verhindern, daß ihr eingereichter *Offizial-Bericht* im Geheimen Conseil beraten wird. Der Herzog lehnt ab, am 4. Mai 1797 steht er im Regierungsgremium zur Debatte.

Goethe ist nicht anwesend.

Am Morgen schickt er Voigt einen Zettel: *Auch könnten Sie ... einfließen lassen, daß ich den Herrn Bergrath von Humboldt zu disponiren hoffe, mit mir, die nächste Woche hinauf zu gehen ...* Goethe bittet Alexander von Humboldt um Hilfe. Humboldt, von 1792 bis 1796 preußischer Oberbergmeister, hat eine Lampe erfunden, die den zum Brennen nötigen Sauerstoff in einem besonderen Apparat selbst erzeugt. Goethe knüpft daran die Hoffnung, daß die Bergleute auch *in den Wettern* damit arbeiten können und wieder in den Schacht einfahren. Er will mit Humboldt nach Ilmenau, *um theils seine Lampen in loco zu versuchen und denen, die sie gebrauchen sollen, die nöthige Anleitung zu geben.*

Am 6. Mai teilt er Voigt mit: *Oberbergrath von Humboldt hat meinen Antrag, wenigstens für den Moment, abgelehnt ...*

Die Regierung verfügt, daß der Schacht – ohne Förderung – notdürftig unterhalten werden soll. Einige wenige Bergleute bleiben.

Gelder gehen fast gar nicht mehr ein. Im Juli 1797 müssen 73, im Dezember 182 *Kuxe caduziert* werden. Auch Goethe läßt seinen Kux verfallen.

Und der Anteilschein, den er 1784 zur Eröffnung des Bergwerks dem Knaben Höhn geschenkt hat?

Im Thüringischen Haupt- und Staatsarchiv in Weimar wird das originale *Gewerkenbuch* aufbewahrt, vier großformatige handgeschriebene Bände, in denen die tausend Kuxinhaber namentlich verzeichnet sind, mit den Daten ihrer Geldzahlungen, Zubußen und Kaduzierungen.

Im Band zwei unter der Nummer 404 steht *Christoph Bernhard Friedrich Höhn*. Drei Raten sind im Februar 1784 für ihn gezahlt, auch zweimal sind Nachträge von Zahlungen vermerkt. Zehn oder zwölf Jahre mag Höhn gewesen sein, als er aus Goethes Hand das Geschenk erhielt, nun ist er ein erwachsener Mann. Die Hoffnung, die sich an seinen Besitz knüpft. 1796 aber wird keine *Zubuße* geleistet, und am 7. August verfällt – *laut Verordnung* – sein Anteilschein.

Seine Enttäuschung.

Ebenso die Enttäuschung der vielen anderen Kleinanleger.

Wie aus dem *Gewerkenbuch* hervorgeht, sind es Einzelpersonen, so der *Hufschmied Sander aus Ilmenau*, der *Diakonus Teuscher*, ebenfalls aus *Ilmenau*, der *Glasermeister Heinz aus Stützerbach*, *Herr von Frankenberg aus Gotha*.

Oder Innungen: *das Weißbecker Handwerk aus Ilmenau*. Auch Kassen haben sich eingekauft, die *Witwenkasse von Hildesheim* und die *Fürstliche Landschaftskasse zu Eisenach*.

Auch kleine thüringische Gemeinden haben ihr Geld in Bergwerksaktien angelegt, so die *Communen Kalbsrieth, Tannroda, Hetschburg, Eichelborn, Saalborn* und die *Gemeinden Niederroßla, Martinroda* und *Tangelstedt.*

Sie alle haben Geld verloren. Auch Wielands Anteile sind 1790 und 1793 kaduziert worden. Ebenso die beträchtliche Zahl der von der Göttinger Gelehrtenfamilie *Schlözer* (zwei davon, die Nummern 717 und 718, stehen auf den Namen *Dorothea Schlözer*) gekauften Kuxe. (Alle Angaben nach: ThHStAW, B16 350, 176, 177, 178.)

Goethe dagegen werden selbst seine Reisekosten vergütet. Im Thüringischen Hauptstaatsarchiv Weimar findet sich, mit *Empfangsvermerk vom 11. November 1796,* eine *Quittung der Kammer zu Weimar über die Erstattung der Auslagen für Goethes zehntägigen Aufenthalt in Ilmenau aus Anlaß des Stollenbruchs 1796.*

13 590 Taler Schulden hat das Ilmenauer Bergwerk allein 1798 zu verzinsen. In diesem Jahr ist die Geldnot so gestiegen, daß die Bergleute wochenlang keinen Lohn erhalten und die Witwe des am Jahresanfang gestorbenen Berggeschworenen Schreiber im Mai ein Darlehen von hundert Talern zurückgeben muß, weil die von Weimar gesandten Gelder zur Bezahlung der Bergleute nicht ausreichen.

Am 31. Dezember 1799 setzt Goethe letztmalig seinen Namenszug unter einen Gewährschein. Und seine letzte Unterschrift unter einem Schriftstück in Zusammenhang mit dem Ilmenauer Bergwerk ist vom 18. August 1800.

Aber noch gehört er formell der Kommission an.

Der Versuch, erneut Geldgeber zu finden, eine neue *Gewerkschaft* zu gründen, scheitert.

Der aufwendige Unterhalt des stillgelegten Schachtes.

Erst im Jahr 1812 stellt der Herzog im Reskript vom 3. Juli die Frage, ob es nicht besser sei, *den Stollen eingehn und das Bergwerk auflässig werden zu lassen.*

Am 18. Februar 1813 schreibt Voigt seinem Bruder nach Ilmenau: *Mir graut für den Abschluß der Sache, bei den schweren Schulden. Ich will ruhiger mein Tagewerk beenden, wenn dieses Mißgeschick vollendet ist.*

Das *Bittere*, klagt er, müsse er *allein verschlingen, indem ich allein in loco peccatorum* (Ort des Vergehens) *stehen bleibe.*

Er sendet Goethe die Akten.

Die Ilmenauensia hat H. Geh. Rat Goethe noch bey sich. Ich ließ das Bergwerk damit förmlich und feyerlich Abschied nehmen, heißt es am 29. März.

Von einem *für uns wundersam beruhigten Augenblicke,* schreibt Goethe an Voigt am 11. April 1813.

Deutet das auf die Unruhe, die ihn all die Jahre erfüllt, da die Last des gescheiterten Unternehmens noch auf ihm liegt?

Eine Unruhe, der er mit Schweigen begegnet.

Jetzt bricht er es, versucht ein Fazit zu ziehen. *Es ist freylich ein Unterschied,* schreibt er an Voigt, *ob man in unbesonnener Jugend und friedlichen Tagen, seinen Kräften mehr als billig ist vertrauend, mit unzulänglichen Mitteln Großes unternimmt und sich und Andre mit eitlen Hoffnungen hinhält, oder ob man in späteren Jahren, in bedrängter Zeit, nach aufgedrungener Einsicht, sei-*

nem eigenen Wollen und Halbvollbringen zu Grabe läu-
tet.

Eine ungeschützte, von Wehmut bestimmte Äußerung; die einzige übrigens, in der er das Scheitern explizit eingesteht. Ein privater Brief, der erst lange nach seinem Tod bekannt wird.

Mit Äußerungen zu Lebzeiten in der Öffentlichkeit hält sich Goethe dagegen zurück.

In seinen zwischen 1817 und 1826 entstandenen »Tag- und Jahresheften« wird in der Bilanz auf das Jahr 1796 das Scheitern des Ilmenauer Unternehmens mit keiner Silbe erwähnt.

Im Bericht über das Jahr 1794 dagegen findet sich eine Passage, in der er sachlich die Summe der belastenden Faktoren nennt: die Isolierung von Bergbauunternehmen andernorts, die Armut des Landes, die fehlenden Fachleute, die Notwendigkeit, sich mit auswärtigen Kräften behelfen zu müssen, und die ungünstige Lage des Flözes.

Daß Goethe nicht das Jahr 1796, sondern 1794 wählt, macht sinnfällig: nicht aus der Perspektive des Scheiterns, sondern aus dem Prozeß der Arbeit möchte er das Ganze überblicken. *An dem Bergbaue zu Ilmenau hatten wir uns schon mehrere Jahre herumgequält*, schreibt er, *eine so wichtige Unternehmung isolirt zu wagen, war nur einem jugendlichen, thätig-frohen Uebermuth zu verzeihen. Innerhalb eines großen eingerichteten Bergwesens hätte sie sich fruchtbarer fortbilden können: allein mit beschränkten Mitteln, fremden, obgleich sehr tüchtigen, von Zeit zu Zeit herbeygerufenen Officianten konnte man zwar ins Klare kommen, dabey aber war die Ausführung weder umsichtig noch energisch genug, und das Werk, besonders*

bei einer ganz unerwarteten Naturbildung mehr als einmal
im Begriff zu stocken.

Seinem eigenen Wollen und Halbvollbringen zu Grabe
⟨*zu*⟩ *läut⟨en⟩,* jener von Wehmut bestimmte Brief an Voigt
klingt optimistisch aus. Goethe schreibt zum Schluß:
Wenn das Äußere dabey nicht gefruchtet hat, so hat das
Innere desto mehr gewonnen.

Prononciert formuliert er hier eine Haltung, die wir bereits im November 1796 beobachten konnten: die Zuordnung seiner amtlichen Tätigkeit zum Werk. Eine Haltung, die er im folgenden festigt und kultiviert: der Gewinn für *das Innere*, für die eigene Persönlichkeit und somit für sein dichterisches und wissenschaftliches Werk, wird zum alleinigen Kriterium.

Diesen Geist atmet auch ein Gedicht, das er Voigt 1816 zu seinem Amtsjubiläum widmet. *Von Bergesluft, dem*
Aether gleich zu achten, / Umweht, auf Gipfelfels hoch-
waldiger Schlünde, / Im engsten Stollen, wie in tieffsten
Schachten / Ein Licht zu suchen, das den Geist entzünde, /
War ein gemeinsam köstliches Betrachten, / Ob nicht Na-
tur zuletzt sich doch ergründe? / Und manches Jahr des
stillsten Erdelebens / Ward so zum Zeugen edelsten Be-
strebens.

Um die Niederlage zu überwinden, muß Goethe den Strom der Erinnerungen zu seinen Gunsten lenken: *das Äußere* umwerten, auf den Grund des Lebens sinken lassen oder aus der Erinnerung verbannen. Dann kann er die erlittenen Enttäuschungen in Erfolge für die Ausbildung der eigenen Persönlichkeit ummünzen.

Eine Lebenskunst, die er beherrscht. Die ihm ein produktives Weitergehen ermöglicht.

Die Zeit spielt dabei eine entscheidende Rolle.

Sie muß ihr Werk tun. Auch im Fall des Ilmenauer Bergwerks.

Siebzehn Jahre bleibt Goethe *Cimmerien* fern. Und es ist kein Zufall, daß er erst nach der Verkündung der *Auflassung*, mit der der endgültige Schlußpunkt in Ilmenau gesetzt wird, die lange Zeit seiner Abstinenz beendet, daß erst da sein Weg ihn wieder an den Ort am Nordabhang des Thüringer Waldes führt.

Da schreibt er: ... *die Erinnerungen alter Zeit waren mir gar wohlthätig: sie ist lange genug vorbey, so daß nur das, was eigentlich fruchtbar in ihr lebte, für die Einbildungskraft übrig geblieben ist. Das Gute, was man beabsichtigte und leistete, ist in allen Hauptpuncten wohl erhalten und fortgesetzt worden.*

Was für bestimmte Bereiche seiner Arbeit, die Steuerkommission und den bisher nicht erwähnten Wegebau uneingeschränkt zutrifft, gilt kaum für den Bergbau. Aber die Zeit hat das Ihre getan.

Was Goethe 1813 formuliert, wird er nochmals bei seinem letzten Aufenthalt in Ilmenau bekräftigen: *Nach so vielen Jahren war denn zu übersehen: das Dauernde, das Verschwundene. Das Gelungene trat vor und erheiterte, das Mißlungene war vergessen und verschmerzt.*

III

Kehren wir nun, mit einer Vorstellung dessen, was Goethe in seiner Jugend und mittleren Lebenszeit in Ilmenau in bezug auf das Bergwerk erlebt und geleistet hat, zu dem Reisenden zurück.

Im Gasthof »Zum Hirschen« in Stadtilm haben wir ihn verlassen.

Um 3 Uhr ab, vermerkt sein Tagebuch. Der Diener Krause notiert: Man fuhr *weiter bis ungefähr eine Viertelstunde vor Gräfenau, wo der Herr Geh. Rat ausstieg und so eine ganze Strecke zu Fuß ging, um teils das schöne Wetter, teils die reizende Umgebung, welche ein schönes Panorama bildet, zu genießen.*

Die Ankunft. *Nach Sechs in Ilmenau.* So Goethes Notiz.

Der Gasthof »Zum Goldenen Löwen« wie einst. Das ländliche Städtchen. Die Bewohner, ihre Gesichter. Das Amtshaus, der Markplatz, das Endleich-Tor, die Linden-allee. Goethe bestürmt von Erinnerungen. Den Kindern alles neu. Ein kurzer Gang durch das Städtchen. Die Nach-richt von der Ankunft *Seiner Hochwohlgeboren*, des Herrn Geheimen Staatsrates von Goethe, mit seinen En-keln springt wie ein Lauffeuer durch den Ort.

Dann im Gasthof das Nachtmahl. Die Anstrengung der Reise. Erschöpfung. Zeitiges Schlafengehen.

Auch in Weimar geht Goethe gewöhnlich gegen neun Uhr zu Bett.

Zu Hause wird zuweilen zwischen ihm und seinem Enkel Wolf ein Ritual zelebriert. Frédéric Soret überliefert es in seinem Tagebuch unter dem Datum des 8. März 1830.

›Sehen Sie hier das gute Kind‹, sagte Herr von Goethe heute Abend zu mir, ›alle Abende bringt er seinen Großvater zu Bette, nimmt ihm sein Halstuch ab und bindet ihm eines für die Nacht um.‹

Soret weiter: Da Wolf gähnte, sagte ich ihm, er solle schlafen gehen.

›Nein, noch nicht!‹ rief er, ›es ist noch nicht 9, ich muß erst Großpapa zu Bett bringen!‹

Ob sich das Ritual auch im Ilmenauer Gasthof »Zum Goldenen Löwen« wiederholt, oder die Reiseeindrücke den Knaben beschäftigen?

Goethes Tagebuch enthält nur die lakonische Bemerkung: Die Kinder waren munter und befriedigten überall ihre Neugierde.

Der nächste Morgen. 27. August 1831. Ganz heiterer Himmel wie selten in diesem Sommer, notiert Goethe. Früh halb 5 Uhr aufgestanden. Mit den Kindern gefrühstückt.

Bereits am Abend zuvor hat er nach dem Rentamtmann Mahr geschickt. Da dieser seinen Pflichten als Verwalter des Steinkohlebergwerks Kammerberg nachgeht, kann er Goethe erst am Morgen des 27. August aufsuchen.

Goethe fragt ihn, ob es möglich sei, mit einer Kutsche auf den nahe der Stadt gelegenen Berg, den Kickelhahn, zu gelangen. Und ob er, Mahr, ihn begleiten könne.

Sowohl Ziel als auch Begleiter deuten darauf, der alte Goethe ist in sein thüringisches Arkadien gekommen, um das Gespräch mit der Erde zu führen; ein letztes Mal vielleicht.

Ort und Person sprechen zudem davon, wie er es führen möchte: auf den beiden Ebenen, auf denen er es lebenslang getan hat, der naturwissenschaftlichen und der dichterischen.

Mahr ist der Partner, der seine alte *Berg- und Gesteinslust* befriedigen kann. In seinen »Tag- und Jahresheften« von 1822 nennt er ihn einen *sorgfältigen und diesen Studien ergebenen* Mann.

Auf dem 861 Meter hohen Porphyrplateau des Kickelhahn hat er einst »Über allen Gipfeln ist Ruh« geschrieben; den Entstehungsort dieser Dichtung nochmals aufzusuchen ist sein Wunsch.

Seine Enkel sollen dieses Erlebnis mit ihm teilen. Bereits ehe Mahr eintrifft, schickt er sie unter der Obhut seines Dieners Krause zu Fuß auf den Weg. *Friedrich ging mit den Kindern durch die Gebirge auf den Gickelhahn. Ich fuhr mit Herrn Mahr auch dahin*, hält das Tagebuch fest.

Die *leichte Chaise*, die Goethe und Mahr vor dem Gasthof »Zum Goldenen Löwen« besteigen, um auf den Kickelhahn zu gelangen.

Dieser Johann Heinrich Christian Mahr, geboren in Farnroda bei Eisenach, in Ilmenau tätig, nachdem er sich auswärts – zunächst als Rentamtschreiber, dann als Salz-verwalter – den Wind hat um die Nase wehen lassen, ist dreiundvierzig Jahre alt, als Goethe ihn zu seinem Beglei-ter wählt.

Seit 1825 kennen sie sich persönlich. Mahr hat Goethe in Weimar besucht. Seit langem korrespondieren sie mit-einander. Mahr, der Fachmann, der Sammler, hat Goethe *bedeutende Pflanzenabdrücke in Kohlenschiefer* zukom-men lassen. Hat ihm 1830 ein *zusammengeschmolzenes merkwürdiges Felsenstück* geschenkt.

Über zwanzig Jahre später wird im »Weimarer Sonntags-Blatt« Nr. 29 vom 15. Juli 1855 ein Bericht erscheinen: »Goethes letzter Aufenthalt in Ilmenau nach einer Mittei-lung des Herrn Berginspektor Mahr zu Kammerberg bei Ilmenau«. 1912 veröffentlicht der bereits erwähnte Julius Voigt den vollständigen Text nach der im Goethe- und Schiller-Archiv befindlichen Handschrift.

Verfaßt Mahr seinen Bericht aufgrund von Notizen von 1831 oder frei aus dem Gedächtnis?

Goethes *Freude* sei *groß* gewesen, *die hiesige Gegend wieder zu sehen, da er doch sonst so oft und so viel hier gewesen* sei, und sie *seit dreißig Jahren nicht wieder be-sucht* habe. Ob Mahr sich täuscht? Oder Goethe? Acht-zehn Jahre liegt – wie wir wissen – dessen letzter Aufent-halt zurück.

Die Fahrt *beim heitersten Wetter.*

Goethe, so Mahr, habe sich als erstes *nach geognosti-schen Neuigkeiten aus der Gegend erkundigt.*

Die Fels- und Gesteinsformationen um Ilmenau waren es, die einst seine Neugier für die Vorgänge der die Erdoberfläche verändernden Erdgeschichte weckten. Eine Neugier, die Metamorphosen durchmacht, sich aber bis ins hohe Alter nicht verliert.

Unterwegs, so Mahr, ergözte ihn der beim Chausseebau tief ausgehauene Melaphyr-Fels, sowohl wegen seines merkwürdigen Vorkommens mitten im Feldsteinporphyr als wegen des schönen Anblicks von der Straße aus. Er verlangte, so Mahr, genaue Beschreibung derjenigen Punkte, an welchen man denselben (den Melaphyr) *bereits gefunden habe, und fragte, ob man diese Punkte zu einer geraden Linie auf der Karte verbinden könne, wo durch dann resultire, daß dieser Melaphyr die anliegenden Porphyrmassen durchbrochen habe.*

Weiterhin, berichtet Mahr, *setzten* Goethe *die nach Anordnung des Oberforstrats König in den Großherzoglichen Waldungen angelegten Alleen und geebneten Wege in ein freudiges Erstaunen, indem er sie mit den früher äußerst schlechten, ihm sehr wohl bekannten Fahrstraßen auf den Wald verglich. Wiederholt sprach er seine Freude über den schönen Weg ins Gebirge aus und gedachte der Zeit, in welcher man an diesen Stellen nur reitend habe vorwärtskommen können.*

Seine Arbeit in der Wegebau-Direktion. Aktivitäten des Einunddreißigjährigen, des Dreiunddreißigjährigen.

Ausbesserung der *Straße von Ilmenau nach Martinroda und Neusiß,* der Straße *gegen Frauenwald,* der *Chaussée-Anlage vorm Entleichs Tore.* Das *Heranziehen der Untertanen des Amtbezirks Ilmenau zum Strassenbau, die Untersuchung des pflichtwidrigen Verhaltens des Wegeknechts J. A. Kiesewetter in Ilmenau. Entlohnung der Wegeknechte.* Bearbeitung von Einsprüchen, so ein *Ge-*

such der *Gemeinde Ober Pörlitz* wegen *Minderung des Martinrodaer Wege Geldes.* Akten, von Goethe diktiert oder abgezeichnet.

So auch ein *Ergebenstes Pro Memoria* an die Kammer zu Weimar, die Verlegung der Landstraße von Ilmenau nach Frauenwald auf den Herrenweg zum neuen, 1783 von Carl August erbauten Jagdhaus Gabelbach betreffend. *Signum Weimar, den 20st Octobris 1783 Fürstlich Sächsische Wegebau-Direktion daselbst. Goethe.*

Goethe und Mahr passieren dieses Jagdhaus.

Vom Jagdhaus aus führt der Weg in Serpentinen auf die Berghöhe; ... *auf der Waldstraße über Gabelbach. Ganz bequem waren wir so bis auf den höchsten Punkt des Gikkelhahn gelangt,* berichtet Mahr. *Angelangt, stiegen wir aus. Goethe ging ziemlich rüstig bis an die nach Ilmenau gelegene Aussichtstelle und rief mehrmals ›Herrlich! Herrlich!‹*

Seine Worte vom Mai 1776 bei seinem ersten Besuch.

Im gleichen Sommer, am 22. Juli, schreibt er Charlotte von Stein, es sei *über alle Beschreibung und Zeichnung* ... Mit Bleistift und Tusche versucht er dennoch den Anblick festzuhalten. »Dampfende Täler bei Ilmenau« betitelt er seine Zeichnung auf blaugrauem Papier im Format 170 x 520 mm.

Mahr berichtet, daß Goethe sich *an der kostbaren Aussicht ... ergötzte,* sich über *die herrlichen Waldungen freute und dabei ausrief: ›Ach! hätte doch dieses Schöne mein guter Großherzog Carl August noch einmal sehen können!‹*

Erinnerung möglicherweise an ihr letztes Zusammensein hier?

1813. *Mit Serenissimo ausgeritten*, notiert er am 27. August. Wie in früheren Zeiten saßen sie auf den Pferden, ritten durch die Wälder: *war ich sechs Stunden zu Pferde, welches mir sehr wohl bekam*, berichtet er am 28. August Christiane. An diesem Tag feiert er seinen 64. Geburtstag in Ilmenau; der Herzog und sein Gefolge warten mit Überraschungen auf. Tags darauf wiederum ein Ausflug zu Pferde. *Mit Serenissimo und Suite ausgeritten. Gickelhahn, Herrmannstein, Gabelbach. Hohe Schlaufe, von 10 – 3 Uhr*, so die Notiz im Tagebuch.

Oder Erinnerung an die allererste wilde Zeit, als der junge Herzog, wie bereits sein Vater und Großvater, die Gegend um Ilmenau – Kickelhahn, Schortetal, Finsteres Loch, Auerhahn, Manebach, Stützerbach – zum Schauplatz seiner Jagdleidenschaft macht?

Das herrschaftliche Jagdprivileg setzt sich über alles hinweg; rücksichtslos werden die Felder der Bauern verwüstet.

Trinkgelage, Übernachtungen im Freien, ausgelassenes Feiern. Goethe, der Mittäter, versucht, seine Zeit sinnvoll zu nutzen – er zeichnet viel; *und selbst zur Jagd führe ich mein Portefeuille mit ... Der Herzog geht auf Hirsche, ich auf Landschaften aus.*

Dennoch ist er Teil dieses wilden Treibens. In seinen Briefen vom September 1777 ist von *tollen Tanz* und *liederlicher Wirthschafft* die Rede. Am 1. September heißt es über den Gasthof »Zum weißen Roß« in Stützerbach: *mit den Bauernmaidels getanzt ... ausgelassen toll bis gegen 1 Nachts.*

Üble Scherze macht man mit dem Stützerbacher Kaufmann Glaser. Tonnen und Kisten werden – nach Bergrat Trebras Zeugnis – aus seinem Warenlager vor das Haus geräumt und teilweise den steilen Berg hinabgerollt. In Glasers Wohnung wird sein Porträt von der Wand genommen, zerschnitten, Goethe steckt seinen Kopf durch, statt Glaser erscheint er im Rahmen. *Glasern sündlich geschunden*, notiert er in sein Tagebuch, und: *Morgens Possen getrieben ... tagsüber Thorheiten.* Ein andermal: *Wirtschaft bei Glasern ... Glaser und leichtfertige Mädels.*

Gerüchte über den neuen Herrscher und seinen Favoriten verbreiten sich unter den deutschen Autoren. Es gehe *schrecklich zu. Der Herzog läuft mit Göthen wie ein wilder Pursche auf den Dörfern herum, der besauft sich und genießt brüderlich einerlei Mädchen mit ihm,* will Johann Heinrich Voß wissen. Klopstock ereifert sich, ermahnt Goethe. *Die Deutschen haben sich bisher mit Recht über ihre Fürsten beschwert ... Sie nehmen itzund den Herzog von Weimar aus,* wirft er ihm vor. Goethe reagiert barsch. *Verschonen Sie uns ins Künftige mit solchen Briefen, lieber Klopstock!*

Dies seien Goethes *Neigungen nicht,* verteidigt ihn Charlotte von Stein, *aber eine Weile muß ers so treiben, um den Herzog zu gewinnen und dann Gutes zu stiften.*

Eine allzu nachsichtige Version?

Ein Tagebucheintrag Goethes scheint sie zu bestätigen: *ich habe so manches gethan, was ich jetzt nicht möchte gethan haben, und doch, wenn's nicht geschehen wäre, würde unentbehrliches Gutes nicht entstanden seyn...,* notiert er am 26. März 1780.

Da ist die Idee, den *politisch moralischen Grindkopf... zu säubern,* längst verblaßt, ist er seiner Rolle als Erzieher überdrüssig. (Ein durchdachtes Konzept hat er überdies wohl zu keinem Zeitpunkt gehabt.)

Der Herzog hat seine Existenz im Hetzen und Jagen. Der Schlendrian der Geschäffte geht ordentlich, er nimmt einen willigen und leidlichen Theil daran, schreibt er am 21. November 1782 resigniert an Knebel.

Und: *Der Wahn, die schönen Körner, die in meinem und meiner Freunde daseyn reifen, müssten auf diesen Boden gesät und jene himmlischen Juwelen könnten in die irdischen Kronen dieser Fürsten gefaßt werden, hat mich ganz verlassen...*

Das bereits erwähnte große Gedicht »Ilmenau«, das er seinem Herzog, acht Jahre nach dessen Regierungsantritt, am 3. September 1783, zum 26. Geburtstag, überreicht, markiert den Einschnitt.

Es ist Rechenschaftslegung, ist ein Porträt Carl Augusts und zugleich ein Selbstporträt.

Der Landesherr wird kritisch gesehen, strenge Forderungen werden an ihn gerichtet. Bezogen auf Ilmenau und die Entwicklung seines Charakters heißt es: *So mög o Fürst der Winkel deines Landes / Ein Vorbild deiner Tage sein! / Du kennest lang die Pflichten deines Standes / Und schränkest nach und nach die freie Seele ein. / Der kann sich manchen Wunsch gewähren, / Der kalt sich selbst und seinem Willen lebt / Allein wer andre wohl zu leiten strebt / Muß fähig sein viel zu entbehren.*

Und die eigene Person?

In einer Traumvision trifft Goethe als im Nebel irrender Wanderer auf die Gruppe, der er vor acht Jahren bei seiner Ankunft in Weimar angehörte, und führt *eine Unterhaltung mit* seinem *eigenen früheren Ich.*

Er, der sich im ersten Weimarer Jahrzehnt durch sein Aufgehen in der Amtstätigkeit völlig vom deutschen Lesepublikum zurückgezogen hat (die Verleger erwarten nichts mehr von ihm), stellt sich die Frage, ob er noch ein Dichter sei. Und in diesem Zusammenhang die nach dem Sinn seines Bleibens und Wirkens in Weimar.

Der Konflikt zwischen *Minister* und *Autor*.

Noch bejaht er seine Tätigkeit zum Gemeinwohl des Fürstentums, sieht sie als der Ausbildung seiner eigenen Persönlichkeit dienlich; ohne sie wäre er, wie er seiner Mutter schreibt, *unbekannt mit der Welt, und in einer ewigen Kindheit geblieben.* Er habe *durch manche Fehler des Unbegriffs und der Übereilung* sich *und andere kennen zu lernen, Gelegenheit genug* gehabt, der *viele⟨n⟩ Prüfungen* sei er zu seiner *Ausbildung äußerst bedürftig* gewesen.

Fünfundvierzig Jahre nach der Niederschrift des Gedichtes »Ilmenau« mit der Anfangszeile *Anmutig Tal, du immergrüner Hain* ... erläutert Goethe diese Verse am 23. November 1828 seinem jungen Mitarbeiter Eckermann: *doch ging es mit uns freilich etwas toll her,* erzählt er. Der Herzog sei damals *wie ein edler Wein* gewesen, *aber noch in gewaltiger Gärung. Er wußte mit seinen Kräften nicht wo hinaus, und wir waren oft sehr nahe am Halsbrechen. Auf Parforce-Pferden über Hecken, Gräben und durch Flüsse, und bergauf, bergein sich tagelang abarbeiten, und dann nachts unter freiem Himmel kampiren, etwa bei einem Feuer im Walde: das war nach seinem Sinne. Ein Herzogthum geerbt zu haben, war ihm nichts, aber hätte er sich eins erringen, erjagen und erstürmen können, das wäre ihm etwas gewesen.*

Es sei *darin* ... *eine nächtliche Scene vorgeführt, etwa*

nach einer solchen halsbrechenden Jagd im Gebirge. Wir hatten uns am Fuße eines Felsens kleine Hütten gebaut und mit Tannenreisern gedeckt, um darin auf trockenem Boden zu übernachten. Vor den Hütten brannten mehrere Feuer, und wir kochten und brieten, was die Jagd uns gegeben hatte. Die Personen seien real, sagt er; der Herzog, Knebel, Seckendorff, er. Ebenso der Ort: das Finstere Loch im Schortetal.

Und die Töne der Mahnung, so Goethe, seien möglich gewesen, weil der Herzog sich inzwischen *zu wohlthätiger Klarheit durchgearbeitet* habe. *Ich leugne nicht, er hat mir anfänglich manche Noth und Sorge gemacht. Doch seine tüchtige Natur reinigte sich bald zum Besten, so daß es eine Freude wurde, mit ihm zu leben und zu wirken.*

Goethe und der Herzog. Eine Lebensfreundschaft. Dreiundfünfzig Jahre Gemeinsamkeit.

Nähe und Ferne. Phasen der Entfremdung, der schwerwiegenden Zerwürfnisse. Wie gesagt, insbesondere während der Befreiungskriege. Aber auch nach 1815, als Weimar Großherzogtum wird, Carl August die *Preßfreiheit* in seinem winzigen Fürstentum einführt, sich für Burschenschaften und beim Wartburgfest engagiert, damit die kritischen Augen anderer deutscher Kleinstaaten auf sich lenkt. Ihre unterschiedliche politische Haltung dazu. Ebenso zum preußischen Militär, zu Metternich, zur Heiligen Allianz und weiterhin zu Napoleon.

Immer wieder Spannungen.

Balanceakte. Auch im Persönlichen. Goethe muß mit Carl Augusts zwei Frauen auskommen. Mit der Herzogin Luise. Und mit Caroline Jagemann, der Schauspielerin, deren Vorgesetzter er als Theaterdirektor ist. Nach dem

Tod seiner Frau Christiane, als ihr Glätten und Vermitteln wegfällt, der Eklat. Carl August entläßt ihn aus seinem Amt als Theaterchef. Eine schwere Krise.

Aber wie bei den Zerwürfnissen mit politischem Hintergrund auch hier stets mit Langmut und Noblesse von beiden Seiten das Bemühen, die Freundschaft nicht ernsthaft zu gefährden. Suchen nach Gemeinsamkeiten, Diplomatie, Aufeinanderzugehen.

Über alle Konflikte hinweg ihre lebenslange Wertschätzung füreinander.

Die sie auch in der Öffentlichkeit demonstrativ zur Schau stellen. Fürst und Dichterfürst.

Ihre gegenseitigen Huldigungen; einer erhöht im anderen sich selbst. Ein Beispiel sind die Feiern zu Carl Augusts fünfzigjährigem Regierungsjubiläum und die zur fünfzigsten Wiederkehr von Goethes Ankunft in Weimar. Die Daten: 3. September 1825 und 11. November 1825.

Goethe, wissend, daß seine Aktivitäten für den Herzog auch die Maßstäbe für die eigene Feier setzen, bietet alles auf.

Kanzler Müller überliefert: *Goethe hat sein ganzes Haus renovieren lassen, um es am Jubeltage nach dem Theater für Fremde und Einheimische in Unzahl gastlich zu öffnen. Ottilie muß für 150 bis 200 Personen Erfrischungen vorbereiten. ›Der älteste Diener des Fürsten‹, hat er gesagt, ›muß auch das Recht haben, an diesem Tag der froheste und ausgelassenste Wirt zu sein‹.*

Goethes Tagebuch hält die Vorbereitungen fest. Vom Auftrag, *bestimmte Kränze zu binden*, und von *Decorationen* ist die Rede. Der Hofgärtner Sckell wird beschäftigt, *Hofgärtner Baumann war von Jena hüben und half die Decorationen besorgen.* Einen Tag vor dem Ereignis heißt es: *Fortgesetzte Vorbereitungen zum Fest in und außer dem Hause.*

Die Fassade des Hauses am Frauenplan ist mit acht großen Bildern geschmückt. 1814 hat sie Alfred Heideloff nach Goethes Entwürfen gemalt. Auf ihnen ist die Geschichte seiner Freundschaft mit dem Herzog zu sehen.

Am Festtag läßt Goethe es sich nicht nehmen, der erste Gratulant zu sein. *Früh 6 Uhr zu Serenissimo in's römische Haus,* notiert er. *Aufwartung der ersten und nächsten Personen.* Müller, der zugegen ist, überliefert die Ergriffenheit sowohl des Herzogs als auch die Goethes und will im Zwiegespräch der beiden Carl Augusts Worte: *O achtzehn Jahr und Ilmenau!* gehört haben.

Zwei Monate später, am 11. November, revanchiert sich der Herzog. Er läßt für diesen Tag eine Gedenkmünze prägen, um das *Jubelfest der Mit- und Nachwelt* zu *verkündigen.*

Auf seinen Wink hin verleiht die Universität Jena Goethe die Doktorwürde, fügt für Riemer und Eckermann als Herausgeber von dessen Werken zwei Doktorhüte hinzu. Von der Stadt Weimar werden Goethes Sohn August sowie den Enkeln Walther und Wolfgang und deren *Nachkommen* die Bürgerrechte *auf ewige Zeiten* verliehen.

Mit einem handschriftlichen Schreiben begrüßt Carl August den Freund am frühen Morgen. *Die fünfzigste Wiederkehr dieses Tages erkenne ich sonach mit dem lebhaftesten Vergnügen als das Dienstjubelfest Meines ersten Staatsdieners, des Jugendfreundes,* schreibt er, *der mit unveränderter Treue, Neigung und Beständigkeit Mich bisher in allen Wechselfällen des Lebens begleitet hat, dessen umsichtigem Rath, dessen lebendiger Theilnahme und stets wohlgefälligen Dienstleistungen Ich den glücklichen Erfolg der wichtigsten Unternehmungen verdanke, und den für immer gewonnen zu haben, Ich als eine der höchsten Zierden Meiner Regierung achte.*

Nach Mahrs Bericht fragt der Einundachtzigjährige: ›*Das kleine Waldhaus muß hier in der Nähe sein?*‹ Ohne eine Antwort abzuwarten, fährt er fort: ›*Ich kann zu Fuß dahin gehen, und die Chaise soll hier so lange warten, bis wir zurückkommen.*‹ *Wirklich schritt er rüstig durch die auf der Kuppe des Berges ziemlich hochstehenden Heidelbeersträuche hindurch bis zu dem wohlbekannten zweistöckigen Jagdhause, welches aus Zimmerholz und Bretterbeschlag besteht.*

Jagdhaus? Ein kleines Forstschutzhaus, 1740 von Herzog Ernst August, dem Großvater Carl Augusts, errichtet, zur Brunftzeit der Hirsche als Beobachtungspunkt, den Jägern als Unterkunft bei Wind und Wetter dienend.

Hier hat Goethe in jungen Jahren mehrfach übernachtet. Hier hat er sein Gedicht »Über allen Gipfeln ist Ruh« geschrieben.

Mit allerhöchster Wahrscheinlichkeit am 6. September 1780.

Für dieses Datum und die Nacht ist sein Aufenthalt auf dem Kickelhahn belegt.

Auch, daß er Papier und Stift bei sich trug.

Aber er verschmäht das weiße Blatt, wählt die Wand in der oberen Stube des Forstschutzhäuschens. Links neben das südliche Fenster schreibt er die Verse mit Blei auf das Holz.

Eine ungewöhnliche Publikationsart.

Erst fünfunddreißig Jahre später wird Goethe das Gedicht in seiner zweiten Werkausgabe veröffentlichen. Es erscheint unter dem seltsam anmutenden Titel »Ein Gleiches«. Ein Blick auf das davor stehende Gedicht gibt Aufschluß: es ist »Wandrers Nachtlied«.

Kommt man heute auf den Gipfel des Kickelhahn, findet man das kleine Jagdhaus originalgetreu aus *Zimmerholz und Bretterbeschlag* nachgebaut. In der Form eines Oktogons, mit dem kleinen Treppenturm, das Dach mit Holzschindeln verkleidet.

Im oberen Stockwerk, links neben dem nach Süden gehenden Fenster, hängt, hinter Glas, eine Fotografie mit der Inschrift; sie ist 1869 aufgenommen, neunundachtzig Jahre nach Goethes Niederschrift, elf Jahre bevor die originale Hütte abbrannte.

An der gegenüberliegenden Wand sind, auf Glas, die Verse *Über allen Gipfeln ist Ruh* ... in der Schrift, in der sie geschrieben wurden, wiedergegeben, und in der Nachdichtung in anderen Sprachen: in Arabisch, Russisch, Spanisch, Englisch, Japanisch, Kasachisch, Türkisch, Schwedisch, Chinesisch, Hebräisch, Ungarisch, Italienisch, Tamilisch, Französisch und in Dioula, einer Sprache, die in Burkina Faso gesprochen wird.

Ein Sonnenkollektor gibt dem dunklen Raum Licht. Sind die hölzernen Fensterläden geöffnet, strömen Licht und Landschaft ein. Ein Museum für ein einziges Gedicht an der Stelle, an der es entstand, auf dem Gipfel des Kickelhahn inmitten des Thüringer Waldes. Ein Ort der Ruhe, der Meditation. Eine schönere Begegnung mit Dichtung und ihrem Entstehungsort ist kaum denkbar; Goethe wäre gewiß beglückt.

»Über allen Gipfeln ist Ruh« ist sein wohl berühmtestes und populärstes Gedicht.

Über die genannten Sprachen hinaus in unzählige weitere, selbst ins Altgriechische und Lateinische übertragen. Als 1951 die beste Übersetzung ins Schwedische gesucht wird, gehen bei der Zeitung »Svenska Dagbladet« über 2000 Vorschläge ein.

Zur großen Verbreitung des Gedichts haben auch die Vertonungen beigetragen, über hundert sind es, die meisten für Singstimme und Klavier, aber auch etliche für Männerchor und für gemischten Chor, darunter die so bedeutender Komponisten wie Franz Schubert, Robert Schumann, Franz Liszt und Max Reger.

Begegnete man bis gegen Ende des 19. Jahrhunderts dem Gedicht mit größtem Respekt, verehrte es – nicht ohne Sentimentalität – fast als Reliquie, so setzt mit dem Beginn des 20. Jahrhunderts eine Gegenbewegung ein: das Gedicht wird parodiert, paraphrasiert, verballhornt. Im Ersten Weltkrieg zu politischen Zwecken mißbraucht; Karl Kraus nennt das eine *Perfidie*. Es wird zur Werbung eingesetzt, so 1924 von der Firma Rumplex für Waschmaschinen.

Bis heute wird es vielfältig und gänzlich unterschiedlich rezipiert. In der journalistischen Praxis als Titel oder Kommentar zu Karikaturen, als Anspielung und Zitat verwendet. Selbst in Comics hat es Eingang gefunden.

Goethes Kollegen haben Adaptionen und Lesarten vorgelegt, unter anderen Bertolt Brecht mit seiner »Liturgie vom Hauch«, Joachim Ringelnatz mit dem »Abendgebet einer erkälteten Negerin«, Christian Morgenstern mit »Fisches Nachtgesang« und Ernst Jandl mit seiner Verwandlung von Goethes Versen in ein Lautgedicht.

Der 6. September 1780. Am Vortag ist Goethe von Weimar aus über Dienstedt nach Ilmenau geritten. Er hat verschiedene amtliche Verpflichtungen: Bergwerk, Wegebau, Steuerwesen. Verhandelt im Auftrag seines Fürsten noch am gleichen Tag darüber in Ilmenau. Ebenso am nächsten Tag. Am späten Nachmittag verläßt er die Stadt.

Die Realität, aus der das Gedicht hervorgeht, ist durch Briefzeugnisse belegt.

Auf dem Gickelhahn dem höchsten Berg des Reviers den man in einer klingernden Sprache Alecktrüogallonax nennen könnte hab ich mich gebettet, schreibt er am Abend des 6. September, *um dem Wuste des Städtgens, den Klagen, den Verlangen, der Unverbesserlichen Verworrenheit der Menschen auszuweichen.*

Die Zeilen sind an Charlotte von Stein gerichtet.

Es ist die Zeit von Goethes beglückender, ihn zugleich zutiefst beunruhigender und in Spannung haltender unerfüllten Liebe zu dieser um viele Jahre älteren Frau. *Ach, so drückt mein Schicksal mich / Daß ich nach dem Unmöglichen strebe. / Lieber Engel für den ich nicht lebe / Zwischen den Gebürgen leb ich für dich,* steht am Rand seiner Zeichnung »Dampfende Täler bei Ilmenau«.

Tagebuchartige Briefe schreibt er der Geliebten. Die Thüringer Wälder und Berge sind ihm Echoraum seines nicht endenden Liebesgesprächs.

Zwischen den Gebürgen leb' ich für dich. An den Ort, an dem er bei ihrem Besuch 1776 mit ihr war, kehrt er zurück; *hab auch Meisel und Hammer, die Inschrifft zu machen, die sehr mystisch werden wird,* heißt es einen Tag nach ihrem Abschied. Ein großes S meißelt er in den Stein, den Anfangsbuchstaben des Wortes Sonne; in seinen Tagebüchern benutzt er meist das astronomische Sonnenzeichen für Charlottes Namen.

Auch an diesem 6. September 1780 besucht er jene Felsenhöhle. *Meine beste, ich bin in die Hermannsteiner Höhle gestiegen, an den Plaz wo Sie mit mir waren und habe das S, das so frisch noch wie von gestern angezeichnet steht geküsst und wieder geküsst, dass der Porphyr seinen ganzen Erdgeruch ausathmete um mir auf seine Art wenigstens zu antworten.*

Als er das schreibt, befindet er sich schon auf dem Kikkelhahn, in oder vor jener Jagdhütte. *Es ist ein ganz reiner Himmel*, fährt er fort, *und ich gehe des Sonnen Untergangs mich zu freuen. Die Aussicht ist gros aber einfach.*

Zurückgekehrt notiert er: *Die Sonne ist unter. Es ist eben die Gegend von der ich Ihnen die aufsteigenden Nebels zeichnete iezt ist sie so rein und ruhig, und so uninteressant als eine grose schöne Seele wenn sie sich am wohlsten befindet. Wenn nicht noch hie und da einige Vapeurs* (Rauchsäulen) *von den Meulern* (Meilern der Köhler) *aufstiegen wäre die ganze Scene unbeweglich.*

Dann legt er sich schlafen. Ein kurzer Schlaf nur. *Nach 8* wird er geweckt, von seinem Diener Philipp Seidel wohl, der ihm Proviant und Post bringt.

Aufgewacht, setzt er seine Aufzeichnungen für Charlotte fort. *Schlafend hab ich Provision von Ilmenau erwartet*, berichtet er, *sie ist angekommen auch der Wein von Weimar, und kein Brief von Ihnen.*

Enttäuschung: *kein Brief von Ihnen.*

Ruhe vor der *Unverbesserlichen Verworrenheit der Menschen* ist es, die ihn aus der Stadt in die Bergeinsamkeit flüchten läßt.

Ersehnt er vielleicht auch Ruhe vor der *Verworrenheit* seiner Liebe? Die begehrte Frau, die sich ihm verweigert.

So rein und ruhig, und so uninteressant als eine grose schöne Seele; die Briefzeilen über die Landschaft sind durchaus auch als eine Kritik an der Geliebten zu lesen.

Dafür spricht auch der folgende Absatz in seinem Schreiben. Nach der Klage *und kein Brief von Ihnen* fährt er fort: *Aber ein Brief von der schönen Frau ist gekommen mich hier oben aus dem Schlafe zu wecken. Sie ist lieblich wie man seyn kan. Ich wollte Sie wären eifersüchtig drauf, und schrieben mir desto fleisiger.*

Die *schöne Frau* ist die Marchesa von Branconi, die Goethe am 26. und 27. August 1780 in Weimar traf. Drei Jahre später, als er Frau von Branconi auf ihrem *Schlößchen* im Harz besucht, schreibt er Charlotte: *Solang ich bey der schönen Frau war hast Du immer Sturm und leidig Wetter gemacht.*

Das bedeutet, nun ist Charlotte eifersüchtig.

Es ist die Zeit, da sie zum vertrauten Du übergegangen sind, ihre Liebe sich zu erfüllen scheint; glückvoll schreibt er ihr da: *ich liebe, ich werde geliebt.*

1780 aber bleibt er ohne ein Zeichen von ihr; wie auch sein Mund sich begnügen muß, den kalten *Porphyr* zu küssen.

Mit Klage und Vorwurf an die Geliebte endet er am Abend des 6. September. Erst am folgenden Tag nimmt er sein Brieftagebuch wieder zur Hand. *Eh ich aufbreche einen Guten Morgen,* schreibt er am 7.: *Die Sonne ist aufgegangen das Wetter ist hell und klar... ich werde heut zu meinem Weeg schöne Zeit haben. Es geht auf Goldlauter und auf den Schneekopf.*

Wiederum sind es Geschäfte für den Bergbau, die ihn treiben, er wird mit dem Herzog, Josias von Stein und dem Bergrat Voigt das Silber- und Kupferbergwerk in Goldlauter bei Suhl besichtigen und – wohl allein – den 978 Meter hohen Schneekopf besteigen.

Zurückgekehrt, notiert er am Abend in Ilmenau die uns schon vertrauten Sätze: *Wir sind auf die hohen Gipfel gestiegen und in die Tiefen der Erde eingekrochen ... Könnten wir nur auch bald den armen Maulwurfen von hier Beschäfftigung und Brod geben.*

Am 8. September heißt es: *Jetzt leb ich mit Leib und Seel in Stein und Bergen.* Auch die weiteren Tage sind mit geologischen Erkundungen und Amtsgeschäften ausgefüllt. Am 9. September werden ihm in Carl Augusts Beisein Übeltäter aus dem Ilmenauer Gefängnis vorgeführt. Am 10. reitet er nach Stützerbach, übernachtet dort. Zu Pferde führt ihn sein Weg am 11. nach Schmalkalden, wo ein Eisenerz förderndes Bergwerk besichtigt werden soll.

An allen Felsen ist geklopft worden, Stein entzückt sich über alle Ochsen, wie wir über die Granite, schreibt er Charlotte. Und: *Wir sind im Stahlberge bey Schmalkalden gewesen ... Sie müssen noch eine Erdfreundinn werden es ist gar zu schön.*

Es ist, ausgelöst durch das Ilmenauer Bergbau-Projekt, die Zeit seiner intensivsten Begegnung mit der Natur, die Zeit, da ehrgeizige naturwissenschaftliche Pläne ihn beschäftigen.

Einen *Roman über das Weltall* will er verfassen. Aus Stützerbach heißt es an Charlotte: *einige Briefe des grosen Romans geschrieben.*

Das vier Tage zuvor auf dem Kickelhahn entstandene Gedicht »Über allen Gipfeln ist Ruh« erwähnt er mit keiner Silbe; weder am 6. noch am 7. September, noch an den folgenden Tagen.

Auffällig ist: die intimen, unmittelbaren Lebensumstände, aus denen es hervorgeht, sind nicht anwesend. Alle adressierbaren Details der Realität, sowohl biographische als auch topographische, sind untergegangen; die Gipfel sind nicht mehr die der Thüringer Berge, und der historische Goethe ist nicht das lyrische Ich.

Das gedankliche Umfeld aber, Goethes leidenschaftliches naturwissenschaftliches und naturphilosophisches Interesse zu dieser Zeit, ist spürbar; es bewirkt ein hohes Maß an Abstraktion und Konzentration im Gedicht.

> *Über allen Gipfeln*
> *Ist Ruh,*
> *In allen Wipfeln*
> *Spürest Du*
> *Kaum einen Hauch;*
> *Die Vögelein schweigen im Walde.*
> *Warte nur! Balde*
> *Ruhest du auch.*

Goethes geplanter *Roman über das Weltall* wird niemals geschrieben werden.

Sein kleines Gedicht »Über allen Gipfeln ist Ruh« aber ist für mich sein vielleicht vollendetster *Roman über das Weltall*.

Die Verse durchwandern in einem einzigen Bild- und Sprachklang gewordenen Gedanken den ganzen Kosmos.

Vermutlich ist »Über allen Gipfeln« am späten Abend entstanden.

Die Landschaft im Licht der von der Sonne beschienenen Tannenwälder. Bergrücken an Bergrücken. Das Über-

und Hintereinander der bewaldeten Berge. Die Einschnitte der Täler noch ahnbar als sanft steigende und fallende Linien.

Aber die Konturen verschwimmen zunehmend, das Licht schwindet. Die aufsteigenden Rauchsäulen aus den Meilern der Köhler vereinigen sich mit den Umrissen der Berge. Die Farben werden von der Dämmerung geschluckt. Das Grün der Wälder verlischt, wandelt sich in ein Graublau, ein Blau und schließlich in ein tiefes Nachtblau.

Die Dämmerung geht in Dunkelheit über.

Nur am Horizont ist das helle Licht der Sonne nach ihrem Untergang noch ahnbar.

Für diese Entstehungszeit spricht, daß im Gedicht nicht das Auge, das Optische, sondern die Sinneswahrnehmung des Akustischen dominiert: es ist die Wahrnehmung einer universal werdenden Stille, in der Bewegung und Laut untergehen.

Die ersten zwei Zeilen behaupten diese universale Stille.

Über allen Gipfeln
Ist Ruh,

Es ist der Bereich des Äthers, der Atmosphäre, des Himmels und mit den Bergen der des mineralogischen Reichs: es ist die unbelebte Welt, in der die Reglosigkeit der anorganischen Natur herrscht.

In den nächsten Zeilen wandert das Gedicht von den *Gipfeln* zu den darunter existierenden *Wipfeln*, zu der dem Pflanzenreich angehörenden Baumwelt, einem vegetativen Bereich, in dem die Natur bereits zu organischem Leben erwacht ist. In ihm ist nicht mehr die absolute Ruhe, die Reglosigkeit der obersten Sphäre vorhanden, sondern die Ruhe der fast unmerklich sich bewegenden Baumwipfel:

In allen Wipfeln
Spürest Du
Kaum einen Hauch;

Weiter führt der Weg zur animalischen Sphäre, zu dem dem Menschen bereits nahestehenden Reich der Tiere, den Vögeln:

Die Vögelein schweigen im Walde.

Wiederum eine andere Ruhe; eine begrenzte Stille, die für die Zeit des Schlafs.

Und schließlich ist es der Mensch selbst, der erreicht wird. Dieses *Du*, das erstmals in der vierten Zeile auftaucht und in den zwei letzten Zeilen wiederkehrt, ist ein Unruhiger, der der großen Stille lauscht, der im Gespräch mit der Erde von ihr angeredet wird und sich selbst anredet, der im Angesicht der Natur in sich Ruhe erzeugen will, sie sich im Sprechen tröstend selbst verheißt:

Warte nur! Balde
Ruhest Du auch.

Die Natur erscheint in dem Gedicht nicht als ungegliedertes Durcheinander, sondern als sorgfältig organisierte Ordnung; als ob sie geradezu allen Kriterien einer naturwissenschaftlichen Darstellung folge.

Der Mensch steht an letzter Stelle in dieser Ordnung der Natur.

Als den *ältesten, festesten, tiefsten, unerschütterlichsten Sohn der Natur* bezeichnet Goethe den *Granit* in seinem Aufsatz »Über den Granit«. Das *menschliche Herz* dagegen *als den jüngsten, mannigfaltigsten beweglichsten veränderlichsten, erschütterlichsten Teil der Schöpfung.*

Beide *stehen*, schreibt er, wie *alle natürlichen Dinge in einem genauen Zusammenhange.*

Vom Granit, durch die ganze Schöpfung durch, bis zu den Weibern, heißt es in einem Brief Goethes an den Herzog. Und sich an das *Gespräch* mit Herder in der frühen Ilmenauer Zeit erinnernd, daß es sich *mit den Uranfängen der Wasser-Erde beschäftigte, und der darauf von altersher sich entwickelnden organischen Geschöpfe.*

Herders neue Schrift macht wahrscheinlich, daß wir erst Pflanzen und Tiere waren..., weiß Charlotte von Stein zu berichten; *Goethe grübelt jetzt denkreich in diesen Dingen...*

Die Bewegung, von der unbelebten zur belebten Natur, die sich in »Über allen Gipfeln ist Ruh« vollzieht, ist – räumlich gesehen – eine von der Ferne zur Nähe, von oben nach unten; man könnte es einen Abstieg aus dem Reich des Steins über Pflanze und Tier zum Menschen nennen: Gipfel, Wipfel, Vögel, Du.

Innerhalb der im Gedicht pulsierenden Bewegung nimmt die Ruhe von Zeile zu Zeile ab; wird um so fragiler, je näher sie dem Menschen kommt.

Er allein entbehrt der Ruhe.

Ein ähnlicher Grundgestus wie in »Wandrers Nachtlied« von 1776: *Ach ich bin des Treibens müde! / Was soll all die Qual und Lust. / Süßer Friede, / Komm ach komm in meine Brust!*

In den am Hang des Ettersbergs entstandenen Versen wird die Sehnsucht nach Ruhe und innerem Frieden als flehentliche Bitte geäußert.

Im Gegensatz dazu ist das zweite Nachtlied des Wandrers – und das ist vielleicht sein Geheimnis – die Erfüllung der Bitte.

Das Gedicht ist – in Klang und Bild – die Ruhe.

Das *Du* des Sprechenden stellt sie durch seine eigene Kraft her. Je mehr er sich dem universalen Raum der Stille öffnet, in seinem Inneren die Bewegung von der Nähe zur Ferne vollzieht, desto mehr wird er der Ruhe teilhaftig; sie wandert auf ihn – und somit auch auf uns, die Leser – unmittelbar zu.

Die *einsame stumme Nähe der großen, leise sprechenden Natur gewährt* uns, formuliert Goethe 1777 auf dem Gipfel des Brockens, *die erhabene Ruhe*.

Das Gedicht behauptet diese Ruhe nicht als Faktum, sie verheißt sie aber als Gewißheit.

Die Einbindung des Menschen in den Naturvorgang läßt die Ruhe als unabänderlich herbeikommend erscheinen; wie auf den Tag die Nacht folgt, so wird die Natur den Menschen in die Ruhe holen.

Diese Ruhe nun ist weit mehr als die Nachtruhe eines Wanderers, als Schlaf im Sinne der biologischen Regeneration.

Wie der Wanderer bei Goethe als Metapher für das Leben selbst steht, ist es eine Ruhe im umfassenden Sinn: ist innere Befreiung, Atemholen, Zu-sich-finden, ist Schlaf als Erneuerung, Wiedergeburt.

Und in letzter Konsequenz in der vollständigen Vereinigung mit der Natur: der Tod.

Der Spannungszustand zwischen Ruhe und Unruhe hat Goethe beschäftigt.

Bereits der Sechsundzwanzigjährige schreibt an Johanna Fahlmer über sein poetisches Konzept: die Menschen ... *sollen sich erkennen, wo möglich wie ich sie erkannt habe, und sollen wo nicht beruhigter, doch stärcker in der Unruhe seyn.*

Unruhe als schöpferische Kraft, die eine innere Stärkung bewirkt, aber stets gezügelt werden muß.

Daß Goethe selbst von innerer Unruhe beherrscht wurde, signalisiert eine im Alter fast zur Manie gewordene Angewohnheit.

Übereinstimmend berichten sein Sekretär Kräuter und sein langjähriger Vertrauter Riemer davon.

Goethe sei *gewohnt,* so Kräuter 1821, *immer für sich einzelne Worte zu sprechen, oder zu brummen, so höre ich meist bei solchen Gelegenheiten sein:* ›Nur still! – Nur ruhig!‹

Goethes *fast zur Gewohnheit gewordene Ermahnung* ›Ruhig, ruhig! nur Ruhe!‹ überliefert Riemer. Die *Ermahnung, ...die er andern zurief, oft wenn sie noch oder schon ruhig waren, sodaß sie zugleich die lautgewordene innerliche Selbstaufforderung zu gelassenem und besonnenem Verfahren zu sein schien ...*

Auch die Dichtung ein Ergebnis dieses Widerstreits von Ruhe und Unruhe?

»Über allen Gipfeln ...« bezeichnet er einmal als *Ruhelied.*

Diese Äußerung bezieht sich auf Zelters Vertonung. *Das* ›Ruhelied‹ *ist herrlich,* schreibt er dem Komponisten, *unser Tenor trägt es sehr gut vor, und es macht in diesen unruhigen Zeiten* (den Wirren der Napoleonischen Kriege) *unsere ganze Glückseligkeit.*

Der Einundachtzigjährige, der dem Bretterhäuschen ent-
gegengeht.

Nimmt er wirklich an, daß die Verse, vor einem halben
Jahrhundert an die Wand der Hütte geschrieben, nach so
langer Zeit noch sichtbar und nicht verwittert, verschwunden sind?

Ist das kleine Jagdhaus auf dem Kickelhahn schon damals ein Wallfahrtsort wie etwa Sesenheim nach der Veröffentlichung von »Dichtung und Wahrheit«?

Wohl kaum.

Aber das Gedicht ist bereits sehr populär.

Obgleich der Verfasser die Inschrift in der Hütte für
fünfunddreißig Jahre als einzige Publikationsform beließ.

An diesem Ort aber ist das Gedicht jedem zugänglich:
Jägern, Wanderern, Beerensuchern, Neugierigen, Fremden und Freunden.

Bereits am 7. Oktober 1780 notiert Knebel in sein Tagebuch: *Morgens schön. Mond. Goethens Verse. Mit dem
Herzog auf die Pirsch ... Die Nacht wieder auf dem Gikkelhahn.*

Dann ist es Herder, der die Inschrift liest. Mehrfach weilt
er in Ilmenau. *Die Gegend ist so herrlich*, schreibt er 1780
an Hamann, *die Luft so leicht und rein, Berge und Täler
und Fichtenwälder, die auf jenen zum Himmel steigen, so
erquickend ... Ziehen Sie nach Ilmenau!* fordert er Knebel
auf. *Da habe ich eine Luft und ein Leben gespürt ...*

Von Herders Hand existiert eine mit Abkürzungen versehene Abschrift, vermutlich nach einem Besuch des Kik-
kelhahns eilig niedergeschrieben: *Üb all Gefilden / ist
Ruh / In all. Wipfeln / spürst du / Kaum einen Hauch /
d. Vögel schweig im Walde / Warte nur, balde / ruhest du a.*

In der ersten Zeile steht statt Gipfeln: *Gefilden*. Die Datierung der Handschrift ist umstritten; die Weimarer Goethe-Ausgabe legt sie auf 1784 oder 85, Bernhard Suphan auf 1781 fest.

Herders Abschrift kursiert in Weimar. Auch eine zweite von Louise von Göchhausen, textidentisch mit der Herders. (Eine weitere Abschrift findet sich auf einer freigebliebenen dritten Seite von Goethes Brief an Frau von Stein vom 18. September 1780. Da es aber nicht Goethes Handschrift ist und auch die angefangenen Verbesserungen nicht zur Ende geführt sind, kann man davon ausgehen, die Verse sind aus dem Gedächtnis niedergeschrieben und später hinzugefügt worden.)

1801 erscheint das Gedicht erstmals im Druck. In England in der Zeitschrift »The monthly magazine«.

Der anonyme Herausgeber bezieht sich auf die Inschrift an der Bretterwand. Aber seine falsche Entfernungs- wie Ortsangabe: *in einem Walde nahe bei Weimar* sowie der verstümmelte Text lassen den Schluß zu, daß er das Gedicht nur vom Hörensagen kennt.

Er druckt: *Ueber allen Wipfeln ist Ruh! / In allen Zweigen hörst du / Keinen Hauch! / Die Vögel schlafen im Walde, / Warte nur, balde, / Schläffst du auch!*

Auf diese Version beruft sich August von Kotzebue, als er zwei Jahre später das Gedicht in Deutschland, in seiner in Berlin erscheinenden Zeitschrift »Der Freimüthige«, publiziert. Er übernimmt die entstellte, nicht von Goethe autorisierte Version.

Einzig *Vögel* wandelt er in *Vöglein* um, offenkundig,

weil er, der in Weimar geborene und zeitweise dort lebende, von den Abschriften Herders oder der Göchhausen gehört hat, ohne sie wirklich zu kennen.

Von 1803 bis 1815 findet diese Fassung große Verbreitung im deutschen Sprachraum.

Erst mit dem Jahr 1814 kann man zur Melodie des Komponisten Carl Friedrich Zelter im Wortlaut den Text hören, den Goethe ein Jahr später in der Cottaschen Ausgabe druckt.

Nur vier Jahre nach dem von ihm autorisierten und in der Werk-Ausgabe jedem zugänglichen Text veröffentlicht der Weimarer Schriftsteller Johannes Daniel Falk sein »Abendlied«. Er beruft sich ausdrücklich auf Goethe. *Der erste Vers von Goethe* heißt es. Aber Falk läßt ihn enden: *Schläffst auch du.*

Zu der seit 1801 in Umlauf befindlichen Kotzebue-Version des Textes tritt nun das Falksche »Abendlied«. Noch zu Goethes Lebzeiten wird es von Friedrich Kuhlau für vierstimmigen Männerchor vertont und findet weite Verbreitung. (1908 ist es in der 26. Auflage im »Liederbuch für deutsche Schulen« zu finden.) Gewiß haben diese beiden Fassungen zu der Ansicht beigetragen, die letzte Zeile der Inschrift auf dem Kickelhahn habe gelautet: *Schläffst auch du.*

Etwa dreißig Jahre nach Goethes Tod versucht ein Goethe-Verehrer, die Bretter, auf denen das Gedicht steht, aus der Wand herauszusägen.

Der für die Instandhaltung der Hütte zuständige Forstwart Kilian Merten gibt daraufhin 1869 ein Foto in Auftrag.

Der Gothaer Hoffotograf August Linde braucht vierzehn Tage, bis ihm die Abbildung in dem dunklen Raum gelingt.

Der Wortlaut des Gedichts auf dem Foto stimmt – bis auf die Abweichung *Vögel* statt *Vögelein* sowie Zeichensetzung und Groß- und Kleinschreibung – mit dem von Goethe autorisierten Text überein.

Von Goethes schräg liegender charakteristischer Handschrift aber sind kaum noch Spuren zu erkennen. Einzig im K der fünften Zeile und in dem noch in der Kurrentschrift geschriebenen st, in der Konsonantenverbindung in den Wörtern *spürest* und *ruhest*, sind seine Schriftzüge ahnbar.

Die Formen des S, des H und des B aber weichen vollkommen von seiner Handschrift ab, und in der zweiten Zeile steht das st in der modernen, lateinischen Schreibweise.

In und über der ersten Zeile sind deutlich Sägespuren zu erkennen. Dort, wo Datum und Goethes Name sein müßten, ist nichts zu sehen als zwei in das Holz geritzte große W, offensichtlich Manipulationen von Touristen. (Ilmenau ist zu diesem Zeitpunkt bereits Kurort, die Vermarktung hat eingesetzt, Postkarten mit dem Gedicht und der nun Goethehäuschen genannten Hütte werden vertrieben.)

1880 brennt die Hütte durch Unachtsamkeit von Beerensuchern ab.

Dank des Forstwartes Kilian Merten ist die originale Tür erhalten. Er hat, als 1867 bei einer Ausbesserung der Hütte eine neue Tür eingesetzt wurde, die alte, zusammen mit anderem Holzwerk, von der großherzoglichen Forstverwaltung gekauft. (Er verwahrt sie sorgsam; ebenso verfahren seine Erben; bis 1949 bleibt sie im Besitz der Familie. Dann wird sie *volkseigen*, kommt in das Museum im Gabelbacher Jagdhaus, wo man sie heute noch sehen kann.)

Und das Negativ der Fotografie bleibt.

Kann dieses Foto, nachweislich bereits manipuliert, uns keinen Aufschluß geben, was Goethe wirklich neunundachtzig Jahre zuvor an die Wand geschrieben hat, so gilt das ebenso für den Zustand der Inschrift von 1831.

Schon damals muß die Handschrift mehrfach erneuert und nachgezogen worden sein.

Goethe reflektiert das nicht.

Zudem: der Druck von 1815 bekundet den Willen des Sechsundsechzigjährigen. Ob dies auch seinem Willen zum Zeitpunkt der Entstehung entspricht, ist nicht zu sagen.

Was er 1780 an die Wand geschrieben hat, muß dahingestellt bleiben.

Der Einundachtzigjährige, der am Entstehungsort seiner Dichtung ankommt.

Mahr berichtet: *Eine steile Treppe führt in den obern Theil desselben; ich erbot mich, ihn zu führen, er aber lehnte es mit jugendlicher Munterkeit ab ... Beim Eintritt in das obere Zimmer sagte er: ›Ich habe in früherer Zeit in dieser Stube mit meinem Bedienten im Sommer acht Tage gewohnt und damals einen kleinen Vers hier an die Wand geschrieben. Wohl möchte ich diesen Vers nochmals sehen, und wenn der Tag darunter bemerkt ist, an welchem es geschehen, so haben Sie die Güte, mir solchen aufzuzeichnen.‹*

Die Barriere der Sachlichkeit. Das Datum möchte er wissen, wünscht es sogar schriftlich.

Sogleich, fährt Mahr fort, *führte ich ihn an das südliche Fenster der Stube, an welchem links mit Bleistift geschrieben steht: Über allen Gipfeln ist Ruh, / In allen Wipfeln spürest du / Kaum einen Hauch. / Es schweigen die Vöglein im Walde; / Warte nur balde / Ruhest du auch. den 7. Sept. 1783. Goethe.*

Ob das Datum durch Überschreibungen von Besuchern verändert, ob es unleserlich ist oder Mahr es falsch sagt (auch die sechste Gedichtzeile zitiert er inkorrekt), ist nicht zu klären.

Am Abend des 27. August 1831 jedenfalls trägt Goethe in sein Tagebuch ein: *Die alte Inschrift ward recognosziert: Über allen Gipfeln ist Ruh pp. Den 7. September 1783.*

Auch an Zelter schreibt er wenig später: ... *auf einem einsamen Bretterhäuschen des höchsten Gipfels der Tannenwälder recognoscirte ich die Inschrift vom 7. September 1783 des Liedes das du auf den Fittigen der Musik so lieblich beruhigend in alle Welt getragen hast: ›Über allen Gipfeln ist Ruh‹ p.p.*

Daraufhin gilt in der Goethe-Forschung bis 1857 unumstößlich der 7. September 1783 als Entstehungsdatum.

An diesem Tag aber ist Goethe weder auf dem Kickelhahn noch in Ilmenau.

Doch vom 30. August bis zum 3. oder 4. September weilt er in der Gegend; es sind jene Tage, da sein »Ilmenau«-Gedicht entsteht. *Wenn es möglich ist schreibe ich dem Herzog ein Gedicht auf seinen Geburtstag*, heißt es am vorletzten Augusttag an Charlotte. Nach Weimar zurückgekehrt, bereitet er sich auf eine längere Harz-Reise vor. Bereits am 6. September bricht er mit Fritz von Stein und seinem Diener Sutor in Richtung Harz auf. Schon am 9. meldet er sich vom Gut Langenbach bei Halberstadt, wo er die *schöne Frau*, die Marchesa von Branconi, in ihrem neugebauten *Schlößchen* besucht. Wenige Tage später schreibt er von dort an Charlotte, Frau von Branconi *wusste nicht woran sie mit mir war, und gern hätte ich ihr gesagt: ich liebe, ich werde geliebt, und habe auch nicht einmal Freundschafft zu vergeben übrig.*

1783 ist er sich Charlottes Liebe gewiß. Er muß nicht mehr den *Erdgeruch ausathme⟨nden⟩ Porphyr* küssen. Sein *Zwischen den Gebürgen leb' ich für dich* hat nichts Quälendes mehr. Als er im Februar 1784 mit Charlottes Söhnen die Reise nach Ilmenau antrat, um das Bergwerk zu eröffnen, schreibt er der Geliebten zum Abschied: *Ich gehe mit den deinigen als der deinige.*

Und aus Ilmenau: *Du bist mir überall gegenwärtig ... ich lebe in dir ... ich bin dein.* Hoher Schnee liegt, dennoch versichert er: *Wenn es einigermassen möglich wäre besuchte ich die Hermannsteiner Höle.* Im gleichen Jahr werden in jener Höhle, in die er das S meißelte, die Charlotte gewidmeten Verse entstehen:

Felsen sollten nicht Felsen und Wüsten Wüsten nicht
                                        bleiben.
  Drum stieg Amor herab sieh und es lebte die Welt!
Auch belebt er mir die Höhle mit himmlischem Lichte,
  Zwar der Hoffnung nur doch ward die Hoffnung
                                        erfüllt.

(Auf einer Eisengußplatte werden die Verse 1804 vor der Höhle angebracht, wo sie heute noch zu lesen sind.)

Leuchtet für den Einundachtzigjährigen an jenem 27. August der biographische Hintergrund auf?

Wohl kaum. Ein Indiz: als Charlotte von Stein am 6. Januar 1827 stirbt, verliert Goethe kein einziges Wort darüber. Die frühe Liebe scheint auf den Grund des Lebens, in das Vergessen gesunken zu sein.

Sein Interesse gilt einzig seiner Schöpfung, dem kleinen Gedicht.

Wie nun der Verfasser seinen mit einunddreißig Jahren geschriebenen Zeilen begegnet, darüber gibt Mahrs Bericht Auskunft.

Goethe überlas diese wenigen Verse, so Mahr, *und Thränen flossen über seine Wangen. Ganz langsam zog er sein schneeweißes Taschentuch aus seinem dunkelbraunen Tuchrock, trocknete sich die Thränen und sprach in sanftem, wehmüthigem Ton: ›Ja: warte nur, balde ruhest du auch!‹*

Goethes Assoziation beim Wiederlesen seiner vor fünfzig Jahren entstandenen Verse – ob es sich nun genau wie Mahr berichtet oder ein wenig anders zutrug, ist dabei unwesentlich – ist das Wahrnehmen der verfließenden Zeit: er ist der Wanderer, der sich auf die Nacht zu bewegt, auf den Schlaf, aus dem es kein Erwachen gibt; er liest sein Nachtlied als Todeslied.

Eine eigenwillige Lesart, seinem hohen Alter geschuldet?

Keineswegs. In verblüffender Weise enthält das kleine Gedicht bereits alle Elemente der Todesauffassung, die er im Laufe seines langen Lebens entwickelt.

Versuchen wir – in knappen Umrissen – uns Goethes Verhältnis zum Tod zu vergegenwärtigen.

Er, der als Einundzwanzigjähriger seiner Großmutter Anna Margaretha Textor zum Tod des Großvaters schreibt: *was ist die Welt um uns herum, wenn wir verlieren was wir lieben...*, der 1772 in seinem »Prometheus«-Fragment über den Tod sagt: *Das ist ein Augenblick der alles erfüllt, / Alles was wir gesehnt, geträumt, gehofft...*, der 1798 mit »Euphrosyne«, den Versen auf den Tod der neunzehnjährigen Schauspielerin Christiane Becker-Neumann, eine der berührendsten Totenklagen der Weltliteratur schafft, – dieser Goethe hat sich als Person im Leben – vielfach ist es belegt – demonstrativ vom Tod ferngehalten.

Er verweigerte sich Kranken und Sterbenden, selbst wenn es sich um ihm nahe Angehörige handelt.

Er nimmt weder Abschied von Christiane noch von Schiller. Am Tag, als Carl Augusts Leichnam feierlich ausgestellt wird, flieht er aus Weimar.

Den Anblick von Toten erträgt er nicht. Der Tod ist ihm ein *mittelmäßiger Portraitmaler*, der nur *Masken* zurückläßt.

Das *Licht* sei *ein schönes Symbol der Seele, welche mit der Materie den Körper bildend belebt*. Das *Sterben des Menschen* dagegen sei *ein Entweichen, ein Erblassen des Seelenlichtes, das aus dem Stoffe weicht*. Nur das *Grau des Stoffes* bleibe zurück. *Daher sehe ich keinen Toten*, äußert er 1808 zu Riemer.

Begräbnisse und Besuche von Friedhöfen sind ihm verhaßt. Er folgt weder dem Sarg seiner Frau noch dem Schillers. Auch hinter den vier kleinen Särgen seiner frühverstorbenen Kinder wird Christiane vermutlich allein gegangen sein. Die Belege fehlen.

Sein beharrliches Schweigen aber spricht dafür. Kaum ein Wort auch über den Tod seines Vaters. Der Tod der Eltern in der Ferne. Auch der der geliebten Schwester Cornelia. *Dunckler, zerrissner Tag*, notiert er in sein Tagebuch, als er die Nachricht von ihrem Tod erhält. Und als Christiane allein gelassen stirbt: *Nahes Ende meiner Frau. Letzter fürchterlicher Kampf ihrer Natur. Sie verschied gegen Mittag. Leere und Todtenstille in und außer mir.*

Mit äußerster Vorsicht nur darf man ihm Todesnachrichten überbringen. Oft nach Tagen erst, so die Nachricht von Schillers Ableben.

Riemer überliefert: *Es darf niemand das Wort Tod aussprechen.* Er selbst – belegt ist es im Fall von Augusts Tod – vermeidet es; vom *Ausbleiben* des Sohnes spricht er.

Der Tod ein Tabu-Thema.

Die Frage drängt sich auf: Warum diese übermäßige Todesabwehr?

Und eine weitere: Wie geht Goethe mit zunehmendem Alter mit seinem eigenen herannahenden Tod um?

Die Abwehr hängt mit seiner Auffassung zusammen, daß das Leben ein einziges ununterbrochenes Tätigsein ist.

Krankheit und Tod aber bedeuten Stillstand. Sie sind Leere, Unterbrechung, negative Energie. Dem entflieht er.

Hält sich an das *Leben*; *Und so muß sich das fortschreitende Leben zwischen das scheidende einschlingen*, heißt es beim Tod Carl Augusts. Selbst *bey dem größten Verlust* müsse man *sogleich umherschauen, was uns zu erhalten und zu leisten übrig bleibt,* mahnt er Zelter, als dessen Sohn sich das Leben nimmt.

Eine unablässige Vorwärtsstrategie.

Als er Christian Gottlob Voigt, seinen Amtskollegen, verliert, heißt es: *Der Abschied des ältesten mitwirkenden Freundes muß den Wunsch um Theilnahme von jüngeren auf das lebhafteste erregen, um die Augenblicke des Scheidens durch entschlossene neue Lebensthätigkeit erträglich zu machen.*

Als Herzogin Luise stirbt, äußert er: ›*Ich muß mit Gewalt arbeiten...*, *um mich oben zu halten und mich in diese plötzliche Trennung zu schicken*‹.

Dieses *mit Gewalt arbeiten* ist der Schlüssel.

Goethe reagiert mit gesteigerter Arbeitsintensität, er verdrängt Trauer und Schmerz, lenkt sich ab, will den Tod durch Arbeit überholen – und wird von ihm eingeholt. In den meisten Fällen folgt dieser von ihm selbst herbeigeführten Arbeitsüberlastung der körperliche Zusammenbruch.

Schon frühzeitig hat er das selbst erkannt. 1795, nach dem Verlust seines Söhnchens Carl, das nur zwei Wochen am Leben bleibt, schreibt er an Schiller: *Man weiß in solchen Fällen nicht, ob man besser thut, sich dem Schmerz natürlich zu überlassen, oder sich durch die Beyhülfen, die uns die Cultur anbietet, zusammen zu nehmen. Entschließt man sich zu dem letzten, wie ich es immer thue, so ist man dadurch nur für einen Augenblick gebessert, und ich habe bemerkt, daß die Natur durch andere Krisen immer wieder ihr Recht behauptet.*

Trotz dieser Einsicht ändert er seine Haltung nicht. Niemals überläßt er sich *dem Schmerz natürlich*. Und immer quittiert das der Körper mit Krankheit.

Goethe war keineswegs ein gesunder Mann.

Denkbar wäre, eigene Krankheiten hätten in ihm das Mitgefühl mit dem Leid anderer wachsen lassen; aber das Gegenteil ist der Fall: seine Distanz vergrößert sich eher. Die eigenen Gefährdungen verstärken seine Abwehr.

Bereits seine Geburt ist, wie er berichtet, als Todeskrise zu sehen. Halb erstickt kommt er zur Welt. Zu vermuten ist eine Nabelschnurumschlingung.

Später der Blutsturz des neunzehnjährigen Studenten in Leipzig, der ihn zum Abbruch des Studiums und zur Rückkehr nach Frankfurt zwingt.

Und läßt er nicht seinen Werther sterben, um selbst am Leben zu bleiben?

1801 dann eine lebensgefährliche nicht eindeutig geklärte Erkrankung. Eine Gesichtrose, eine von eitrigen Zähnen ausgehende Entzündung von Schädelknochen? *Seine Ärzte* seien *nicht ohne Furcht eines glücklichen Ausgangs*, schreibt Schiller.

Zwischen dem fünfzigsten und sechzigsten Lebensjahr wiederholt kranke und depressive Zustände. Zahnentzündungen, vor allem aber Nierenkoliken. *Wenn mir doch der liebe Gott eine von den gesunden Russennieren schenken wollte, die zu Austerlitz gefallen sind*, wünscht er sich da.

Schließlich die beiden schweren Erkrankungen 1823.

Die Herzattacke vom Februar war – wie die Medizin heute weiß – ein schwerer Herzinfarkt mit allen Symptomen von Vernichtungsgefühl und Todesangst. Ein damals völlig unbekanntes Krankheitsbild, dem die Mediziner hilflos gegenüberstehen. Fünf Wochen einer Krise, die Goethe als *ein Hinderniß ... zu leben ... wie zu sterben* erlebt.

Nach dem Liebessommer in Böhmen im November dann eine erneute schwere Herzinsuffizienz, eine quälende Angina pectoris.

Das Jahr 1823 setzt die Zäsur: er kann dem Tod nicht mehr ausweichen. Die »Marienbader Elegie« signalisiert es:

> *Schon rasst's und reisst in meiner Brust gewaltsam,*
> *Wo Tod und Leben grausend sich bekämpfen.*

Liebesverlust und Bewußtwerden seines Alters und Alterns zwingen ihn, seine Endlichkeit wahrzunehmen.

Von nun an steht der Tod vor ihm.

Im letzten Lebensjahrzehnt ist er sein ständiger Begleiter.

Und erstaunt stellt man fest, daß Goethe, der mit so übermäßiger Abwehr auf den Tod anderer reagiert, mit seinem eigenen herannahenden Tod ein fast vertrautes, ja, man könnte sagen produktives Verhältnis eingeht.

Der *Gedanke* an seinen Tod lasse ihn *in völliger Ruhe,* äußert er bereits im Mai 1824.

Eckermann überliefert es.

Eine Ausfahrt der beiden. *Wir waren indeß um das Gehölz, das Webicht, gefahren und bogen in der Nähe von Tiefurt in den Weg nach Weimar zurück, wo wir die untergehende Sonne im Anblick hatten. Goethe war eine Weile in Gedanken verloren, dann sprach er zu mir die Worte eines Alten: ›Untergehend sogar ist's immer dieselbige Sonne.‹* (Ein Spruch des Nonnos von Panopolis vom 4./ 5. Jh. n. Chr.) *›Wenn einer fünfundsiebzig Jahre alt ist‹, fuhr er darauf mit großer Heiterkeit fort, ›kann es nicht fehlen, daß er mitunter an den Tod denke. Mich läßt dieser*

Gedanke in völliger Ruhe, denn ich habe die feste Über-
zeugung, daß unser Geist ein Wesen ist ganz unzerstörba-
rer Natur; es ist ein fortwirkendes von Ewigkeit zu Ewig-
keit. Es ist der Sonne ähnlich, die bloß unsern irdischen
Augen unterzugehen scheint, die aber eigentlich nie unter-
geht, sondern unaufhörlich fortleuchtet‹.

Der *Geist* als ein *fortwirkendes* – der Vergleich mit der
Sonne. Es ist Goethes Vertrauen in sein naturwissenschaftliches Denken, das den Nährboden für die *Ruhe* bereitet,
mit der er dem Tod begegnet.

Auch Wilhelm von Humboldt berichtet von Gelassenheit und Ruhe, mit der Goethe über den Tod spreche.

Es ist jene Zeit 1826/27, da er Schillers Schädel in Händen hält, ihn über Monate in seinem Haus hat und sich,
um sein *endliche⟨s⟩ Ende vorzubereiten*, mit dem Projekt
eines gemeinsamen Grabes, eines Weimarer *Père la Chai-
se-Parks* befaßt, *wo sie dereinst meine Exuvien und die
Schillerschen wiedergewonnenen Reste zusammen unter-
bringen mögen*. So an Boisserée am 19. Januar 1827. (Ein
Plan, den der Herzog durch die Anordnung, Schillers Ge-
beine in die Fürstengruft zu betten, durchkreuzt.)

Exuvien: nicht das übliche Wort von den sterblichen
Überresten oder das kalte der Leiche gebraucht Goethe,
er wählt für seinen toten Körper einen naturkundlichen
Begriff, der eigentlich eine abgestreifte tierische Körper-
hülle meint, etwa die Haut einer Schlange; ein Sinnbild
also, das der Metamorphose, dem gestaltumwandelnden
Leben gilt – und nicht dem Tod.

Von *letzter Verwandlung*, vom *Übergang aus einer uns
bekannten Existenz in eine andere, von der wir auch gar
nichts wissen*, spricht er. Versucht, diesem *Übergang* nä-
herzukommen, beschäftigt sich mit dem Fährmann über

den Lethefluß, mit dem Todesdämon. Von der Umrißzeichnung Leybolds zu seinem Gedicht »Charon« erbittet er sich eine Kopie von dem Maler Schmeller, um sie Zelter zu schenken.

Meine nächste Absicht ist, dir einen ausschattirten Charon zu übersenden..., schreibt er ihm im Mai 1826, *ich wünsche, daß du es stets vor Augen habest, um stets erinnert zu werden, daß der größte, furchtbarste, unerträglichste Gedanke, durch eine tüchtige Kunst, die sich über ihn erhebt, uns faßlich, sogar anmuthig vorgebildet werden könne.*

Eingeständnis und zugleich Bezwingen der Todesfurcht, indem Goethe, wie er Monate später formuliert, *das Leben aus dem Tode betrachte⟨t⟩... und zwar nicht von der Nachtseite, sondern von der ewigen Tagseite her, wo der Tod immer vom Leben verschlungen wird.*

Eine eigenwillige Perspektive, die er gegen kirchenoffizielle Konzepte, gegen Kanzelglauben und dogmatische Strenge, insbesondere aber gegen die Unsterblichkeitsauffassung in dem damals zur Modelektüre avancierten Lehrgedicht »Urania« von Christoph August Tiedge entwikkelt. ›*Ich fand dumme Weiber, die stolz waren weil sie mit Tiedge an Unsterblichkeit glaubten, und ich mußte es leiden, daß manche mich über diesen Punkt auf eine sehr dünkelhafte Weise examinierte*‹, äußert er zu Eckermann.

Die *Beschäftigung mit Unsterblichkeitsideen* sei *für vornehme Stände und besonders für Frauenzimmer, die nichts zu thun haben. Ein tüchtiger Mensch aber, der schon hier etwas Ordentliches zu sein gedenkt und der daher täglich zu streben, zu kämpfen und zu wirken hat, läßt die künf-*

tige Welt *auf sich beruhen und ist tätig und nützlich in* dieser.

Es *trage jeder den Beweis der Unsterblichkeit in sich* fordert Goethe; der Glaube müsse *aus dem eigenen Herzensgrund kommen.* Und: *solche unbegreifliche⟨n⟩ Dinge* lägen *zu fern, um ein Gegenstand täglicher Betrachtung und gedankenzerstörender Spekulation zu sein … wer eine Fortdauer glaubt, der sei glücklich im Stillen.*

So hat er es selbst gehalten. Er, der *keineswegs das Glück entbehren* möchte, *an eine künftige Fortdauer zu glauben,* wie er Eckermann gegenüber im Februar 1824 äußert, der meint, *daß alle diejenigen auch für ›dieses‹ Leben tot sind, die kein ›anderes‹ hoffen …* hat sein eigenwilliges Konzept *im Stillen,* in Briefen an seinen Altersfreund Zelter festgeschrieben.

Nicht von Unsterblichkeit, von *Fortdauer nach dem Tode* spricht er, entwickelt seine Idee davon aus dem von Leibniz entlehnten Begriff der *Monade* und dem Aristotelischen Begriff der *Entelechie*; zuweilen nennt er es auch *entelechische Monade.*

Er entschuldigt sich bei Zelter: *Verzeih diese abstrusen Ausdrücke!* schreibt er, *man hat sich aber von jeher in solche Regionen verloren, in solche Spracharten sich mitzutheilen versucht, da wo die Vernunft nicht hinreichte und wo man doch die Unvernunft nicht wollte walten lassen.*

Die *entelechische Monade* ist ihm so etwas wie der Wesenskern des Menschen. Analog zu Pflanzen und Tieren muß auch der Mensch sich in jenem *Stirb und Werde,* in ewiger Bewegung, Wandlung und Erneuerung befinden: er *soll sich regen, schaffend handeln, / Erst sich gestalten, dann verwandeln.*

Wieder die uns schon vertraute den Tod fernhaltende rastlose Tätigkeit, in der der Mensch *Folge an Folge* reiht und so sein Wesen steigert.

Die entelechische Monade, schreibt er Zelter, *muß sich nur in rastloser Thätigkeit erhalten; wird ihr diese zur andern Natur, so kann es ihr in Ewigkeit nicht an Beschäftigung fehlen.*

Wirken wir fort, fordert er seinen Altersfreund auf, *bis wir, vor oder nacheinander, vom Weltgeist berufen in den Äther zurückkehren! Möge dann der ewig Lebendige uns neue Thätigkeiten, denen analog in welchen wir uns schon erprobt, nicht versagen!*

Ähnlich äußert er sich zu Eckermann, wie dessen Aufzeichnung vom 4. Februar 1829 belegt: ›*Die Überzeugung unserer Fortdauer*‹, sagte Goethe, ›*entspringt mir aus dem Begriff der Tätigkeit; denn wenn ich bis an mein Ende rastlos wirke, so ist die Natur verpflichtet, mir eine andere Form des Daseins anzuweisen, wenn die jetzige meinem Geist nicht ferner auszuhalten vermag*‹.

Eine *andere Form des Daseins*, die Rückkehr in den *Äther*, der *Übergang aus ... einer bekannten Existenz in eine andere.*

Wir sind wieder beim Gedicht »Über allen Gipfeln ist Ruh«. Der Gedanke eines unendlichen Kreislaufs, einer ewigen Wiederkehr.

Der Weg vom *Äther*, der Atmosphäre, von der anorganischen zur organischen Natur, über Pflanze und Tier zum Menschen, den das Gedicht vollzieht. Und die Umkehr des Weges; die Rückkehr, das Eingehen in die Natur; das Erreichen der Ruhe, in der banalen Hilflosigkeit der Sprache als letzte Ruhe, als ewige Ruhe bezeichnet.

Dieses *Warte nur! Balde ruhest du auch* als Todesgewiß-
heit.

Sah nicht schon der junge Goethe Tod und Schlaf als
Brüder? Die Darstellung des Todes als klapperndes Gerip-
pe schwindet mit Lessing und Herder; der Tod erscheint
als Genius mit gesenkter Fackel, als Bruder des Schlafes.

Trat man damals, tritt man heute in Goethes Haus am
Frauenplan, begegnet einem im oberen Treppenhaus, links
neben der Tür mit dem einladenden SALVE, eine Nach-
bildung der im Prado in Madrid befindlichen Jünglings-
gruppe von Ildefonso: die Brüder Tod und Schlaf in einer
allegorischen Darstellung.

*Am meisten entzückte uns die Schönheit jenes Gedan-
kens,* erinnert sich Goethe im achten Buch des zweiten
Teils von »Dichtung und Wahrheit«, *daß die Alten den
Tod als den Bruder des Schlafs anerkannt und beide...
zum Verwechseln gleich gebildet.*

Goethe auf dem Kickelhahn am Ort der Entstehung seines
Gedichts.

Er *schwieg eine halbe Minute,* überliefert Mahr, *sah
nochmals durch das Fenster in den düstern Fichtenwald
und wendete sich darauf zu mir, mit den Worten: ›Nun
wollen wir wieder gehen!‹*

*Ich bot ihm auf der steilen Treppe meine Hülfe an, doch
erwiederte er: ›Glauben Sie, daß ich diese Treppe nicht
hinabsteigen könnte? Das geht noch sehr gut! Aber gehen
Sie voraus, damit ich nicht hinuntersehen kann.‹*

Dann wechselt Goethe entschlossen das Thema.

Von der Endlichkeit eigenen Seins kommt er auf die Unendlichkeit der Natur. *Auf dem Rückwege nach der Allee, wo der Wagen wartete, fragte er,* so Mahr, *ob auf der Kuppe des Gickelhahns auch das Vorkommen des verschmolzenen Quarzes, wie auf der Hohen Tanne bei Stützerbach stattfinde.*

Er bezieht sich auf jenes *zusammengeschmolzene merkwürdige Felsenstück,* das Mahr im Sommer 1830 gefunden und von dem er Goethe zu seinem 81. Geburtstag ein Probestück geschenkt hat.

Dieser erkundigte sich daraufhin am 22. Januar 1831 nach dem Fundort, will auch wissen, *ob in der Gegend diese Steinart, ›Gneiß‹, irgendwo anstehend gefunden werde,* ob *irgend ein Hochofen in einiger Entfernung* sei. Ihn interessiert das Gestein so sehr, daß er Mahr mit Schürfungen auf eigene Kosten beauftragt. Am 24. August teilt ihm Mahr die Ergebnisse mit.

Möglicherweise hat Goethes Interesse an dieser auffälligen Naturerscheinung sogar seinen Entschluß mitbestimmt, nach Ilmenau zu reisen.

Mahr, auf dem Weg zur *Chaise,* erwidert, *daß derselbe sehr zerklüftete bleiche Quarzporphyr ebenso wie dort auf jener Höhe vorkomme und solches fast allen höchsten Punkten des nordwestlichen Theiles des Thüringer Waldes eigenthümlich sei.*

Goethe sagt darauf: ›*Dies ist eine sonderbare und merkwürdige Erscheinung und kann vielleicht künftig zu bedeutenderen Schlüssen in der Geognosie Veranlassung geben. Wir sind überhaupt bloß da, um die Natur zu beobachten; erfinden können wir in derselben nichts.*‹

Nach der Rückkehr nimmt er in Ilmenau beim Mittags-

mahl im »Goldenen Löwen« den Gesprächsfaden nochmals auf. Sein Tagebuch vermerkt: *Zu Mittag blieb derselbe* (Mahr) *zu Tische. Wir besprachen das problemati-
sche Gestein auf der hohen Tanne, wovon er Musterstücke
und Beobachtungen im Wechsel nach Weimar gesendet
hatte.*

Im Brief vom 1. November 1831 spricht Goethe von
einer *bedeutenden Entdeckung* Mahrs. Er übergibt das
zusammengeschmolzene merkwürdige Felsenstück der
»Mineralogischen Gesellschaft« in Jena. Veranlaßt, daß
Mahr, der bereits auf sein Betreiben 1821 Mitglied dieser
Gesellschaft wurde, nun zum Ehrenmitglied ernannt wird.
Wenige Monate nach seinem Ilmenau-Besuch sendet
Goethe ihm das Diplom der »Mineralogischen Gesell-
schaft«; mit Dank und *zur Erinnerung freundlichster Be-
grüßung.*

Nach Mahrs Bericht *bezeichnet* Goethe *diesen Porphyr
ausdrücklich als vulkanische Gebirgsart.*

Deutet die Bewertung des Stützerbacher Fundes auf eine
mögliche Revision seiner lebenslang vertretenen neptunistischen Ansichten hin? Auf eine Annäherung an die Vulkanisten?

Versuchen wir – wenn auch nur mit grobem Strich – Goethes Haltung im Streit der geologischen Parteien zu skiz-
zieren.

Während die Vulkanisten die Bildung von Gebirgen und
Gesteinen auf Magma-Austritte zurückführen, fassen die
Neptunisten die Gesteine als Sedimente eines Urmeeres
auf.

Daß das Leben im Verlauf der Erdgeschichte im Wasser

seinen Ursprung hat, ist Goethes Auffassung. Dem Altmeister des Neptunismus, Abraham Gottlob Werner, sind wir schon in Zusammenhang mit dem Ilmenauer Bergwerk begegnet. An dessen Lehre hält Goethe fest; bis über Werners Tod 1817 hinaus. In Karlsbad ist er ihm auch persönlich begegnet.

Während seiner vieljährigen Kuraufenthalte dort hat Goethe, nach Thüringen und dem Harz, in Böhmen einen neuen Betätigungsplatz für sein *altes Grillenspiel mit Felsen, Gebirgen, Steinbrüchen* gefunden; unter anderem ist er bei seinen lokalen Forschungen im Kammerberg bei Eger auf ein Gestein gestoßen, das er *pseudovulkanisch* nennt.

Als 1818 der italienische Geologe Scipione Breislak in seinem Werk »Institutions géologiques« die These aufstellt, daß die Urgebirgsarten Granit und Gneis aus einer feurig-flüssigen Schmelze entstanden, also vulkanische Gesteine seien, reagiert Goethe mit Unmut.

Werners ruhige Seele, schreibt er, *war kaum von uns geschieden, als die Flöz-Trapp-Formation* (schichtartig ausgebildete Basalte), *die uns bisher beschwichtigte, auf einmal wieder in feurigen Tumult gerieth. Alles eilt, wieder zu den Fahnen des Vulkanismus zu schwören, und weil einmal eine Lava sich säulenförmig gebildet hat, sollen alle Basalte Laven seyn, als wenn nicht alles Aufgelöste, durch wässrige, feuerige, geistige, luftige oder irgend eindringende Mittel in Freiheit gesetzt, sich so schnell als möglich zu gestalten suchte.*

Diese Äußerung findet sich in einem Brief vom 8. Januar 1819 an den Geologen Carl Cäsar von Leonhard, von dem Goethe eine Ablehnung der Theorie des Italieners erwartet. Aber in Leonhards Antwort muß er lesen: *Tadeln Sie es nicht, daß ich ebenfalls, jedoch in sehr gemäßigten Sinne übergegangen bin zum Feuer.*

Wie dieser sind bereits andere Schüler Werners, so der Ilmenauer Bergrat Voigt und bedeutende Geologen wie Christian Leopold von Buch und Alexander von Humboldt, *zum Feuer* übergegangen. (Später werden der mit Goethe befreundete Graf Sternberg und der von ihm geschätzte Gothaer Geologe von Hoff folgen.)

Goethe, der sich einen *verjährten Neptunisten* nennt, sieht sich herausgefordert, seine Haltung darzulegen.

Im dritten Heft des ersten Bandes »Zur Naturwissenschaft überhaupt«, publiziert im Oktober 1820, beruft er sich auf eine Arbeit des Arztes und Geologen Carl Wilhelm Nose, der den Basalt *unerforschlich* nennt.

Dem folgt er. Erklärt den *Basalt* als einzige Erscheinung im Reich der Mineralien und Gesteine zum *Urphänomen*. Als solches wird er zu einer Naturerscheinung, die alle Zeichen des *Erhabenen* trägt und sich einer rationalen Erklärung entzieht.

Seine Vorstellungen nennt er ein *Bekänntniß*, das heißt, er verlagert sich auf eine subjektive, empirisch nicht zu erschütternde Ebene.

Mit diesem Argument entzieht er sich; damit ist für ihn der Streit erledigt.

Er lehnt es auch ab, über sein Erkenntnisprinzip zu debattieren, geht auf Distanz zum wissenschaftlichen Diskurs, zum, wie er es formuliert, *Zeitsinn*, das heißt zu denen, die *zu den Fahnen des Vulkanismus ... schwören.*

Er betritt den höchst eigenwilligen Weg der geologischen Forschung seines letzten Lebensjahrzehnts, auf dem ihm außer Nose niemand folgt.

1822 kommt durch die Forschungen von Buchs eine erneute Anfechtung auf ihn zu. Buch vertritt die These, daß Gewalten und Schmelzmassen aus unbekannten Tiefen Veränderungen an der Erdoberfläche hervorrufen können.

Goethe reagiert mit den Worten, daß er *einen solchen willkürlichen Erdboden nicht bewohnen, wenigstens nicht betrachten werde*, und nennt Buch einen *Ultravulkanisten*.

Beunruhigen muß ihn nach einer solchen vehementen Äußerung die kurz darauf, am 24. Januar 1823, in der Berliner Akademie vorgetragene und ihm persönlich gewidmete Abhandlung Alexander von Humboldts »Über den Bau und die Wirkungsart der Vulkane in verschiedenen Erdstrichen«.

Humboldt vertritt auf Grund seiner in Südamerika gewonnenen Erkenntnisse die Ansicht, daß geschmolzene Massen des inneren Erdkörpers an die Oberfläche gekommen und zu LaVaströmen erstarrt seien.

In einer am 16. März 1823 diktierten Stellungnahme spricht Goethe von *Verlegenheit*, wenn er, ein *funfzigjähriger Schüler und treuer Anhänger* der über *die ganze Welt verbreiteten Wernerischen Lehre⟨,⟩ finden muß … aufgeschreckt von allen Seiten das Gegenteil derselben zu vernehmen.*

Von *Sinnesänderung* ist die Rede, die er *öffentlich bekennen* wolle.

Aber daraus wird nichts.

In einer Besprechung von Humboldts Abhandlung heißt es, sein *Absagen der alten,* sein *Annehmen der neuen Lehre* lege er *in die Hände eines so trefflichen Mannes und geprüften Freundes* ... Die Bedingung für das *Annehmen der neuen Lehre* aber sei, daß *das Gegenständliche* des Anderen – das Humboldts – ihm, Goethe, zu seinem *Gegenständlichen* werde.

Wieder zieht er sich mit nicht angreifbaren Argumenten aus der Affäre, indem er den Begriff des *Gegenständlichen* einführt.

Das neue, wie er sagt, *geistreiche Wort*, hat er dem Leipziger Psychiater Christian Friedrich August Heinroth entlehnt, der *Goethes gegenständliches Denken* als das vom Standpunkt des Forschers *reifste Denken* bezeichnet.

Schon einige Jahre such ich meine geognostischen Studien zu revidieren, erklärt Goethe, *besonders in der Rücksicht, inwiefern ich sie ... der neuen, sich überall verbreitenden Feuerlehre nur einigermaßen annähern könnte, welches mir bisher unmöglich fallen wollte. Nun aber durch das Wort gegenständlich ward ich auf einmal aufgeklärt, indem ich deutlich vor Augen sah, daß alle Gegenstände, die ich seit funfzig Jahren betrachtet und untersucht hatte, gerade die Vorstellung und Überzeugung in mir erregen mußten, von denen ich jetzt nicht ablassen kann.*

Mit dem Begriff *gegenständlich* hat er ein Instrument jenseits naturwissenschaftlicher Argumente zur Hand, um Buchs und Humboldts Theorien zurückzuweisen; die Feuerlehre verfängt nicht, da das *Gegenständliche* der Forscher nicht sein *Gegenständliches* werden kann.

Es entspräche, so sagt er, nicht seiner *Natur*, welche er *im Herzen* trage.

Der Naturwissenschaftler argumentiert mit dem Dichter.

Wenn man von Uranfängen spricht, schreibt er am

9. November 1826, so sollte man uranfänglich reden, d. h. dichterisch. denn was unsrer tagtäglichen Sprache anheimfällt: Erfahrung, Verstand, Urteil, alles reicht nicht hin. Als ich mich in diese wüsten Felsklüfte vertiefte, war es das erstemal daß ich die Poeten beneidete. Alles Elementare müssen wir energischer denken . . .

Goethe entscheidet sich gegen die Tendenzen in der neueren Geologie.

1826 bekennt er sich in einem Brief an Sulpiz Boisserée zum *Schweigen.*

Er veröffentlicht die Ergebnisse seiner Forschungen kaum mehr.

Eigenwillig setzt er in der Einsamkeit sein Gespräch mit der Erde fort.

Verfolgt die wissenschaftlichen Debatten. So die Forschungen des französischen Paläontologen und Zoologen Georges Cuvier. Dieser entwirft ein Bild der Erdgeschichte, in der immer wieder katastrophale Revolutionen die Verteilung von Land und Meer auf der Erdoberfläche verändern und die Entwicklung organischen Lebens unterbrechen.

Goethes leidenschaftliche Reaktionen auf diese Debatten überliefert eine Tagebuchaufzeichnung Frédéric Sorets von 1828: *Heute bekam ich,* notiert er, *gewaltige Strafpredigten gegen die Geologen zu hören, die sich einbilden, alles durch die Wirkung des Feuers erklären zu können, und Berge emporsteigen lassen, als ob es nur so eine Kleinigkeit wäre, den Granit und den Porphyr des ganzen Weltballs hochgehen zu lassen . . .*

Goethe, fügt Soret hinzu, *zeigte bei diesem Zornausbruch mehr Witz als Urteil.*

Eine letzte Anfechtung erlebt Goethe, als Alexander von Humboldt am 26. und 27. Januar 1831 Gast in seinem Haus am Frauenplan ist. Auf Reisen durch Rußland und Asien hat sich dessen Erkenntnis gefestigt, daß durch unterirdische Wirkung elastischer Flüssigkeiten ganze Kontinente und Gebirgszüge mit organischen Resten emporgehoben wurden; unter anderem seien Gebirgszonen wie Kaukasus, Altai und Himalaja vulkanischen Ursprungs.

Nach Humboldts Besuch notiert Goethe kurz und bündig: *daß ich diese vermaledeite Polterkammer der neuen Weltschöpfung verfluche ...*

Humboldt legt seine Gedanken in den »Fragments de géologie et de climatologie asiatique« nieder und läßt sein 1831 in Paris erscheinendes Werk Goethe als Geschenk zukommen.

Ich habe die zwey Bände: Fragments de Géologie par Alexandre de Humboldt erhalten und durchgesehen, schreibt dieser wenige Wochen nach der Rückkehr aus Ilmenau am 5. Oktober an Zelter. Humboldts *Talent* sei sein *mündliche⟨r⟩ Vortrag ... jeder mündliche Vortrag will überreden und den Zuhörer glauben machen er überzeuge ihn.* Diese *Abhandlungen* seien *wahrhafte Reden, mit großer Facilität vorgetragen, so daß man sich zuletzt einbilden möchte, man begreife das Unmögliche. Daß sich die Himalaja-Gebirge auf 25 000' aus dem Boden gehoben und doch so starr und stolz als wäre nichts geschehen in den Himmel ragen, steht außer den Gränzen meines Kopfes, in den düstern Regionen, wo die Transsubstantiation pp. hauset, und mein Cerebralsystem müßte ganz umorganisirt werden – was doch schade wäre – wenn sich Räume für diese Wunder finden sollten.*

Humboldt habe ein *Paradox mit Kunst und Energie*

vorgetragen; deswegen auch schon viele unserer wacker-
sten Naturforscher sich einbilden, sie könnten das Un-
mögliche denken; dagegen erscheine ich ihnen als der hart-
näckigste Häresiarch ...

In dieser Rolle eines Erzketzers, des Oberhauptes einer
Häresie, sieht er sich – nicht ohne Behagen – bis zuletzt.

In jenem Brief an Zelter heißt es von dem *Wunder: ich*
begreif es nicht, vernehm es aber doch alle Tage; und Goethe schließt daran die Frage an: *Muß man denn aber alles*
begreifen?

Das korrespondiert mit seiner von Mahr überlieferten
Äußerung auf dem Kickelhahn: *Wir sind überhaupt bloß*
da, um die Natur zu beobachten; erfinden können wir in
derselben nichts.

Daß die *sonderbare und merkwürdige Erscheinung* des
bei Stützerbach gefundenen und nach Mahrs Aussage von
Goethe für *vulkanisch* gehaltenen *zusammengeschmolze-*
nen merkwürdigen Felsenstück⟨s⟩ ihn dem Vulkanismus
annähert, ist nach seinen letzten Äußerungen im Brief an
Zelter kaum denkbar.

Zu welchen *bedeutenderen Schlüssen in der Geognosie*
das *Felsstück* in der Zukunft *Veranlassung geben* kann,
bleibt dahingestellt.

Möglicherweise handelt es sich um die Unterscheidung
von vulkanischem und pseudovulkanischem Gestein, die
ihn bereits in Böhmen beschäftigt hat.

Vielleicht steht es auch in Zusammenhang mit einem am
5. November 1829 diktierten Text mit dem Titel »Umher-
liegende Granite«. Darin geht es um Kupferschiefer, der
sich am Nordrand des Thüringer Waldes abgelagert hat.
Goethe wiederholt darin seine bereits 1826 geäußerte An-

sicht, daß schwebende Teile sich schräg an Unterlagen angelagert hätten. Er sei, heißt es, in der Beobachtung *der thüringischen Flöze, vom Todliegenden bis zum obersten Flözkalk und hinabwärts bis zum Granit* fortgeschritten.

Ist die Triebfeder für Goethes Forschen die am Scheitern des Bergwerks nicht unwesentlich beteiligte Unergiebigkeit des Flözes beziehungsweise sein Erreichen an falscher Stelle?

Dieses Kupferschieferflöz mußte die damalige Vorstellung von Fachwelt und Laien überfordern. Im Thüringer Becken lagert es wie ein weit ausgebreitetes schwarzes Tuch; wegen seiner Dünne von geringer *Mächtigkeit* (= Ergiebigkeit), flächenmäßig dafür aber um so ausgedehnter. Tektonische Vorgänge führten zu Verwerfungen und Verschiebungen, schufen ein kompliziertes System gegeneinander versetzter und verkippter Gebirgsschollen.

In einer Dokumentation zu der 1999 in Ilmenau gezeigten Ausstellung »Goethes Amtstätigkeit für den Ilmenauer Bergbau« ist zu lesen: *Erst neuerdings weiß man, daß das Ilmenauer Kupferschieferflöz zu den merkwürdigsten geologischen Gebilden gehört, das selbst der modernen Wissenschaft noch Rätsel aufgibt.*

Man ging nach dem haltenden Wagen zurück, schreibt Mahr, Goethe *stieg ein ... Von dem erhöhten Standpunkte aus übersah er nochmals die von der hellsten Mittagssonne beschienene Fernsicht, seine Freude über den schönen Tag äußernd. Dabei deutete er mit der Hand nach Westen und fragte: ›Nach dieser Seite liegt wohl der Hermannstein?‹*

Was ich bestätigen konnte. Hierauf blickte er schweigend vom Weg aus längere Zeit nach der Gegend hin.

Auf Goethes Wunsch mußte dann der Wagen ganz langsam abwärts fahren.

Am Großen Gabelbach gab Goethe Befehl, um das ganze Haus herumzufahren; dann fuhr man am Kleinen Gabelbach vorüber und, um die herrliche Waldluft mit Aussicht auf dem Schortegrund zu genießen, noch auf der Waldstraße bis zum Auerhahn. Hier wunderte er sich besonders über das Wachstum der Fichten und bemerkte vor dem Auerhahn: ›Nach meiner Erinnerung war in früherer Zeit von dieser Stelle ein größerer Teil des Ortes Stützerbach sichtbar, als jetzt der Fall ist.‹ Hieran knüpfte er Fragen über die Glasfabrikation und freute sich zu hören, daß die Geschäfte leidlich gingen, und befahl dann den Rückweg.

Mahrs ausführlichem Bericht steht Goethes lakonische Notiz im Tagebuch gegenüber: *Das Gabelbacher Haus besehen. Die Chaussée mit Bewunderung bis zum Auerhahn befahren. Um 2 Uhr waren wir zurück.*

Das Mittagsmahl mit jenem Gespräch über Geognosie.

Auch die Kinder sind zugegen. *Von den beiden Enkeln* wurden *die abenteuerlichen Wege durch die Fichtenwälder, da sie bisweilen die steilsten Abhänge hinauf und hinunter gegangen waren, sehr malerisch geschildert ... Der erhabene Apapa (so nannten ihn seine Enkel) hatte eine herzliche Freude darüber...,* berichtet Mahr.

Nach dem Essen bleibt Goethe allein. Schläft vielleicht. Belegt ist das nicht. In sein Tagebuch trägt er ein: *Ich war zu Haus geblieben und las in Herzogs altdeutscher*

Litteratur und von Knebels Übersetzung des Lucrez neue Ausgabe.

Die Enkel aber mit ihren jungen Füßen machen sich, begleitet von Rentamtmann Mahr, erneut auf den Weg. *Er (Mahr) führte die Kinder auf das Kammerberger Kohlenbergwerk, von da über den Langenbach und den Gabelbach zurück*, hält das Tagesprotokoll fest.

Kein weiterer Eintrag.

Vermutlich späte Rückkehr der Kinder. Goethe, der ihren lebhaften Erzählungen lauscht.

Das Nachtmahl. Der freundliche dienernde Wirt im Gasthof »Zum Goldenen Löwen«. Ist es der Sohn des 1796 in Goethes Anwesenheit verstorbenen *guten Türk*? Nein. Seit 1818 hat der Gasthof, der nun zugleich die *Fürstl. Thurn und Taxissche Postverwaltung* beherbergt, einen neuen Eigentümer: Johann Georg Klett.

Das Ritual des Zubettgehens. Vielleicht. Das Schwinden aller Laute.

Die Nacht, die sich über die kleine Bergstadt am Nordabhang des Thüringer Waldes senkt.

IV

Der nächste Morgen. Wie an jedem Tag meldet das Tagebuch Wetterlage und Barometerstand. *Heiterer Sonnenschein, doch wolkig. / ℔ Höhe 26. 7, 6 Morgens 5 Uhr.*

Es ist der 28. August. Ein besonderer Tag, Goethes Geburtstag.

Der zehnjährige Wolf ist der erste Gratulant.

Übergibt er seinen Glückwunsch schriftlich? *Guter
Großvater! Ich wünsche Ihnen viel Glück zu diesem heutigen Tage, der Sie uns geschenkt hat, und wünsche daß
wir ihn noch oft mit Freuden feiern können. Durch Fleiß
und gutes Betragen will ich mich bestreben Ihnen dankbar
zu sein. Ihr dankbarer Enkel Wolfgang*

Diese Zeilen in Schönschrift von seiner Kinderhand
finden sich im Goethe- und Schiller-Archiv (GSA 37/
XXXV II, 3). Wolf schreibt das Datum, *den 28. August,*
darunter; versieht sich aber in der Jahreszahl. Statt 1831
schreibt er *1832.* Da wird der Großvater schon nicht mehr
unter den Lebenden sein.

Goethe notiert am Morgen des 28. August 1831: *Früh
nach Fünf aufgestiegen. Mit Wölfchen gefrühstückt. Der
gute Walther setzte sein Morgenschläfchen fort.* Mahr

überliefert, daß bereits *früh 5 Uhr ... im Gasthofe Zum Löwen vor dem Zimmer, welches Goethe bewohnte, vom hiesigen Stadtmusicus Merten mit einem Musikcorps auf Blasinstrumenten der Choral ›Nun danket alle Gott‹ angestimmt* wurde.

Weckten die Musiker den Jubilar aus dem Schlaf? *Figurirte* er, um zu danken, *im Sürtout und ohne Halsbinde* wie einst in Ilmenau zu seinem 64. Geburtstag, als der Herzog mit seinem Gefolge ihn früh am Morgen überraschte?

Diesmal ist er schon zum Empfang bereit. Wir können es Wolfs Brief an seine Mutter entnehmen, den er noch am gleichen Tag nach Weimar schreibt. *Heute, früh fünf Uhr war der Apapa schon angezogen, da hörte er auf einmal aus dem Saale Musik, es war der Stadtmusicus mit seinen Leuten. Dann kam Friedrich* (der Diener Krause) *und sagte, es wäre eine Menge Mädchen da, welche dem Apapa etwas überreichen wollten. Er ließ sie herein kommen. Da kamen fünfzehn weißgekleidete Mädchen. Eine von ihnen überreichte ihm ein Atlaskissen worauf eine Handschrift welche ein Gedicht gedruckt war, und ein Lorbeerkranz lagen.*

Nun schreibt er das richtige Jahr: *Ilmenau. Sonntag 28ten August. Wolfgang. Abends 1/2 9 Uhr 1831.* (GSA 37/XXXV II, 3)

Goethe notiert in sein Tagebuch: *Der Stadtmusicus brachte ein Ständchen. Fünfzehn Frauenzimmerchen in weißen Kleidern ein Gedicht und Kranz auf einem Kissen bringend.*

In Weimar werden die Feiern zu seinen Geburtstagen von Jahr zu Jahr opulenter. Festakte in der Bibliothek mit Huldigungsversen, Liedern, Reden. 1826 die Aufführung des Festspiels »Goethes Ehrentag«. Mittagstafeln im Stadthaus oder im »Erbprinzen«; dreißig bis sechzig Personen und mehr. (Zu seinem Dienstjubiläum sind es 200 *Kuverts*.) Alljährlich ihm zu Ehren am 28. August Aufführungen seiner Stücke im Hoftheater.

Goethe könnte dem Einhalt gebieten. Er tut das nicht.

Offenbar liebt er das Feiern und Gefeiertwerden.

Oder ist es für ihn eine Prestigefrage, ein Gradmesser seiner Wertschätzung durch Hof und Stadt?

Auffällig ist, daß er sich längst angewöhnt hat, die Huldigungen gar nicht selbst entgegenzunehmen. Er läßt seinen Sohn August für sich agieren. (Wie bei vielen anderen Gelegenheiten auch.)

Er selbst empfängt nur am Vormittag in seinem Haus. Dann zieht er sich zurück.

In der Bibliothek, bei den Festessen und im Theater muß August von Goethe an seiner Statt die Gäste begrüßen, die Tafel eröffnen, die Reden halten, die Glückwünsche entgegennehmen, die Gedichte anhören, den Dank dafür abstatten, die Honneurs am Abend im Theater machen. (Psychologisch eine kaum zu verantwortende Last, die er dem Sohn aufbürdet.)

Als Büste, geschmückt mit einem Lorbeerkranz, sieht er vom Postament aus einer Ecke des Saales auf die Feiernden herab, wie es vom Dienstjubiläum überliefert ist.

Zu seinem 80. Geburtstag sind unter den Personen, die sich im Hotel »Zum Erbprinzen« versammeln (nur Männer sind zu dem *subskribierten Mittagsmahle* geladen), der polnische Schriftsteller Adam Mickiewicz und sein Freund

Anton Eduard Odyniec. Auch Engländer und Franzosen sind anwesend. Die ausländischen Gäste sind *gratis auf Kosten der freundlichen Bewohner Weimars* (das bedeutet zu Lasten der Steuerzahler) *geladen*.

Odyniec, der am Vormittag auch Gast im Haus am Frauenplan ist, schreibt: *Die ganze Gesellschaft Weimars und die von allen Seiten hergekommenen Gäste füllten die reichbeleuchteten Salons ... Goethe war als Sonne und Idol des Festes der Centralpunkt, gegen den alles gravitirte. Die Menge folgte ihm; bei seiner Annäherung verstummte das Gespräch und lauschte man nur auf seine Worte. Er betheilte damit, langsam den Salon umschreitend, wohlwollend alle ... Trotz des wohlwollenden Sprechens und Lächelns konnte man aber unschwer erkennen, daß es nur eine angenommene Rolle sei, die er nur ... des Anstandes wegen spielte. Auf seinem Statuengesichte war weder Bewegung noch Lebhaftigkeit zu gewahren.*

Welch andere Atmosphäre in Ilmenau.

Der alte Goethe, der mit dem Zehnjährigen frühstückt.

Das *Ständchen*, die *Frauenzimmerchen* mit dem *Kranz*.

Goethes Wunsch für diesen Tag ist, mit den Enkeln, Mahr und dem am Vorabend von Weimar eingetroffenen Herrn von Fritsch einen Ausflug zu machen.

Acht Uhr am Morgen wird nochmals der Barometerstand abgelesen: *§ Höhe 26. 7, 8 Morgens 8 Uhr.*

Vor dem Gasthof stehen zwei Kutschen bereit.

Das Tagebuch hält fest: *Gegen 8 Uhr fuhren alle in zwey Chaisen nach Elgersburg. Auf dem unbequemen, aber sehr interessanten Wege über Roda. Die Kinder sahen die Porzellanfabrik. Wir fuhren auf die Massenmühle, welche zwischen Felsen ein allerliebstes Bildchen macht. Auch wurde auf dem Weg dahin der Widerschein des Schlosses im Teiche nicht versäumt. In Elgersburg trafen wir wieder auf die Kinder, die das Schloß noch besehen wollten.*

Auch Wolf schildert die Erlebnisse: *Um acht Uhr fuhren wir nach Elgersburg wo ein altes Schloß und eine Porzellanfabrik ist. Nachher gingen wir in die Kammerlöcher, welches große Schluchten sind. Gestern waren wir auf dem Gickelhahn, und später noch tiefer im Wald. Morgen fahren wir auf den Hochofen und außerdem mit dem Oberforstmeister Dienstag nach Stützerbach.* (GSA 37/ XXXV II, 3)

Kickelhahn, Kohlenbergwerk, Porzellanfabrik und Schloß haben sie gesehen. Die *Glashütte* in Stützerbach und *die Eisengießerey* im *Amt Gehren* werden sie noch besuchen.

Er hat schon vieles gesehen: den Schacht, das Pochwerk, die Porzellanfabrick, die Glashütte, die Mühle, worauf die Marmorkugeln zum Spiele der Kinder gemacht werden, und überall hat er etwas mitgenommen und spricht gar artig von den Sachen, schreibt Goethe aus Ilmenau 1795 über seinen knapp sechsjährigen August an Christiane.

Das, was ihm selbst einst wichtig war, *durch alle Stände* zu *steig⟨en⟩* und die *meilenlangen Blätter der Gegenden um⟨zu⟩schlagen*, was er Charlottes Kindern und dem eigenen Sohn vermittelt, wiederholt er nun mit dem *kleine⟨n⟩ Volk im zweyten Grade.*

Auf dem Weg der Anschauung führt er den Enkeln soziale Erfahrungen zu, die sie in der von höfischem Leben und Theater geprägten Residenzstadt Weimar nicht machen können.

Sie sahen, berichtet er, *die Kohlenbrenner an Ort und Stelle, Leute, die das ganze Jahr weder Brot noch Butter noch Bier zu sehen kriegen und nur von Erdäpfeln und Ziegenmilch leben. Andere, wie Holzhauer, Glasbläser, sind in ähnlichem Falle ...*

Goethes junge Mitreisende, die Kinder seines Sohnes, sind sie ihm auch ein Bindeglied zwischen Vergangenheit und einer ihm durch sein hohes Alter verschlossenen Zukunft?

Ist ihre heitere Gegenwart die Brücke, über die er gehen und den gegenwärtigen Augenblick genießen kann?

An Carl Friedrich von Reinhard, den Patenonkel von Wolf, schreibt er: *verfügte ich mich mit meinen beiden Enkeln nach Ilmenau, um die Geister der Vergangenheit durch die Gegenwart des Herankommenden auf eine gesetzte und gefaßte Weise zu begrüßen.*

Und an Marianne von Willemer: *Diese Einblicke, das Vergangene an's Gegenwärtige knüpfend, wurden erhöht und belebt und die Landschaft vorzüglich staffirt dadurch, daß ich meine Enkel mitgenommen hatte.*

Die jungen Wesen, fährt er an Reinhard fort, *worunter sich der liebe Pathe besonders hervorthat, drangen ohne poetisches Vehikel in die ersten unmittelbarsten Zustände der Natur.*

An Marianne ist von *lieben Wesen und Neulinge⟨n⟩* die Rede.

Dann folgt an beide gleichlautend jene Passage: *Sie sahen die Kohlenbrenner an Ort und Stelle ...*

Goethe mit seinen Enkeln an diesem heiteren Augusttag. *Wir fuhren über Martinroda zurück,* trägt er in sein
Tagebuch ein, *begrüßten unterwegs die dicke Eiche, die
ich nun schon bald sechzig Jahre kenne.*

Der Zweiundachtzigjährige. Wie haben wir uns sein Äu-
ßeres vorzustellen?

1837 wird die Daguerreotypie erfunden.

Eine Zeitspanne von nur fünf Jahren ist es, die uns von
einer fotografischen Abbildung trennt.

Uns angewiesen sein läßt auf die Maler, Bildhauer oder
Zeichner, auf ihr künstlerisches Vermögen, ihre Subjekti-
vität; auch auf Wünsche von Auftraggebern.

Josef Carl Stielers Altersporträt von Goethe. Hat dieses
bekannte und immer wieder reproduzierte Bild nicht unsere Vorstellung vom alten Goethe unverrückbar festgeschrieben?

Es ist im Sommer 1828 entstanden.

Das Bild zeigt einen Goethe, dem man ein Lebensalter
von fast achtzig Jahren kaum abzunehmen vermag. Ein
gutaussehender Mann mit glatten Gesichtszügen, ein
Mittfünfziger, Endsechziger allenfalls blickt uns an.

Ein geschöntes Porträt?

Ein repräsentatives Bild.

Für König Ludwig I. von Bayern gemalt. Im Mai 1828
schickt er seinen Hofmaler nach Weimar, im Gepäck einen
Brief. *Herr Staatsminister,* schreibt Ludwig I., *ein wohl-
getroffenes Bildnis des Königs der Teutschen Dichter zu
besitzen ist ein von mir lang gehegter Wunsch; darum und*

*darum allein schicke ich meinen Hofmaler Stieler nach
Weimar. Kostbar für unser gemeinsames Vaterland sind
Göthes Stunden, doch wird, ich darf es hoffen, demselben
nicht gereuen einige zu Sitzungen gewidmet zu haben...*

Fühlt sich Goethe bedrängt oder geschmeichelt? Ein
Jahr zuvor hat der König ihn in Weimar persönlich auf-
gesucht, ihm das Großkreuz des Zivilverdienstordens der
Bayerischen Krone überreicht.

Bereits zwei Tage nach Stielers Ankunft verfaßt Goethe
ein Antwortschreiben: *Ew. Königlichen Majestät heilbrin-
gende Gegenwart ließ einen so tiefen Eindruck bey mir
zurück*, heißt es da, *daß ich unausgesetzt in Höchst Dero
Nähe mich zu fühlen das Glück hatte. Mußte nun dabey
der Wunsch immer lebendig bleiben, auch in Wirklichkeit
mich schuldigst wieder darstellen zu können, so wird mir
durch Allerhöchste Gunst nunmehr der besondere Vortheil bereitet, im wohlgerathenen Bilde jederzeit aufwar-
ten zu dürfen.* Er wünscht, daß der Hofmaler – so schreibt
er der Majestät – *den Ausdruck dankbarster Verehrung
und unverbrüchlichen Angehörens in meinen Zügen aus-
zudrücken* vermöchte.

Der Auftrag des Königs. Zwischen dem 27. Mai und
dem 6. Juli malt Stieler das Porträt in Öl im Format 78,2
x 63,8 cm, das sich heute in der Neuen Pinakothek in
München befindet.

Goethes eigene Ironie dem Bildnis gegenüber läßt Skepsis
angebracht sein.

Als er Frédéric Soret das noch nicht vollendete Porträt
auf der Staffelei zeigt, notiert dieser, Goethe habe *allerlei
Scherze über die Art* gemacht, *wie Stieler versucht habe,
ihn herumzukriegen durch die Hoffnung, daß sich unter*

seinem Pinsel der Kopf eines alten Mannes ebenso gut in einen Engel verwandeln werde...

Bereits 1826 formuliert er unpathetisch: *Sibillinisch mit meinem Gesicht / Soll ich im Alter prahlen! / Jemehr es ihm an Fülle gebricht / Desto öfter wollen sie's mahlen!*

Resigniert fügt er hinzu: *man muß es eben geschehen lassen* ...

Dem Hofmaler Stieler gegenüber spottet er: *Sie zeigen mir, wie ich sein könnte.* Und weiter, dieser *Mann auf dem Bild ... sieht so schön aus, daß er wohl noch eine Frau bekommen könnte.*

Eine Annäherung an die Realität gibt vielleicht eher ein 1826 entstandenes Porträt. Es zeigt den Sechsundsiebzigjährigen.

Geschaffen ist es von Ludwig Sebbers, einem relativ unbekannten Künstler aus Braunschweig. Mit zweiundzwanzig Jahren kommt er nach Weimar, *flößt* Goethe *durch Vorzeigen von seinen Arbeiten soviel Vertrauen und Neigung* ein, daß er ihm Sitzungen gewährt.

Sebbers arbeitet im Juli und August an dem Bildnis, das er – winzig – auf eine Porzellantasse malt, ein Oval in der Höhe von 4,7 cm.

Die Entstehung dieses Gemäldes auf der Tasse nennt Goethe *ein wunderliches Ereigniß ... Das Bild ist zu aller Menschen Zufriedenheit wohl gerathen*, schreibt er. Seinen Freund Meyer, den Fachmann, bittet er um eine Expertise. Meyer hebt die *überaus wohlgetroffene Ähnlichkeit* hervor. *Es ist kein Bildniß von Ihnen bekannt, welches Ihre Züge, ihre Gestalt und sichtliches Wesen wahrhaftiger aufgefaßt darstellte.* Goethe entgegnet ihm, als wolle er dieses Urteil bekräftigen: *... ich darf nicht verschwei-*

gen, daß ich ihm wohl zwanzigmal, zu Stunden und halben Stunden gesessen.

Dieses Porträt nun zeigt in der Tat einen anderen Goethe. Einen alten Mann, die Spuren der Jahre sind unverkennbar: zerfurchte Stirn, Falten um Augen, am Hals. Ein sehr intimes, menschliches Bild.

Besonders auffällig ist die eingefallene Mundpartie (offenkundig vom Verlust der Zähne).

Bereits in jungen und mittleren Jahren hat Goethe häufig Schwierigkeiten mit seinen Zähnen. Bis zu seinem fünfzigsten Lebensjahr finden sich immer wieder diesbezüglich Klagen in seinen Briefen.

Dann verstummt er. Breitet konsequent in persönlichen Dokumenten Schweigen darüber.

In der literarischen Fiktion dagegen thematisiert er es. In der Novelle »Der Mann von funfzig Jahren« verliert der Held einen Zahn in der vorderen Reihe; *und mit diesem Mangel um eine junge Geliebte zu werben, fing an, ihm ganz erniedrigend zu scheinen,* heißt es. Und in einem der »Zahmen Xenien«: *Ich neide nichts, ich lass es gehn, / Und kann mich immer manchem gleich erhalten; / Zahnreihen aber, junge, neidlos anzusehn, / Das ist die größte Prüfung mein, des Alten.*

Das läßt uns ahnen, wie schmerzlich für Goethe dieses die Eitelkeit kränkende Kapitel seines Alterns gewesen sein muß.

Die Diskretion, die er wahrt, teilen auch seine ihm Nächststehenden.

Goethes Ärzte eingeschlossen. Weder Wilhelm Ernst Christian Huschke, seit etwa 1792 Hausarzt am Frauenplan (er stirbt 1828), noch Wilhelm Rehbein, in diesem

Amte seit 1818 bis zu seinem frühen Tod 1826, noch der letzte Hausarzt Carl Vogel verlieren darüber je ein Wort.

Schon damals gab es die Möglichkeit, Porzellanzähne in den Oberkiefer einzubinden. Das waren keine funktionstüchtigen Prothesen im heutigen Sinne, wohl aber optische Verdeckungen der Verluste. Goethe hat vermutlich von Ende 1826 oder 1827 an davon Gebrauch gemacht. (Insofern hat die verjüngte Mundpartie auf Stielers Bildnis wie auch auf anderen späten Porträts auch einen realen Hintergrund.)

Das intime Porträt von Sebbers, das repräsentative von Stieler; kaum kann man ein und denselben Mann darin erkennen.

Auch die unzähligen Schilderungen, die Besucher am Frauenplan von Goethes Äußerem überliefern, führen nicht viel weiter. Vom *Greis* sprechen die einen, vom *Jüngling* die anderen. Die Art, wie Goethe sie empfängt, die Bedeutung, die sie Werk und Person zumessen, und wohl auch das eigene Alter (der Blick eines Siebzehnjährigen unterscheidet sich von dem eines Siebzigjährigen) fließen in die Berichte ein.

Eine auffällige Übereinstimmung gibt es aber fast ausnahmslos in zwei Dingen: in der Beschreibung von Goethes Augen und in der Charakterisierung seiner Körperhaltung.

Alle berichten von seiner noch im hohen Alter geraden Haltung, seinem betont aufrechten Gang.

Und von seinen *schönen schwarzen Augen ... voller Lebenskraft.* Lili Parthey, dreiundzwanzig Jahre jung, notiert, als sie den Vierundsiebzigjährigen in Karlsbad trifft, in ihr Tagebuch: *seine Augen sind unendlich schön ... wie schön ist er noch jetzt.*

Der nun Zweiundachtzigjährige.

Von seiner reduzierten Arbeitskraft sprachen wir bereits: *im allerglücklichsten Fall eine geschriebene Seite; in der Regel aber nur so viel; als man auf dem Raum einer Handbreit schreiben könnte, und oft ... noch weniger.*

Auch vom Nachlassen seines Kurzzeitgedächtnisses berichten ihm Nahestehende.

Und sein Arzt Vogel spricht von einer zunehmenden Altersschwerhörigkeit.

Vielleicht will Goethe auch manches gar nicht hören. Wie er einst, um unangenehmen Dingen auszuweichen, die *Kriegslist* gebrauchte, sich ins Bett legte, benutzt er jetzt mit einer gewissen heiteren Schlauheit das Alter als Schutzschild; so den Verlusten des Alters seine Gewinne entgegensetzend.

Er geht nicht mehr an den Fürstenhof. Auch nicht in das Theater. Sein Kommentar: *Ich bin zu alt!*

Wenn ihn ein Gespräch nicht sonderlich interessiert, leistet er sich – von fremden Besuchern wie von seinen engsten Vertrauten ist es überliefert – in Gegenwart anderer einzunicken oder über lange Strecken zu schweigen und nur gelegentlich ein stereotypes *Hm! Hm!* hören zu lassen.

Kanzler Müller klagt über ihn als schwierigen Gesprächspartner; daß er zuweilen *jeden Gesprächsfaden sogleich fallen läßt, oder abreißt, auf jede Frage mit: ›Gute Menschen! es ist ihnen aber nicht zu helfen‹ oder ›Da mögt Ihr jungen Leute zusehen, ich bin zu alt dazu‹* antwortet.

List? Die Fähigkeit, sich auf Wesentliches zu konzentrieren?

Normale Begleiterscheinungen seines hohen Alters?
Dazu gehört wohl auch die zunehmende Steifheit seiner Glieder, die Vogel überliefert.

Bei Mahr ist vom *rüstigen Ausschreiten* die Rede, davon, daß er sich auf der steilen Treppe im Jagdhäuschen nicht helfen lassen will.

Auffällig ist zugleich, daß der große Wanderer und Spaziergänger, der Schlittschuhläufer und ausgezeichnete Reiter – noch mit vierundsechzig Jahren saß er in Ilmenau sechs Stunden zu Pferde – bei seinem letzten Aufenthalt im Thüringer Wald nur sehr kurze Strecken zu Fuß zurücklegt; meistens aber die *Chaise* bevorzugt.

Und seine Kleidung? Von einem *dunkelbraunen Tuchrock* spricht Mahr.
Trägt er auch seidene Strümpfe? Er, der einst, als kein Mann sich anders als in Seidenstrümpfen in Gesellschaft wagte, mit seinen Stulpenstiefeln, den ledernen Beinkleidern – der Wertherkleidung – provozierte?
Kaum kann man sich Goethe mit modernen Hosen, den nach der Französischen Revolution üblichen Pantalons vorstellen.

Mit zunehmendem Alter neigt er wohl eher dem Konservativen zu. Eine Episode mit seinen Enkeln, von Eckermann im Tagebuch unter dem 3. Februar 1830 festgehalten, gibt Aufschluß darüber.
Wolf erscheint vor dem Großvater mit einem Lockenkopf, der von einem Maskenball des Vortages herrührt.

Goethe *freut sich darüber und wünscht, daß er öfter ...*
seine Locken brennen lassen möge. Auch Eckermann gibt
er diese Empfehlung: ›*Wenn es nur wöchentlich ein paar-*
mal geschieht‹, *sagte er,* ›*es sieht doch gleich menschlicher*
aus, als wenn die Haare so schlicht an den Seiten herab-
hängen‹.

Wolf protestiert: *die Knaben würden mich auslachen.*

›*Laß sie lachen!*‹, *sagte Goethe,* ›*wenn Du nur besser*
aussiehst‹.

Eckermann springt Wolf zur Seite, erklärt, daß *Alle jün-*
geren Leute ..., *die nach der französischen Revolution ge-*
boren sind, *...* *meinen, es sei eine Art von Unredlichkeit,*
wenn man vorteilhafter zu erscheinen suche, als die Natur
einen gemacht habe.

Goethe, der nicht nur Eckermann das Haarbrennen,
sondern auch Frédéric Soret *ein Toupet* empfiehlt, zeigt
dafür kein Verständnis; von einer *wunderliche⟨n⟩ Genera-*
tion spricht er, *aber sie sollte nach und nach vernünftig*
werden.

Er selbst hält bis ins hohe Alter an der Gewohnheit des
Haarbrennens fest: *dem Haare schadet es gar nicht; ich*
habe die meinigen seit siebzig Jahren brennen lassen, und
sie sind immer noch gut, äußert er. Besonders wenn Da-
menbesuch zu erwarten ist, läßt er sein schütteres graues
Haar wellen. Friedrich Krause hat das mit der Brennschere
zu besorgen.

Goethe legt großen Wert auf ein gepflegtes Äußere.

Auch die tägliche Rasur gehört dazu. Als Krause ihn
1828 nach Dornburg begleitet, läßt er ihm (fast vier Jahre
ist der Dreiundzwanzigjährige da bereits in seinen Diensten) vom dortigen Barbier das Rasieren beibringen, damit

er ihm schnell zur Hand sein kann. Auch in den Tagen in Ilmenau wird er das besorgen.

Die Rückkehr vom Ausflug.
Das Mittagessen im Gasthof »Zum Goldenen Löwen«. Eine kleine Runde: Goethe, die Enkel, Mahr und von Fritsch.
Thüringer Küche, ein frugales Mahl?
Ausgesuchte Weine. Von Weimar mitgebracht? (Allein 48 Flaschen schenken die Frankfurter Freunde Goethe zu diesem Geburtstag.) Der Ilmenauer Wirt stellt seine schönsten Gläser auf den Tisch. Auch die Kinder trinken Wein.
Und die aufgetragenen Gerichte?
Überliefert ist ein *Tafelbuch* des Dieners Friedrich Krause, in dem die Mittag- und Abendessen verzeichnet sind. Es umfaßt den Zeitraum vom 25. Dezember 1831 bis 15. März 1832. Von den Tagen in Ilmenau ist nichts bekannt. Die Gasthofrechnung ist nicht überliefert.

Nach Tische die Herren Justizamtmann Schwabe, Superintendent Schmidt, Burgmeister Conta, trägt Goethe in sein Tagebuch ein.
Die offiziellen Vertreter der Stadt gratulieren.
Ein kurzer Empfang. Dankesworte vielleicht an Pastor Schmidt, den Verfasser der Verse, die ihm die *fünfzehn Frauenzimmerchen* am Morgen mitsamt dem *Kranz* auf dem *Kissen* brachten.

Dann bleibt Goethe allein. Er liest, wie am Vortag, in der »Geschichte der deutschen National=Litteratur« von Herzog. *Ich setzte obige Lectüre mit manchem Kopfschütteln fort.*
Post von Weimar trifft ein: *war ein Bote von Weimar mit allerley Sendungen gekommen.*

Darunter ein Brief von der Schwiegertochter: *Ich sende Ihnen hier das ›Chaos‹, bester Vater; doch wenn es auch in meinem Innern auf vielen Punkten chaotisch sein mag, so ist doch in einem Gefühl und einem Gedancken vollkommen Licht: in dem, Sie zu lieben und Ihnen anzugehören. Ihrer ergebenste Tochter Ottilie*

Gegen Abend lebhaftes aber kurzdauerndes Gewitter. Blitz, Donner und Regen, vermerkt das Tagebuch.

Die Kinder sind unterwegs.

Um halb Acht jene zurück, trägt Goethe ein.

Eben kommen wir etwas naß doch vergnügt von den langen Wiesen wo Vogelschießen ist, schreibt Wolf der Mutter in jenem Brief, unter dem steht: *Abends 1/2 9 Uhr* (GSA 37/XXXV II, 3).

Zum Ausklang des 82. Geburtstages überliefert Mahr: *Abends ließ ich mit Janitscharenmusik die ganze Kammerberger Bergknappschaft mit ihren Grubenlichtern aufziehen und ihm eine Abendmusik vor dem Gasthof Zum Löwen bringen, wobei die Bergknappen auch ›den Bergmann und den Bauer‹ dramatisch aufführten.*

Mit Vergnügen erinnerte Goethe *sich des Stückes aus früherer Zeit, da er noch mit dem Geh. Rath v. Voigt die Immediatcommision des hiesigen Silber- und Kupferbergbaues bildete.*

Kann man dem Wort *Vergnügen* trauen?

Wird nicht vielmehr *Cimmerien* lebendig?

Einen Tag danach schreibt Goethe jenen uns bereits vertrauten Satz, daß seine Ilmenau-Reise eine *Wallfahrt zu den Stellen früherer Leiden und Freuden* sei. Und wenig später: *Das Gelungene trat hervor und erheiterte, das Mißlungene war vergessen und verschmerzt.*

Der Erinnerung ist der Stachel genommen.

Mahr schreibt, die Aufführung des Spiels »Der Bergmann und der Bauer« *erfreute ihn* (Goethe) *ganz besonders, hauptsächlich wegen seiner beiden Enkel.*

Nicht vollständig erzählt wäre dieser 28. August, würde man nicht einen Gegenstand erwähnen, den Goethe mit auf die Reise genommen hat.

An seinem Geburtstag packt er ihn aus und stellt ihn vor sich hin: ein zerbrechliches böhmisches Glas mit den Eingravierungen von drei Namen.

Sein akribisch geführtes Tagebuch erwähnt das nicht.

Wir wissen es aus einem Brief, dem einzigen, den er an diesem Tag schreibt und den er ebenfalls nicht vermerkt.

Die Empfängerin des Briefes ist Amalie von Levetzow, die Mutter von Ulrike. *Heute, verehrte Freundin ... stelle ich jenes Glas vor mich, das auf so manche Jahre zurückdeutet, und mir die schönsten Stunden vergegenwärtigt,* schreibt er.

Der Zweiundachtzigjährige, der zu der Zeit eher Verbindungen zu alten Freunden abbricht, Erinnerungen abschüttelt, Zeugnisse gar vernichtet; *Correspondenz zu verbrennen angefangen,* notiert er wenig später, der Marianne von Willemer die Briefe ihrer Liebe versiegelt zurücksendet, damit dieses Kapitel seines Lebens schließend –, dieser Goethe knüpft an die fast ein Jahrzehnt zurückliegenden Ereignisse in den böhmischen Bädern an:

wende ich mich wieder zu Ihnen und Ihren Lieben, einige Nachricht erbittend, die Versicherung aussprechend: Daß meine Gesinnungen unwandelbar bleiben.
Die Erinnerung ist lebendig. Goethe nährt sie.

Wir unterbrechen hier wiederum unsere Erzählung, verlassen Ilmenau, wechseln Ort und Zeit, gehen, um uns diese *schönsten Stunden* zu vergegenwärtigen, nach Böhmen.

1806 lernt Goethe Amalie von Levetzow in Karlsbad kennen und ist von ihr entzückt.

Sie ist blutjung. Mit vierzehn hat sie ihren Mann getroffen, mit knapp fünfzehn geheiratet. Ihr Töchterchen Ulrike ist zweieinhalb.

1810 trifft er Frau von Levetzow in Teplitz wieder, sie ist geschieden und zum zweiten Mal verheiratet. Ulrike ist sechseinhalb, und zwei Schwestern sind hinzugekommen, die vierjährige Amalia und die zweijährige Bertha.

1821 begegnet Goethe der Familie zum dritten Mal, die drei Töchter sind herangewachsen. Frau von Levetzow ist Witwe, ihr Mann ist 1815 in der Schlacht bei Waterloo gefallen. Sie lebt in freier Liebe mit dem österreichischen Hofkammerpräsidenten Franz Graf von Klebelsberg, der sie als Katholik nicht heiraten darf, da ihr erster Mann, Ulrikes Vater, noch am Leben ist; erst nach dessen Tod, 1843, kann die Ehe geschlossen werden.

Ulrike ist siebzehn. Sie weilt mit Mutter und Schwestern zu Besuch bei ihren Großeltern Friedrich Leberecht und Ulrike von Brösigke, die in Marienbad dem Klebelsberg-schen Palais als Gastgeber vorstehen, in dem auch Goethe sein Quartier hat.

Nun ist es nicht mehr die Mutter, sondern die Tochter, die gefällt.

Die Marienbader Kurliste vermerkt unter dem 29. Juli: *Seine Exzellenz der Herr Johann Wolfgang von Goethe, großherzogl. Sächs. Großkreuz, aus Weimar.*

Das Wetter ist schlecht; *leider macht die Witterung bösen Eindruck auf jedermann*, notiert Goethe am 8. August. Einen Tag später: *Wegen des Regenwetters das Baden... ausgesetzt.* Am 15.: *Wäre das Wetter gut und ich könnte fort baden, besonders aber in der Gegend freyer umhergehen, so wäre alles viel besser.*

Um so wichtiger ist das Innen. Goethe ist zufrieden mit der Unterkunft; *das Gebäude ... groß und ansehnlich ... dreizehn Fenster in der Fronte.* Das Hauswesen sei *anständig und angenehm*, wie er Carl August mitteilt. *Der Tisch ist vortrefflich, der Wein gut, auch ist abends zum Thee immer eine große Gesellschaft da.*

Zu dieser Gesellschaft gehört auch die Schülerin Ulrike, die in Straßburg ein französisches Mädchenpensionat besucht.

Goethe wird ihr als Exzellenz und Staatsminister vorgestellt. Sie weiß nichts von seinem Dichterruhm; angeblich hat sie den Namen Goethe noch nie gehört, sie hat nichts von ihm gelesen; kennt nur Schiller und Voltaire.

Fünfundfünfzig Jahre Altersunterschied liegen zwischen der Schülerin und dem Dichter. Goethe ist mit seinen zweiundsiebzig Jahren für sie ein alter Mann, selbst ihr eigener Großvater, 1765 geboren, ist ein jüngerer Jahrgang als der berühmte Kurgast.

Der ihr nun an der Mittagstafel und bei den Abendgesellschaften seine Aufmerksamkeit schenkt; Fragen, nach Straßburg möglicherweise, Erzählungen, Belehrungen, Komplimente; alles in heiterster Art. Das Mädchen, unbefangen und neugierig, fühlt sich gewiß durch seine Zuwendung vor allen anderen ausgezeichnet.

Der Staatsminister geht mit vielen um, er hat oft Besuch. Sein Tagebuch erwähnt: Fürst von Thurn und Taxis, Freiherr von Münchhausen, Herr von Beulwitz, Geheimer Legationsrat Conta, Obrist von Lyncker, General Steinmetz, Prof. Zauper, Großfürst Michael von Rußland, *Flöteniste* Sedlaczek und andere. Er empfängt mehrfach den Herzog von Gotha, ebenso Frau von Heygendorff, die Mätresse seines Weimarer Mäzens, mit ihren Kindern und den Ilmenauer Oberforstmeister von Fritsch.

Goethe arbeitet, schreibt, ist ständig beschäftigt.

Und als sich das Wetter endlich bessert – am 20. August notiert er: *Erster vollkommen heitrer Tag –,* verführt ihn seine *Gesteinslust.* Mit Freunden fährt er los.

Die erbeuteten Mineralien werden auch noch numeriert, eingepackt und fortgesendet, heißt es am 21. August.

Einen Tag später erwähnt er in einem Brief an den Sohn – nach über drei Wochen in Marienbad – erstmals Ulrike von Levetzow. *Grüße Frau und Kinder, auch Ulriken, wenn sie gegenwärtig ist,* schreibt er. Mit Ulrike ist Ottiliens Schwester, die einundzwanzigjährige Ulrike von Pogwisch gemeint. *Zufälligerweise,* fährt er fort, *findet sich eine recht artige Ulrike hier im Hause, so daß ich auf eine und die andere Weise immer ihrer zu gedenken habe.*

Als er am 25. August Marienbad verläßt, um in Eger seinen Geburtstag zu feiern und dort noch bis zum 13. September zu verweilen, schenkt er Ulrike zum Abschied ein Exemplar seiner gerade erschienenen »Wanderjahre«. *Fräulein Ulrike von Levetzow zu freundlichem Andencken des Augusts 1821. Marienbad Goethe* lautet seine Widmung.

Am 27. August läßt er seinen Sohn wissen: *Von der neuen Ulrike ward mit einigem Bedauren geschieden.* Und Ottilie solle er ausrichten: *Mir ist es sehr wohl gegangen; es war in unserm Hause keineswegs so einförmig, wie sie sich es denken mag...*

Um sich Goethes Angetansein vorzustellen, braucht man nur das Porträt der Siebzehnjährigen zu betrachten.

Ein anonymes Pastellbild von 1821: ausdrucksstarkes Gesichtchen, dunkle Locken, volle Lippen, Hals und Nakken frei, zwei schmale Ketten, ein kleiner Ring im Ohr; das gesamte Persönchen eine einzige Ästhetik.

Aus vielen anderen Zusammenhängen seines Lebens ist überliefert, daß es die ganz jungen Mädchen, die Kindfrauen, die zierlichen Persönchen waren, die Goethes ästhetisches Empfinden, seine Sinne reizten, ihn in Hochform brachten. Man denke an Minchen Herzlieb; zu Recht war Christiane von Goethe wohl auf sie eifersüchtig. Oder an Christianes Gesellschafterin Caroline Ulrich, an den zärtlichen und zugleich unverhüllt erotischen Ton, den er ihr gegenüber anschlägt. An Adele Schopenhauer, an Julie von Egloffstein oder an Silvie von Ziegesar.

Daß aber auch die Schülerin Ulrike die Aufmerksamkeit des alten Dichters durchaus genoß, kann man einem Brief Frau von Brösigkes entnehmen. Am 23. April lädt sie Goethe wieder nach Marienbad ein. Spricht von der Verehrung ihrer Tochter für ihn. Über die Enkelin heißt es: *Und wie wird sich Ulrikchen freuen, wenn sie wieder Töchterchen genannt wird, worauf sie so stolz ist.*

1822 trifft Goethe am 19. Juni in dem böhmischen Bad ein. *Bey'm herrlichsten Sonnenuntergang und frischem Nordwind angekommen und eingezogen,* notiert er am Tag der Ankunft. Zunächst bewohnt er ein Zimmer in der obersten Etage. Am 2. Juli vermerkt das Tagebuch: *Neue Einrichtung.* Dem Sohn schreibt er: *Ich bin in die erste Etage herunter gezogen, wo ich so zierlich und bequem wohne wie vorm Jahr.*

Die *ersten vierzehn Tage in Marienbad* seien *ohne sonderliches Interesse vorübergegangen,* berichtet er dem Herzog.

Wieder arbeitet er, beschäftigt sich mit den Hussiten, mit böhmischer Geschichte, liest griechische Balladen, verfolgt die Freiheitsbewegung des griechischen Volkes. Führt Gespräche mit hohen Militärs, die Augenzeugen der Leipziger Völkerschlacht und der Jenaer Schlacht waren, empfängt unter anderem den Major Wartenberg und den russischen Fürsten Lobanov-Rostowski. Er lernt den Benediktiner Joseph Stanislaus Zauper kennen. Ein Brief an Carl August vom 7. Juli vermerkt: *Den Prälaten habe ausführlich und vertraulich gesprochen.*

Von Buch, dem bereits erwähnten Geologen, dagegen hält er sich fern; *der Weltbereiser kündigte sich gleich als Ultra-Vulkanisten an, und suchte ... mich zum Gespräch zu verleiten; aber vergebens, und so ward denn mit dem ersten Geologen von Deutschland kein geologisches Wort gesprochen.*

Die Ankunft des Paläobotanikers und Präsidenten der böhmischen Museen, Caspar Maria Graf von Sternberg dagegen erfreut ihn sehr. Er sei *höchst unterrichtet, mittheilend ...* Vom 11. Juli an ist Goethe täglich mit ihm zusammen. *Wir gedenken einige Excursionen zusammen zu machen*; sein *Aufenthalt* habe durch ihn *eine ganz andere Gestalt* gewonnen, schreibt er, *und so waren wir denn zwey Wochen beysammen, wo Tausendfältiges zur Sprache kam...*

In den fünf Wochen, die Goethe nach dem Verlassen Marienbads noch in Eger verbringt, finden diese Exkursionen statt; er trifft Sternberg dort wieder. Die Begegnung mit ihm bezeichnet Goethe als den *größten Gewinn* seiner Böhmen-Reise 1822.

Und Ulrike von Levetzow?

Von *hübschen Mädchen* – ist die Rede. In seinen Aufzeichnungen heißt es, ebenfalls in der Mehrzahl, am 3. Juli: *Mit den Kindern auf der Terrasse.* Auch Ulrikes Schwestern sind zugegen, die sechzehnjährige Amalie und Bertha, die vierzehn ist.

Daß Goethe Ulrike im Tagebuch nicht namentlich erwähnt, ist keineswegs Verschwiegenheit; die Gelegenheiten, bei denen sie sich begegnen – fast immer im Beisein anderer – sind die *Haustafel*, der *Familientisch*, sind Spazierfahrten und Bälle.

Während seines gesamten Aufenthaltes, vom 19. Juni bis 24. Juli, ist Goethe wohl fast täglich mit ihr zusammen. Die Eintragungen belegen es. Beispiele: 26. Juni: *Abends bey der Gesellschaft, die zum Balle beysammen blieb.* 27.: *Vor dem Hause mit Mehreren.* 28.: *Abends vor der Thüre.* 29: *Vor dem Hause große Zusammenkunft. – Gute Nacht!*

3. Juli: *War Ball im Hause.* 5.: *Abends mit der Familie spazieren gefahren.* 15.: *Abends am Familientisch.* 16.: *Abends mit der Familie.* 17.: *Abends Ball.* 19.: *Nachts mit der Familie.*

Nur selten Einträge wie: *Sodann für mich.* Am 6., 8., 9.
Am 14.: *Blieb nachts für mich.* Am 18.: *Nachts für mich.*

Goethe wird resümieren: *Sehr behaglich* habe er sich *in
diesem Kreise* gefühlt. Vertrautes Zusammensein, heiteres
Zwiegespräch. *Jüngere zu gewinnen* sei jetzt sein *unabläßlicher Wunsch*, äußert er.

Auffällig oft vermerkt das Tagebuch Bälle.

Überliefert ist, daß der Dreiundsiebzigjährige in Marienbad tanzt.

Gewiß auch mit Ulrike. Aber darüber gibt es kein Zeugnis.

Kurioserweise findet sich ein erster namentlicher Beleg
über ihr Zusammensein mit Goethe in einem Spitzelbe-
richt der Marienbader Badepolizei.

Im Auftrag Metternichs wird der Weimarer Minister
überwacht. Goethe ahnt es; umgeht zumindest die Post-
zensur, das Wichtigste werde er *dem Papier nicht anvertrauen*, läßt er Carl August wissen.

Also werden Gespräche abgehört, Dritte und Vierte
ausgefragt. Der Marienbader Polizist Ignaz Kopfenber-
ger wird damit beauftragt. Bereits am 30. Juni, elf Tage
nach Goethes Ankunft, berichtet er seinem Vorgesetzten,
dem österreichischen Staatsminister Graf Kolowrat: *Aus
mehreren Äußerungen konnte man seine Teilnahme an
dem noch ungewissen Schicksale der Hellenen wahrnehmen.*

In Ermangelung weiterer politischer Informationen wird
die Privatsphäre bemüht. Über den Observierten heißt es:
*Still und zurückgezogen in seinem Betragen ist derselbe
nur für wenige aus der Badegesellschaft zugänglich. Die*

Abende bringt derselbe größtenteils in der Gesellschaft der Familie von Levetzow zu, und erscheint vorzüglich an der Seite des ältesten Fräuleins, Ulrike von Levetzow, die ihn entweder mit Gesang oder einigen scherzhaften Gesprächen unterhält...

Dann bedient sich der Spitzel, grob denunzierend, des noch Jahre nach dem Tod von Goethes Ehefrau über sie kursierenden Klatsches, schreibt, *dieses Fräulein lasse* Goethe *wenigstens für einige Augenblicke die Unbilden... vergessen, welche er durch die verunglückte Heirat seiner ehemaligen, unter dem Namen Vulpius bekannten Wirtschafterin zu dulden hat.*

Als Goethe Marienbad verläßt, schenkt er Ulrike von Levetzow zum Abschied sein gerade in Stuttgart bei Cotta erschienenes Erinnerungsbuch »Aus meinem Leben. Zweite Abteilung Fünfter Theil. Auch ich in der Champagne!«.

Diesmal ist die konventionelle Widmung einer intimen gewichen. Als *Freund* der Beschenkten bezeichnet sich der Verfasser. *Wie schlimm es einem Freund ergangen, / Davon giebt dieses Buch Bericht; / Nun ist sein tröstendes Verlangen: / Zur guten Zeit vergiß ihn nicht! M.B. d 24 Juli 1822.*

Als Unterschrift nur der Anfangsbuchstabe seines Namens, ein schwungvolles G.

Nach dem Abschied hat Goethe wohl das später »Äolsharfen« genannte Gedicht mit den Zeilen: *Ja du bist wohl an Iris zu vergleichen! / Ein liebenswürdig Wunderzeichen. / So schmiegsam herrlich, bunt in Harmonie / Und immer neu und immer gleich wie sie* niedergeschrieben.

Er schickt diese Verse nicht an Ulrike, widmet sie ihr

auch nicht. Als *Liebeschmerzlicher Zwie-Gesang unmit-telbar nach dem Scheiden* schreibt er sie am 6. August in Eger in das Stammbuch des Kapellmeisters Tomaschek aus Prag.

Im zweiten Sommer wohl eine größere Nähe und Vertraut-heit.

Im Winter Korrespondenz. Auch von seiten Ulrikes. Am 9. Januar dankt er ihr: *Es sind gerade die Tage und Stun-den, da Sie mein auch in einem Höheren Grade gedachten und Neigung fühlten es auch aus der Ferne auszusprechen.* Was sie schrieb, ist nicht überliefert. (Goethe, der große Spurenverwischer, hat die Überzahl der Briefe, sowohl die der Mutter als auch die der Tochter, vernichtet.)

An diesem 9. Januar denkt er bereits an den kommen-den Sommer in Marienbad; seine *schönste Hoffnung fürs ganze Jahr sey in den heitern Familien-Kreis wieder hinein zu treten.*

Und er spricht von sich als *der liebende Papa* und von Ulrike als *seiner treuen schönen Tochter.*

Er ist es, der die Rollen festlegt. Der *Freund.* Der väter-liche Freund. Der Vater.

Meine Liebste nennt er sie, von ihren *töchterlichen Ge-sinnungen* ist die Rede, die er *auch für die nächste Zeit in Anspruch* nehme.

Möge mir an Ihrer Seite jenes Gebirgsthal mit seinen Quellen so heilbringend werden und bleiben als ich wün-sche Sie froh und glücklich wieder zu finden.

Wenige Wochen danach erkrankt der Dreiundsiebzigjäh-rige.

Ein *unbesiegbare⟨r⟩ Schmerz* auf der Brust, von dem er

fürchtet, daß er ihn *an die Schwelle* seines *Lebens bringen* wird; fünf Wochen Ungewißheit, der *Tod* stehe *in allen Ecken* um ihn herum. Es ist jener bereits erwähnte schwere Herzinfarkt.

Diese Erfahrung der Todesnähe im Februar/März 1823 ist wohl der Schlüssel zum Verständnis der Ereignisse des dritten Sommers mit Ulrike von Levetzow in Marienbad.

Aus dem väterlichen Freund wird ein selbstvergessen Liebender.

Kaum von der Nachtseite zurückgekehrt, habe er sich *auf der Tags- und Sonnenseite schon wieder vom wirbelnden Leben ergriffen* gefühlt.

Die Liebe als Lebenselixier.

Hatte er sich nicht schon einmal – in der Leidenschaft für Marianne von Willemer – *verjüngt* und zu *neuem Leben ... wiedergeboren* gefunden?

Auch jetzt spricht er von *Verjüngung*, von *neuem Leben*; die *Zeit in Marienbad* habe er *wie in's Leben zurückkehrend zugebracht*.

So sein Fazit.

Aber nehmen wir nichts vorweg.

Am 2. Juli trifft er in Marienbad ein.

Da Herzog Carl August im Klebelsbergschen Palais logiert, muß Goethe sich mit einem anderen Quartier begnügen: *... meine Wohnung ist das auf der Schattenseite liegende obere Eckhaus gleich links an der Reihe der größern Gebäude.* Vier Zimmer in der »Goldenen Traube« hat er inne. *... ich kann aus meinen Fenstern*, schreibt er

seinem Sohn, *alles sehen, was auf der Terrasse* (des Palais)
vorgeht, und mich auch ganz bequem hinüber bewegen.

Auch am Familientisch sitzt diesmal Carl August. Goethe muß auf die schöne Geselligkeit an der *Haustafel* und auf die gute böhmische und österreichische Küche von Ulrikes Großmutter verzichten. *... ich lasse das Essen aus dem Traiteur-Hause holen, wo ich sechs Schüsselchen erhalte und mir soviel auswählen kann, daß ich satt werde...*

Der Blick von seinem Zimmer auf die *Terrasse.* Neun Tage Geduld werden ihm abverlangt. Erst am 11. Juli vermerkt sein Tagebuch: *War Frau von Levetzow und Töchter angekommen.*

Noch am gleichen Tag das Wiedersehen: *Abends bey der Gesellschaft.*

Nun nehmen die Dinge ihren Lauf.

Tägliche Zusammenkünfte. Bälle, Redouten, Pfänderspiele. Die Terrasse als Schauplatz. Das Wetter ist schön: Ausflüge, Spaziergänge, Flanieren am Trinkbrunnen.

Und wie immer ist Goethe auch während seiner Kuren tätig. 1823 arbeitet er an den »Tag- und Jahresheften«, diktiert sie John, seinem Schreiber. Dieser ist auch für die Wetterbeobachtungen zuständig, die er akribisch eintragen muß. Während der Diener Stadelmann vom Wolfsberg Unmengen von Mineralien herbeizuschleppen hat. Sie werden begutachtet, vorgeführt, katalogisiert.

Und wie stets gesellschaftliche Verpflichtungen. Besucher, die um eine Audienz bitten. Neue Gäste. Die polnische Pianistin Madame Szymanowska; Goethe nennt sie eine *schöne liebenswürdige* Frau, eine *zierliche Tonall-*

mächtige; ihr Spiel sei *köstlich*; er besucht sie mehrfach, widmet ihr ein Gedicht. Ebenso Lili Parthey; diese bezeichnet die Begegnung mit dem von ihr verehrten Dichter und den Kuß, den sie ihm gibt, als Höhepunkt ihres Lebens (*glücklicher war ich gewiß noch nie, und der Culminationspunkt meiner Existenz ist vorüber*, schreibt sie in ihr Tagebuch).

Der berühmte Kurgast inmitten des Badetrubels.

Dennoch, es ist, als ob all dies im Sommer 1823 wie auf einem Hintergrund abliefe und für Goethe eine einzige Sache existentiell wird: Ulrike von Levetzow.

Zieht er einen *magischen Kreis* um sich, in den nur die Liebe Zutritt hat? Fast scheint es so.

Seinem Altersfreund Zelter vertraut er an: er wolle sich schützen vor den *trostlos⟨en⟩ ... politischen Dingen*, die, *wohin man auch horcht, zu vernehmen* seien, ebenso wolle er sich *von ästhetischen Gesprächen und Vorlesungen ... befreyen ...* daher *hatte ich mich auf sechs Wochen einem sehr hübschen Kinde in Dienst gegeben, da ich denn vor allen äußern Unbilden völlig gesichert war*.

Der Vorsatz der Liebe. Die Rolle des Troubadours.

Es ist sein *Geheimniß*.

Von einem solchen spricht er seinem Sohn August gegenüber in einem Brief vom 25. Juli, dem er seine Marienbader Tagebuchaufzeichnungen vom 11. bis 24. Juli beilegt. Mit Blick auf seine Schwiegertochter heißt es: *Wenn Dame Ottilie ... im Tagebuch den Worten ›Terrasse‹, ›Gesellschaft‹, ›Familie‹ den rechten Sinn zu geben* wisse, *so ist sie ganz in meinem Geheimniß*.

Am 4. August vertraut er Ottilie die Erlebnisse eines

Festes an. *Ich gelangte erst um Mitternacht zu Hause,* schreibt er ihr, *woraus du errathen wirst, daß außer Tanz, Thee, Abendessen und Champagner, wovon ich nichts mitgenoß, sich noch ein Fünftes müsse eingemischt haben, welches auf mich seine Wirkung nicht verfehlte.*

Auch ohne Champagner ist er trunken…

Mit Blick auf die Verursacherin heißt es anspielungsreich: *Grüße Ulriken, deren Name als vorzüglichstes Ingredienz dieser Zustände sich täglich beweist.*

Im Haus am Frauenplan sind Goethes Nachrichten aus Marienbad Tagesgespräch.

Auch im Beisein der Kinder.

In ihrem Antwortbrief schreibt Ottilie dem Schwiegervater: *Der kleine Walther* (er ist fünf) *erzählt allen Besuchenden von Ihren Ballschwärmereien.*

Goethe besteht daraufhin keineswegs auf Diskretion; im Gegenteil, er gefällt sich in der Rolle. Am 14. August erwidert er der Schwiegertochter: *Grüße und küsse die Kinder; es ist recht lustig, wenn die Enkel über des Großvaters Thorheit erstaunen und sie sich als wichtige Begebenheiten einprägen.*

Die *Thorheiten* des *Großvaters.*

Zu diesem Zeitpunkt brodelt die Gerüchteküche der böhmischen Bäder bereits heftig. Erzählt wird, der fast Vierundsiebzigjährige soll sich mit Heiratsabsichten tragen, soll um die Hand der Neunzehnjährigen angehalten haben.

Er sei *in ein junges Mädchen verliebt,* sei *ganz weg, er will sie – heuraten. Welch eine dichterische Raserei!* schreibt der livländische Staatsrat Georg von Foelkersahm, der Vater einer Freundin von Ulrike, nach Riga.

Caroline von Humboldt, die sich in Karlsbad aufhält, weiß ihrem Mann am 12. August zu berichten: *Man spricht hier viel von zwei Fräulein von Levetzow, ohne die man Goethe selten oder nie in Marienbad zu sehen bekäme. Man sagte vorige Woche sogar, er hätte die Älteste geheiratet.*

Am 19. August sucht Frau von Humboldt Goethe in Marienbad auf. Das Gespräch dreht sich um *den Goldkristall* des *Doktor Liboschütz*; von der bewußten Sache kein Wort, Goethe schweigt, sie wagt nicht zu fragen.

Aber es läßt ihr keine Ruhe, sie zieht – offenbar an Ort und Stelle – Erkundigungen ein; bei *Bekanntinnen* von Ulrikes Großmutter wird sie fündig. Am letzten Augusttag schreibt sie nach Berlin: *Frau von Brösigke hat Bekanntinnen, die in ihrem Hause wohnen, erzählt, Goethe habe ihrer Enkelin seine Hand angetragen und ihr gesagt, sie würde auch in seiner Familie von seinem Sohn und Schwiegertochter sehr geehrt und auf Händen getragen werden. Vom Großherzog aber würde sie als seine Witwe 2000 Taler Pension jährlich haben. Das Fräulein aber, sagte die Großmama, könne sich nicht zu einer im Alter so sehr ungleichen Heirat verstehen.*

Über ein halbes Jahrhundert später wird Ulrike von Levetzow es selbst sein, die Goethes Heiratsabsicht nachdrücklich bestätigt.

Sie überlebt Goethe um siebenundsechzig Jahre. Am 13. November 1899, ein Jahr vor der Wende zum 20. Jahrhundert, stirbt sie im hohen Alter von fünfundneunzig Jahren. Alle Goethe Nahestehenden sind bereits tot. Eckermann ist 1854, Riemer 1845, Kanzler Müller 1849 gestorben. Goethes Schwiegertochter 1872, die Enkel 1883 und 1885.

Ulrike von Levetzow ist eine der letzten Zeugen.

Ihre frühe Nähe zu Goethe läßt sie lebenslang als prominent erscheinen.

Auf sie, die wie Friederike Brion unverheiratet bleibt, ihr Leben in Trziblitz in Böhmen – auf Schloß und Gut ihres Stiefvaters von Klebelsberg – verbringt, konzentriert sich die Neugier.

Zu ihrem 95. Geburtstag gibt der Prinz von Wales, der spätere König Edward VII., eine Fotografie in Auftrag; sie zeigt eine noch immer zarte Gestalt; schwarzes Habit, strenge Züge: die Baronin und Stiftsdame zum Heiligen Grabe Ulrike von Levetzow.

Die Weimarer Goethe-Gesellschaft ernennt sie zum Ehrenmitglied. Ein Kranz von Herbstblumen aus Goethes Garten wird ihr Grab in Trziblitz schmücken.

Bereits kurz nach 1832 hat man von Weimar aus Mutter und Tochter – Ulrike ist achtundzwanzig, Amalie zweiundvierzig – um die Rückgabe von Goethes Briefen gebeten.

Sie kommen dem nicht nach, nicht zuletzt wohl, weil man nicht umhinkann, sie wissen zu lassen, daß Goethe die überwiegende Zahl ihrer eigenen Briefe vernichtet hat.

Erst im Alter (ihr Stiefvater ist 1854, ihre Mutter 1868, die Schwestern sind 1832 und 1884 verstorben) entschließt Ulrike von Levetzow sich, dem neueingerichteten Weimarer Archiv, der Sammlung der Großherzogin Sophie, die an sie und ihre Mutter gerichteten Briefe Goethes zu übergeben.

Am 28. Oktober 1887 schickt sie diese mit der Bemerkung, sie *dem Goethe-Archiv unter Wahrung Höchstihrer Eigentumsrechte einzuverleiben und ganz nach Gutdünken über die Veröffentlichung zu verfügen.*

Wenig später übersendet sie verwelkte Blüten, *den letzten sehr kleine⟨n⟩ Rest der vielen Blumen welche Goethe mir in Marienbad 1823 von seinen Spaziergängen mitbrachte.*

Sie, die lange geschwiegen hat, läßt sich nun, bedrängt von Goetheverehrern, ausfragen, unter anderem von dem Prager Germanisten Sauer und dem Wiener Journalisten Stettenheim.

Und sie läßt sich zur Niederschrift ihrer Erinnerungen überreden, begründet das Festhalten der lange zurückliegenden Ereignisse, daß sie damit auch all den *falschen, oft fabelhaften Geschichten, welche darüber gedruckt wurden*, entgegenwirken wolle, und bedauert, daß sie Wesentliches, zum Beispiel Goethes Wiedergabe des Inhalts seiner »Wanderjahre«, nicht aufgezeichnet habe, dies sei *sicher von viel größerem Interesse als viele Briefe und Zettel, von welchen man jetzt ein solches Wesen macht.*

Dennoch bildet keineswegs Goethes Werk, sondern die Heiratsgeschichte den Mittelpunkt ihrer Erinnerungen.

Herzog Carl August weist sie dabei als Brautwerber die Rolle des Hauptakteurs zu. Er *war es, welcher meinen Eltern und auch mir sagte, daß ich Goethe heiraten möchte.* Er habe ihr die Heirat *von der lockendsten Seite* geschildert, *wie ich die erste Dame am Hof in Weimar sein würde, wie sehr er, der Fürst mich auszeichnen wolle, er würde meinen Eltern gleich ein Haus in Weimar einrichten und übergeben..., für meine Zukunft wolle er in jeder*

Weise Sorge tragen; nach Goethes Tod wolle er eine *jähr-*
liche Pension von 10 000 Talern aussetzen.

Einerseits legt sie großen Wert darauf, Goethes Begehren ihrer Person zu betonen.

Andererseits stilisiert sie sich, um die Unmöglichkeit der
Verbindung zu bekräftigen, zum *Kind.*

Niemand habe *in dem vielen Zusammensein etwas An-*
deres als ein Wohlgefallen eines alten Mannes, welcher
mein Großvater hätte sein können nach Jahren, zu einem
Kind, welches ich ja noch war, gesehen, schreibt sie. Es sei
keine affaire d'amour, *keine Liebschaft* gewesen.

Ob es Nachsicht Goethe gegenüber war, um die Härte
ihrer Abweisung zu verdecken, oder ihrer eigenen beziehungsweise der Prüderie des ausgehenden 19. Jahrhunderts geschuldet ist, bleibt dahingestellt.

Die Sentimentalität der Überlieferung jedenfalls bekommt damit neue Nahrung. Nicht zuletzt hat ihre Äußerung dazu beigetragen, daß die Heiratsgeschichte ein be-
liebter Gegenstand der Goethe-Biographik wird.

Dabei müssen wir uns ins Bewußtsein rufen: Verläßliche
Quellen und tatsächliche Belege aus der Zeit existieren
nicht.

Kein einziges Wort des Herzogs ist überliefert. Keines
von Amalie von Levetzow. Keines von Goethe selbst.

Vorsicht und äußerste Zurückhaltung sind daher geboten.

Einzig Goethes »Marienbader Elegie« ist als authentische
Quelle zu sehen.

Aber: sie rührt an die Lebenstatsachen, ohne sie aufzuklären; im Gegenteil, das gelebte Leben ist bereits in Dichtung verwandelt, Biographisches bereits in Sprache übergeführt und in ihr aufgehoben.

Und: nicht Annäherung und Glück, sondern Trennung und Schmerz sind der Gegenstand der »Marienbader Elegie«.

Goethes Tagebücher und Briefe dagegen verschlüsseln die Geschehnisse, halten sie lediglich bruchstückhaft fest oder verschweigen sie.

Was wirklich in diesem Sommer 1823 geschehen ist, wird niemals zu erfahren sein.

Und müssen oder wollen wir es überhaupt wissen, ob er um die Hand des Mädchens anhielt – angesichts seiner berührenden, den Zusammenhang von Liebe, Alter und Tod thematisierenden und uns in unser Eigenes führenden großen »Marienbader Elegie«? Stellt nicht diese Dichtung die höhere Wahrheit dar?

Sinnfällig macht sie, daß der *Dienst* an dem *hübschen Kinde* Goethe unversehens in einen leidenschaftlich Liebenden verwandelt hat, und es ist daher nicht ausgeschlossen, daß er dem Augenblick seines *Glücks* Dauer verleihen wollte, die junge Frau an seiner Seite in Weimar sah, als Traum, als Wunsch ...

Ob Traum und Wunsch aber je die Schwelle der Realität erreichen, überschreiten, Zweisamkeit tatsächlich erwogen wird, sollte für immer sein Geheimnis bleiben.

Goethe selbst sprach nie darüber, weder mit meiner Mutter noch mit mir, überliefert Ulrike von Levetzow.

Bleibt also der Herzog, von dem, wie gesagt, ebenfalls kein Wort überliefert ist. Dennoch wollen wir dieser Spur noch einen Moment folgen.

Über einen Monat wohnt Carl August im Klebelsbergschen Palais, sitzt täglich am *Familientisch*.

Am 8. August verläßt er Marienbad.

Auffällig ist ein radikaler Umschwung von Goethes Stimmung in der Zeit kurz vor Carl Augusts Abreise und unmittelbar danach.

Der *Mittler*, der Brautwerber. Der Weimarer Herzog ist nicht unbedingt für seine Feinsinnigkeit, eher für seine Direktheit bekannt. Sprach er ohne Goethes Wissen? Mit seinem Wissen? Vergriff er sich im Ton bei seinen Reden, die er an der *Haustafel* führte? War es vielleicht eher die Ebene des Scherzes, der Anspielungen, auf der er sich bewegte?

Erhoffte er für seinen Hof, den Goethe zu diesem Zeitpunkt schon entschieden mied, einen Zuwachs an Geselligkeit? Hatte er vielleicht über Graf Klebelsberg sogar eine Verbindung von Wiener und Weimarer Hof im Sinn (sein Versprechen, den Eltern ein Haus zur Verfügung zu stellen)? Wollte er, der sah, wie es um Goethe bestellt war, seinem Freund helfen? War sein Angebot so über alle Maßen großzügig, weil er sich sicher war, daß diese Heirat nicht zustande kommen würde?

Auf all das gibt es keine Antwort.

Durch ihn aber müssen – in welcher Form auch immer – die Karten auf den Tisch gelegt worden sein.

Ernüchterung und Rückzug auf allen Seiten ist die Folge.

Am 7. August wird im Klebelsbergschen Palais eine Verlobung gefeiert, die Goethe als Spiegelbild seiner eigenen

Wünsche hat sehen können. Es ist Wilhelm Rehbein, sein Hausarzt aus Weimar, der, verwitwet, in Marienbad ein junges Mädchen gefunden hat, es mit nach Thüringen nimmt. (Nur drei glückliche Ehejahre sind ihm vergönnt.) *Fräulein Meyer ward als Rehbeins Braut vorgestellt und des Paares Gesundheit getrunken,* notiert Goethe in sein Tagebuch. *Bekam mir nicht. Schlimme Nacht.*

Einen Tag später, Carl August verläßt Marienbad, Goethes Eintrag: *Befand mich nicht wohl, schlimme Nacht.*

Am 9 August: *Frau v. Levetzow krank.*

Auch sein krankhafter Zustand hält an. Am 13. die Notiz: *Dr. Heidler, das Nächste verordnet.*

Ein völliger Stimmungsumschwung; ein Tiefpunkt: *in wenigen Tagen* sei *die belobte Terrasse zur vollkommenen Wüste geworden,* schreibt er am 14. August der Schwiegertochter. Am gleichen Tag vermerkt sein Tagebuch, als ob er wie ein Unbeteiligter zusehe: *Es wurde gehupft und galoppirt wie immer.*

›*Die schönen Tage von Aranjuez sind nun vorüber!*‹ heißt es an Ottilie, auf Schillers »Don Carlos« anspielend, *so pflegen die Weimaraner zu sagen, wenn sie eine vergangene heitere Zeit zu beklagen Ursache finden.*

Und: *In wenig Tagen ist das hiesige Mährchen ausgespielt.*

Die lebenskluge Amalie von Levetzow, die offensichtlich weiß, das *Töchterchen* will und wird sich nicht in eine Liebende verwandeln, die Goethes Zustand sieht, entschließt sich, um weiterer Peinlichkeiten aus dem Weg zu gehen, zu einem Ortswechsel. Sie muß es Goethe mitgeteilt haben.

Bereits am 13. August notiert er: *Plan auf Carlsbad zu gehen.*

Am 16.: *Die Frauenzimmer waren nicht abgereist.* Einen Tag noch Aufschub.

Am 17.: *Die Familie bereitete sich zur Reise.* An diesem 17. August verläßt Ulrike mit ihrer Mutter und den Schwestern Marienbad.

Goethe bleibt allein zurück, verstört und ratlos.

Von *extemporirte⟨m⟩ Tagesinteresse, wo im Wirbel der verschiedensten Elemente sich ein gewisses Irrsal bewegt, das die Übel vermehrt, von welchen man sich befreyen möchte*, schreibt er am 18. August Ottilie.

Von der *Bittersüße des Kelchs, den ich bis auf die Neige getrunken und ausgeschlürft habe*, ist die Rede, von *köstlichen Erfahrungen*, die er gemacht habe. Und mit Blick auf Ulrikes Abreise: *Alles ... was mich leben machte, ist geschieden ...*

Am 20. verläßt auch er Marienbad. Fährt nach Eger. Von dort schickt er Klaviernoten mit der Bemerkung: *Dieser Sendung wird die allerliebste Ulrike wohl ein heitres Gesichtchen zuwenden das Ihr so wohl steht.* Goethe unterzeichnet mit *treulich wie immer, diesmal ungedultig.*

Ungedultig! Er, der in den vergangenen beiden Jahren aus eigenem Entschluß Marienbad, Ulrike und die Familie verließ, um noch mehrere Wochen in Eger zu bleiben, hält es 1823 nur fünf Tage dort aus.

Die *Hoffnung eines nahen Wiedersehens* sei *zweifelhaft*, klagt er. Und erzwingt dieses Wiedersehen. Er reist Ulrike nach.

Sein Tagebuch vom 25. August: *Gegen 4 Uhr in Carlsbad ... Meldung bey Frau von Levetzow. Über ihr im 2. Stock vom goldenen Strauß eingezogen.*

Seine Anwesenheit. Alles scheint harmonisch wie vordem. Die alte Vertraulichkeit setzt sich fort.

Tagebucheinträge: 25. August: *Mit der Familie gegen den Posthof.* 26.: *Mit der Familie gefrühstückt. Sodann für mich bis halb 2 Uhr. Nachher Almanache und andere kleine Kupfer mit Ulricken.* Die letzten zwei Worte fügt er, der seinem Schreiber John diktiert, später eigenhändig ein; eine kleine Geste seiner jünglingshaften Verliebtheit.

Am 26. noch: *Bey'm Abendessen ... Verabredung wegen einer Parthie nach Elbogen.*

Am 27.: *Tanzthee im sächsischen Saal ... Zu der Schlußpolonaise forderte mich eine polnische Dame zum Tanz auf, den ich mit ihr herumschlich und mir nach und nach bey'm Damenwechsel die meisten hübschen Kinder in die Hand kamen.* Gewiß auch Ulrike.

Der 28. August – sein Geburtstag. Er habe in *das neue Jahr hinüber tanzen* müssen, berichtet er dem Sohn, spricht von *Wohlbefinden an Leib und Geist.*

Die verabredete *Parthie.* Ein Ausflug in das zwei Wegstunden entfernte am Fluß Eger gelegene Elbogen. Goethe ist der Einladende, Stadelmann und John fahren voraus, arrangieren alles. Man speist im »Weißen Roß«. Daß es sein Geburtstag ist, wird weder von ihm noch von Frau von Levetzow und ihren Töchtern erwähnt. Aber natürlich wissen sie es. In ihr Geschenk ist das Datum eingraviert. Vom Tag des *öffentlichen Geheimnisses* wird Goethe später sprechen. Sein Tagebuch vom 28. August 1823 vermerkt: *Glasbecher mit den drey Namen und dem Datum.* Es ist jenes Glas, das nun, acht Jahre später, in Ilmenau vor ihm auf dem Tisch steht.

Glücklich zurückgekehrt bey einbrechender Nacht, schließt Goethe die Aufzeichnung seines 74. Geburtstages.

Einen Tag danach heißt es: *Übrigens ist es gut, daß ich meinen Wagen bestellt habe, denn Witterung und Zustände sind so verführerisch, daß ich mich gar wohl dürfte verleiten lassen, in diesen böhmischen Zauberkreisen noch eine Zeitlang mit umzukräuseln.*

30. August: *Um 4 Uhr ausgefahren auf Engelhaus ... Auf dem Straßen-Hause späten Kaffee. Anlässe zu Spaß und Spott. Bey dem herrlichsten Wetter nach Hause. Carlsbad mit Zimmerlichtern und Straßenlaternen. Heitere Verwechslung der Sterne. Um 9 Uhr angelangt ... Man blieb noch lange beysammen.*

Am letzten Augusttag notiert er: *Nachts zusammen. Die jüngeren zeitig zu Bette. Blieb mit Frau von Levetzow und Ulricken in vielfachen Erinnerungen.*

1. September: *Frau von Levetzow und Ulricken zum Schilde begleitet ...*

2.: *Pferde zum Spazierenfahren ... bestellt. Frühstück auf der Wiese.*

3.: *Gegen 4 Uhr auf Aich. Kleid von gegittertem ächten schottischen Zeuge, das sehr gut stand ...* (Noch Jahre später wird er sich an dieses Kleid Ulrikes erinnern.) *Über den Hammer zurück, ... sehr schöne Fahrt, warmer Abend ... Nach 7 Uhr entstand von Westen her ein Wetterleuchten. Spazierend lange zugesehen. Sprühregen ... Ulrike fuhr fort den schwarzen Zwerg –* von Walter Scott

*– zu lesen, im ganzen natürlich und gut; sie müßte sich zu
mehr Energie und Darstellungs-Lebhaftigkeit bequemen.
Man blieb beysammen ... Gegen 10 Uhr sah man schon
wieder die Sterne an dem theilweis bedeckten Himmel.*

4. September: *Abends mit der Familie. Jugend-Einzel-
heiten der Töchter.*

Am Morgen des 5. September verläßt Goethe Karlsbad.

*Abgefahren nach 9 Uhr. Bey kaltem Westwinde heiteres
Wetter, viel aufgeregter Staub.*

Nochmals hält er in Eger. Von dort schickt er Ulrike am
10. September eine Sendung, die sechs mit Goldschnitt
versehene, von ihm selbst numerierte Sedezblättchen enthält (es sind jene, die die Empfängerin vierundsechzig Jahre später dem Weimarer Archiv übergibt).

Auf dem ersten das Gedicht »Aus der Ferne« mit den
Zeilen: *Denn wie ich Dich so ganz im Herzen trage / Be-
greiff' ich nicht wie Du woanders bist.*

Auf dem zweiten und dritten Blatt Grüße an ihren Stiefvater und an die Großeltern.

Auf dem vierten steht der *Hauptpunckt! Inständigst
bitte mich wissen zu lassen wenn Sie den Ort verändern
und wohin. Was ich zunächst wünsche läßt sich leicht
errathen.*

Auf dem letzten der kleinen Bogen erinnert er an die
Geburtstagsgeschenke, eine *Tasse* und *das holde Glas,*
die *mich schon hier durch ihren Anblick erfreut nicht getröstet.*

Ulrikes Mutter hat tags zuvor einen Brief von Goethe erhalten: *Indem ich von Eger abzugehen mich bereite lege ich ein Blat vor mich hin, greife nach der Feder und finde sogleich wie viel zu sagen wie wenig auszusprechen ist.* Mit Blick auf Ulrike schreibt er: *Doch wenn mein Liebling (wofür zu gelten sie nun einmal nicht ablehnen kann) sich manchmal wiederhohlen will, was sie auswendig weis, das heist das Innerste meiner Gesinnung, so wird sie sich alles besser sagen als ich in meinem jetzigen Zustand vermöchte. Dabey, hoff ich, wird sie nicht abläugnen daß es eine hübsche Sache sey, geliebt zu werden, wenn auch der Freund manchmal unbequem fallen möchte.*

Sein *jetzige⟨r⟩ Zustand*, das bittere Eingeständnis: er allein ist der Liebende.

Und der Schluß des Satzes, worauf deutet er? Wohl nicht auf den Troubadour, der vor der Angebeteten auf den Knien liegt, sondern auf den alten Mann, der ausrutscht, fällt und sich nicht wieder allein aufzurichten vermag? Caroline von Humboldt beschreibt ihn im August 1823 als *schönen Greis*, bemerkt als *Spuren des sehr fortgeschrittenen Alters* eine *gewisse Unsicherheit in den Bewegungen* an ihm. Auch der fünfundzwanzigjährige Dichter August von Platen will *ein leichtes Zittern* beim Verbeugen des Vierundsiebzigjährigen in diesem Jahr in Marienbad wahrgenommen haben. Und selbst die begeisterte Lili Parthey schreibt von Goethes Mund, den sie geküßt hat: *der Mund ist alt, wenn er nicht spricht.*

Am Mittag des 5. September – auf dem Weg von Karlsbad nach Eger – die erste Notiz über die »Marienbader Elegie«. *Abschrift eines Gedichtes,* heißt es da.

Die Rückreise nach Thüringen.

Asch – Rehau – Hof – Gefell – Schleiz. Die letzte Übernachtung in Pößneck.

7. September: *das Gedicht fortgesetzt.* 12. September: *Das Gedicht abermals unterwegs durchgegangen und Bemerkungen gemacht.*

Er schreibt in der Kutsche. Einzelne Gedichtzeilen finden sich in seinem Kalender, meist sind sie durchgestrichen. Das bedeutet: in der Poststation werden sie von ihm oder John übertragen. Eine erste überarbeitete Reinschrift bringt Goethe von der Reise mit.

Am Mittag des 13. September kommt er in Jena an.

Das Gerücht über eine mögliche oder bereits vollzogene Heirat eilt ihm voraus. Überall spricht man davon. Auch Sohn und Schwiegertochter beschäftigt es.

Der Sohn empfängt Goethe in Jena. *Heute mittag, als ich bei Knebel aß, kam der Vater unerwartet an,* berichtet er Ottilie noch am gleichen Tag. In der *bewußten Angelegenheit* sei bis jetzt *noch nichts verlautet,* aber *einige Verlegenheit* sei *nicht zu verkennen* gewesen. Sollte *etwas Merkwürdiges* sich ereignen, schicke er einen *Expressen.* Er schließt: *Soviel für heute; Gott gebe ein gutes Ende.*

Goethe visitiert sofort nach der Ankunft die ihm unterstellten Einrichtungen: Sternwarte, Bibliothek und Museum. Am andern Morgen ist er bereits um fünf Uhr auf den Beinen, revidiert die Arzneischule, den Botanischen Garten, anderes. Er *setzt,* so Kanzler Müller *jedermann in Atem, ohne doch zu irgendeiner neugierigen Frage, die*

Knebel sehr oft auf der Zunge gehabt haben soll, Zeit zu gönnen.

Goethe schweigt.

Der Sohn zieht daraus seine Schlüsse. *Gestern habe ich mit dem Vater bis gegen 9 Uhr zugebracht*, berichtet er am Morgen des 14. September aufatmend Ottilie, *wir tranken zusammen und nichts störte unser Zusammensein. Der bewußte Name, das Wort Familie ist noch nicht genannt worden ...*

Daß der Gedanke einer möglichen Wiederverheiratung des Vierundsiebzigjährigen Sohn und Schwiegertochter beunruhigt, ist nachvollziehbar. August, der Universalerbe, der Haushaltsvorstand am Frauenplan, der aufopfernd für den Vater all dessen Verpflichtungen wahrzunehmen hat, der als sein Stellvertreter starr in das väterliche Haus eingebunden ist, wird kaum von der Vorstellung erbaut gewesen sein, eine Stiefmutter zu bekommen, vierzehn Jahre jünger als er. Ottilie sähe sich im Fall einer Wiederverheiratung des Schwiegervaters aus der Rolle der ersten Frau des Hauses gedrängt.

Ich fange an, schließt August seine Zeilen, *zu hoffen, daß alles gut gehen und sich die ganze Geschichte wie ein Traumbild auflösen werde.*

Sechs Tage später heißt es bei Kanzler Müller: *Die Familie ist nunmehr auch völlig wieder beruhigt.*

Dennoch zieht keine Ruhe in das Haus am Frauenplan ein. Die Atmosphäre nach Goethes Rückkehr aus den böhmischen Bädern ist nachhaltig gestört.

Wie er sich einst aus dem *formenreichen Italien* in das *gestaltlose Deutschland* nicht als *zurückgekehrt*, sondern als *zurückgewiesen* empfand, so leidet er nun unter dem

Gegensatz von *böhmischen Zauberkreisen* und tristem Alltag; von Weimarer *Ödnis* spricht er.

Zu Spazierfahrten gedrängt, entgegnet er: *Mit wem soll ich fahren, ohne Langeweile zu empfinden.*

Sein Unmut steigert sich von Tag zu Tag.

Aber hat er nicht bereits in Böhmen vorausgesehen, was in Weimar geschehen wird, als er Zelter am 24. August schrieb: *Nun muß ich sehen, durch einen klang- und formlosen Winter durchzukommen, vor dem mir denn doch gewissermaßen graut.*

Ist es einzig der Verlust der Liebe, der ihm Weimar zur *Ödnis* macht, oder die *Ödnis* der Stadt selbst?

Eine *Wunde* sei ihm geschlagen worden, äußert er Kanzler Müller gegenüber, dem er am 2. Oktober eine *vertrauliche Mittheilung seiner Verhältnisse zu Levetzows* macht. Es werde ihm *noch viel zu schaffen machen, aber* er werde *darüber hinauskommen.*

Die heitere Distanz seiner Äußerung: *Iffland könnte ein charmantes Stück daraus fertigen, ein alter Onkel, der seine junge Nichte allzuheftig liebt,* verläßt ihn immer wieder.

Der Schmerz überwiegt.

Müller, der fast täglich um ihn ist, findet ihn *gedrückt, sichtbar leidend.* Er beobachtet eine *gewisse innere Desperation,* eine *Zerrissenheit;* von Goethes *verlornen Gleichgewicht* spricht er. Es sei traurig zu sehen, daß dieses *Gleichgewicht ... sich durch keine Wissenschaft, keine Kunst wieder herstellen* ließe *ohne die gewaltigsten Kämpfe und wie die reichsten Lebenserfahrungen, die hellste Würdigung der Weltverhältnisse* ihn nicht vor seinem Zustand *schützen* könnten.

Frau von Egloffstein, deren Anwesenheit am Frauenplan in dieser Zeit mehrfach durch Goethes Tagebuch belegt ist, äußert, bitter sarkastisch auf die dumpfe Atmosphäre in der Residenzstadt anspielend: *Man stirbt in Weimar an seinen Freunden.*

Goethe brauche *Schonung, selbst Kanzler Müller und Konsorten sollten ihn des Abends weniger besuchen,* findet sie.

Wilhelm von Humboldt spöttelt nach seinem Besuch am Frauenplan: *Man erfährt nur in Weimar die Relationen der Bedienten oder die Räsonnements der Ärzte. Wer ihn* – Goethe – *nicht selbst sieht, kann nicht genau urteilen.*

In Weimar aber meint jeder urteilen zu können.

Die Heiratsgeschichte kursiert weiter.

Noch am 2. November schreibt Hofrat Gries an Bernhard Rudolf Abeken, den ehemaligen Lehrer der Schillerschen Kinder: *In Weimar* gehe *man soweit zu behaupten, er werde sie heuraten.* Diese Heirat *wäre doch gar zu toll,* kommentiert er.

Bei Charlotte Schiller heißt es in einem Brief an ihren Sohn Ernst, der, gerade sechsundzwanzig Jahre alt, eine vierzigjährige Frau geehelicht hat: *Du wirst schwer erraten, wer Dir nachfolgen will, es ist der Vater Goethe, der in Böhmen ein Fräulein liebt ... Sage es auch niemand, damit es nicht von mir kommt. Ich möchte die Blöße lieber verhüllen als aufdecken.* (Schillers Witwe urteilt vom Hörensagen, sie verkehrt zu der Zeit nicht am Frauenplan; Spannungen bei der Herausgabe der Briefe ihres Mannes mit Goethe sind der Hintergrund.)

Gries will wissen, *daß das Mädchen mit ihrer Mutter den Winter in Weimar zubringen wird.* Daß Ottilie aus diesem Grund nach Berlin reise, *um ihrer zukünftigen Schwiegermutter aus dem Wege zu gehen.*

Auf das freie Zusammenleben Frau von Levetzows mit Graf Klebelsberg anspielend, schreibt er: *Die schöne Welt in Weimar aber hält sich um so mehr über diese Liebschaft auf, da die cara mamma nicht eben in dem besten Rufe steht. Sie soll die anerkannte Freundin eines reichen Grafen sein.*

Ich hoffe, orakelt Charlotte Schiller über die Heirat, *daß Goethe in einem Alter von 74 Jahren nicht so unweise handeln wird.* Aber, mutmaßt sie, daß ein Mann *in seinen Jahren noch einmal recht liebt, ist bei soviel Einbildungskraft nicht unmöglich.*

Goethe gefalle sich darin, noch die Leidenschaftlichkeit eines Jünglings darzustellen, meint Kanzler Müller und stellt die These auf, *nicht dieses einzelne Individuum –* Ulrike *–, sondern das gesteigerte Bedürfnis seiner Seele überhaupt nach Mitteilung und Mitgefühl* habe *seinen jetzigen Gemütszustand herbeigeführt.*

Ob es aber nicht ein zu jugendlicher Sinn ist, wenn er ein ganz blutjunges Fräulein heiraten will . . . mag er selbst am besten beurteilen können, läßt sich Wilhelm Grimm als Außenstehender vernehmen.

In allen Urteilen – verständnisvollen und anmaßenden – zeigt sich die gleiche widersprüchliche Bewegung. Einerseits eine nicht zugegebene, weil von Neid diktierte Bewunderung über den Mut und die jugendliche Kraft des Dichters. Andererseits eine ebenso versteckte, zuweilen als Mitgefühl drapierte Häme und Genugtuung über die Zurückweisung des berühmten Mannes in die Reihe der Sterblichen.

Goethe selbst – was immer über ihn gesprochen wird – befindet sich in einer tiefen Krise.

Er durchlebt ein seelisches Drama, ausgelöst durch die zurückgewiesene Liebe.

Es ist, biographisch gesehen, der Sturz in den Abgrund des Alters.

Goethes Alter ist es, das Begehren, Liebe, Leidenschaft im erwählten Gegenüber nicht mehr zu entzünden vermag. Seine Aura als Olympier versagt. Seine von ganz Europa bewunderte Dichtung, seine Lebensleistung zählt nicht. Die Augen der Geliebten reduzieren ihn auf das biologische Faktum seines Alters, machen ihn zum Jedermann.

Der Blick der Frau zwingt ihn zum Blick auf sich selbst, und zwar von außen: nicht der Olympier, ein alter Mann tritt ihm entgegen. Das ist das Schmerz und Qual Auslösende: die Katastrophe des Selbstwertgefühls.

Über die Abgründe, in die Goethe als Mensch stürzt, hilft ihm lebenslang schöpferische Arbeit hinweg.

Das Durchlebte und Erfahrene, die Wirklichkeit in Poesie zu verwandeln ist ihm stets Rettung aus eigener Not.

Vom *alten Heilmittel* Arbeit spricht er; es *entspringt aus dem Bemühen des Individuums, sich gegen die zerstörende Kraft des Ganzen zu erhalten.*

Die Abstand schaffende Kraft des Schreibens.

Goethe erlebt sie mit der »Marienbader Elegie«. Und zwar zweifach: während des schöpferischen Aktes selbst und dann – ein ungewöhnlicher, nahezu einmaliger Vorgang – nochmals als Leser und Rezipient.

Die eigene Dichtung als Raum der Bewältigung der Schmerzen.

Die von der Reise von Böhmen nach Thüringen mitgebrachte erste Fassung der »Elegie« nimmt er sich ohne Säumnis am Tag seiner Ankunft in Weimar vor.

Drei Tage verweilt er in Jena. Am vierten Tag, am 17. September, heißt es: *Gegen 10. Uhr abgefahren. Gegen 1. Uhr in Weimar ... Erste Einrichtung. Angekommene Briefe und Packete eröffnet*, notiert er. Und dann: *Die Abschrift des Gedichtes angefangen.*

18. September: *Die Abschrift des Gedichtes fortgesetzt.*

19.: *Die Abschrift des Gedichts vollendet.* (Vielfach hat er noch geändert, an Einzelheiten gearbeitet.)

Die Reinschrift vom 17.-19. September ist überliefert, sie ist mit eigener Hand auf starkes Velinpapier geschrieben. In rotes Maroquin-Leder bindet er sie mit einer seidenen Schnur. Später legt er sie in eine mit blauem Papier überzogene Mappe, läßt in goldenen Lettern auf den Deckel prägen: »Elegie. September 1823«.

Wie *eine Kostbarkeit* habe Goethe sein Gedicht behandelt, überliefert Eckermann.

Die Eingangsfrage der »Elegie«, die auch ihre Grundspannung bestimmt, ist die nach Glück oder Verdammung: *Das Paradies, die Hölle steht dir offen ...*

Bereits in der vierten Strophe fällt die Entscheidung. Ohne Angabe von Gründen (die biographischen Details sind insgesamt zurückgenommen) wird der Liebende aus dem Paradies vertrieben.

Als trieb ein Cherub flammend ihn von hinnen; / Das Auge starrt auf düstrem Pfad verdrossen, / Es blickt zurück die Pforte steht verschlossen.

Es ist, wie die Assoziation zur Genesis nahelegt, der Weg zum Baum des Lebens, der unpassierbar geworden ist. (1. Moses 3, 24: *Und trieb Adam aus und lagerte vor dem Garten Eden den Cherubin mit einem bloßen hauenden Schwerte, zu bewahren den Weg zu dem Baume des Lebens.*)

Regiert der Tod das Gedicht?

1797 hat Goethe in einem »Xenion« von den Schicksalsgöttinnen erbeten, daß der Tod und das Ende der Liebe in eins fallen mögen: *Leben muß man und lieben; es endet Leben und Liebe. / Schnittest du, Parze, doch nur beiden die Fäden zugleich!*

Dieser Wunsch wird nicht erfüllt. Das Thema der »Elegie« ist der Tod der Liebe vor dem Ende des Lebens. Man könnte auch sagen: das Alter als Gegenwart und Zukunft ohne Liebesglück.

Dies gestaltet die »Marienbader Elegie« in einer – im Wortsinn – herzzerreißenden Klage.

Es ist *der jüngste..., erschütterlichste Teil der Schöpfung,* das *Herz,* das ums Überleben ringt: *Schon rasst's und reisst in meiner Brust gewaltsam, / Wo Tod und Leben grausend sich bekämpfen.*

Aber nicht der Flammentod als Symbol einer letzten Vereinigung, wie in früheren Gedichten, in »Der Gott und die Bajadere«, »Die Braut von Korinth« und »Selige Sehnsucht«, wird den Liebenden gewährt; das Überleben des Abgewiesenen bedeutet vorweggenommenes Nicht-Leben, trostloses Übrigbleiben. Von *beklommner Herzensleere* spricht das Gedicht. Somit vom Kältetod eines Einsamen.

Das ist die *Hölle.*

Der Zeile *Wo Tod und Leben grausend sich bekämpfen* folgt: *Wohl Kräuter gaeb's des Körpers Quaal zu stillen; / Allein dem Geist fehlt's am Entschluss und Willen.*

Eine Anspielung auf Werthers Weg, auf die Versuchung Faustens in der Osternacht?

Und was ist es, das ihn zurückhält?

Die Liebe selbst. Im Moment ihres Verlustes wird sie wie in kaum einem anderen Gedicht Goethes als fundamentaler menschlicher Wert besungen. In fast religiöser Verklärung stellt er dem *Frieden Gottes ... der Liebe heitern Frieden / In Gegenwart des allgeliebten Wesens* zur Seite.

Die »Marienbader Elegie« ist ein Hohelied auf die Liebe. Mit *FlammenSchrift* ist das *Bild der Lieben* in das *Herz geschrieben.*

Sie bleibt: *Doch nie gelängs die innre Glut zu dämpfen!*

Freilich: nicht mehr in Zwei-samkeit, sondern in Ein-samkeit. Der Liebende ist auf sich zurückgeworfen: *Ein Luftgebild statt Ihrer fest zu halten.* Nur seine Vorstellungskraft kann ihm die *lieblichste der lieblichsten Gestalten* schaffen. *In's Herz zurück! dort wirst du's besser finden.*

Liebe ohne Gegenliebe trägt ihn, rettet ihm das Leben. *War Fähigkeit zu lieben, war Bedürfen / Von Gegenliebe weggelöscht, verschwunden... Wenn Liebe je den Liebenden begeistert / Ward es an mir auf's lieblichste geleistet.*

Dennoch ist die Verzweiflung groß. *Da bleibt kein Rath als gränzenlose Thraenen ...*

Selbst die Natur ist ihm stumm: *Wie könnte dies geringstem Troste frommen? / Die Ebb' und Flut, das Gehen wie das Kommen!*

Auch Freunde können nicht helfen: *Verlasst mich hier, getreue Weggenossen!*

Die letzte Strophe hebt an: *Mir ist das All, ich bin mir selbst verlohren …*

Er, der *noch erst den Göttern Liebling war*, ist von ihnen verlassen: *Sie trennen mich*, endet die »Elegie«, *und richten mich zu Grunde.*

Wenn Goethe über seinen »Werther« sagt, er sei *ein Geschöpf, das ich gleich dem Pelikan mit dem Blute meines eigenen Herzens gefüttert habe*, und: *so etwas schreibe sich … nicht mit heiler Haut*, so gilt das gleichermaßen für die »Marienbader Elegie«, auch sie ist nicht mit *heiler Haut* geschrieben, auch sie hat er *mit dem Blute* seines eigenen Herzens *gefüttert.*

Die »Elegie« ist *Bein* von seinem *Bein*, *Fleisch* von seinem *Fleisch*, wie er über seinen »Tasso« sagt, dem er für sein großes Altersgedicht auch das Motto entlehnt: *Und wenn der Mensch in seiner Quaal verstummt / Gab mir ein Gott zu sagen was ich leide* (leicht abgewandelt heißt es statt *wie* im »Tasso« nun: *was ich leide*).

»Tasso«, den er einen *gesteigerten Werther* nennt, sei, so äußert er, *die Disproportion des Talents mit dem Leben.* Der Dichter Torquato Tasso wird von der Leidenschaft zum *vollendeten* Werk verzehrt. Wenn ihm Alphons, der Herzog von Ferrara, zu bedenken gibt: *Der Mensch gewinnt, was der Poet verliert*, so könnte man im Hinblick auf die »Marienbader Elegie« den Satz umkehren: der Poet gewinnt, was der Mensch verliert.

Das Werk steht gegen das Leben, ist gescheitertem Leben abgerungen.

Die *Ödnis* der trostlosen Gegenwart – die beseligende Erinnerung.

Sie wird wieder leibhaftig, als die polnische Pianistin Maria Szymanowska in Weimar eintrifft.

Ihr Spiel war es, das ihm in Marienbad nach Ulrikes Abreise – *Alles … was mich leben machte, ist geschieden* – einen Ansturm von Gefühlen brachte. Von der *ungeheure⟨n⟩ Gewalt der Musik* sprach er in seinem Liebesschmerz. *Gesang und Klavierspiel falten mich aus einander, wie man eine geballte Faust freundlich flach läßt.*

Vom *Doppel-Glück der Töne wie der Liebe* wird er nun wiederum ergriffen, beruhigt und beunruhigt.

Vom 24. Oktober bis 6. November weilt Maria Szymanowska in Weimar. Fast täglich speist sie mit ihrer Schwester bei Goethe. Am 27. Oktober gibt sie ein Konzert im Haus am Frauenplan. *Vorbereitung zu dem abendlichen Concert*, vermerkt sein Tagebuch.

Mehrfach spielt sie für ihn allein. *Nach Tische Pianospiel*, am 2. November. Ebenfalls am 3. November. Am 4. bittet er um ihr Stammbuch. Am 5. November verabschiedet Maria Szymanowska sich; ein bewegter Abschied, Sprachlosigkeit und Tränen auf Goethes Seite, wie Kanzler Müller überliefert.

Einen Tag später verläßt die Polin Weimar.

Die seelische Spannung, die der Körper nicht mehr aushält.

Gegen Abend befand ich mich nicht zum Besten, notiert Goethe am 6. November. Von *heftige⟨m⟩ Husten und Brustfieber* ist da bei Müller bereits die Rede.

Goethes Tagebuch vom 7. November: *Befand mich nicht zum Besten.* 10. November: *Wegen Hustens die Nacht übel geschlafen.*

Als Wilhelm von Humboldt in Weimar eintrifft, heißt es am Tag seiner Ankunft, am 12. November: *Ich habe Goethen ... leider krank gefunden.* Von *volle⟨m⟩ Puls und krampfhafte⟨n⟩ Anwandlungen, so daß ihm die Nägel oft blau sind,* berichtet er.

Er klagt über Schmerzen in der Herzgegend; genauso habe *seine schwere Erkrankung* (der Herzinfarkt im Februar) *begonnen,* notiert Frédéric Soret am 16. November.

Zwei Ärzte stehen dem Kranken zur Verfügung: Dr. Huschke und Dr. Rehbein (jener, der in Marienbad seine junge Ehefrau fand). Rehbein kann, da er selbst krank ist, die Behandlung Goethes erst verspätet aufnehmen.

Huschke ... einiges verordnend, vermerkt Goethe am 9. November. Am 12. dann: *Kam Hofrat Rehbein, seine Krankheit erzählend, meine überlegend und verschreibend.* Nach Eckermanns Zeugnis klagt Goethe: *Wenn nur der Schmerz von der Seite des Herzens weg wäre!* Rehbein verordnet daraufhin *ein Pflaster auf der Brust an der Seite des Herzens,* das Stadelmann, der Diener, allabendlich auflegen muß.

Am 14. November sieht Rehbein wieder nach Goethe; der Arzt bringt das Gespräch auf Marienbad, beide machen *Pläne nächsten Sommer wieder hinzugehen.* Eckermann überliefert, wie Goethe dies belebt habe.

Ein ähnliches Krankheitsbild wie im Februar. Eine schwere Herzinsuffizienz.

Die Ärzte stehen dem hilflos gegenüber. Außer dem *Pflaster* wird Aderlaß verordnet. Am 20. November der Vermerk: *Ließ Blutigel setzen.*

Goethes Zustand muß sich daraufhin verschlechtert haben, denn einen Tag später heißt es, die *Ärzte* hätten ihm *streng und ausdrücklich alle Abendbesuche abzulehnen* *geboten* und darauf bestanden, ihn *von allem Sprechen zu dispensiren.*

Der mit den Herzbeschwerden einhergehende quälende Krampfhusten macht ihm das Liegen im Bett unmöglich. Vierzehn Nächte ist er gezwungen, außerhalb des Bettes, in einem Lehnstuhl sitzend, zu verbringen.

Goethe spricht von seinem *umdüsterte⟨n⟩ Geisteszustand.* Nach Sorets Aufzeichnungen empört er sich über die Anweisung der Ärzte vom 21. November. *Diese Ängstlichkeit sei ganz überflüssig,* meint er, sie *raubt mir das Glück, meine Freunde vielleicht das letztemal zu sehen.*

Wiederum die Nähe des Todes. Humboldt überliefert Goethes Ängste; er *glaube nicht, daß er länger als ein Jahr leben könne.*

Als Humboldt sich von ihm am 23. November verabschiedet, schreibt er bedrückt: *ich zweifle, daß ich ihn je wiedersehe.*

Aber Goethe erholt sich.

Weder *Pflaster* noch *Blutigel* sind es, die ihn heilen.

Alle Kräfte, die ihn wieder stabilisieren, kommen aus einer Therapie, die er sich selbst verordnet hat: es ist seine eigene Dichtung, die »Marienbader Elegie«.

Er liest sie wieder und wieder; gibt sie schließlich anderen zu lesen, läßt sie sich vorlesen.

Der erste Auserwählte ist Johann Peter Eckermann. Seit wenigen Monaten ist der Einunddreißigjährige erst in Thüringen und als Goethes möglicher Mitarbeiter noch im Prüfstand.

Bezeichnenderweise in einer seelisch aufgewühlten Situation, am dritten Tag der Anwesenheit der polnischen Pianistin, gibt er seine »Elegie« erstmals aus der Hand.

Er macht es feierlich, läßt Stadelmann zwei Leuchter bringen, entzündet die Lichter, legt die Mappe mit der Handschrift vor Eckermann hin.

Gab ihm das neuste Gedicht zu lesen, notiert er am 27. Oktober in sein Tagebuch. *Alsogleich sehr feine Bemerkungen darüber.*

Wenn auch die Geliebte ihm seine Jugendlichkeit nicht bestätigt, so wird sie ihm in beglückender Weise Gewißheit in der Reaktion auf sein Werk, vom ersten Leser an über die nächsten Zuhörer.

Und das gilt bis zur Gegenwart; uns, die heutigen Leser einschließend. Ein großes Gedicht; für mich eines der ungeschütztesten und berührendsten seiner Werke.

Er habe, äußert Goethe auf Eckermanns Bewunderung hin, *auf die Gegenwart* gesetzt, *so wie man eine bedeutende Summe auf eine Karte setzt, und suchte sie ohne Übertreibung so hoch zu steigern als möglich.*

Es ist ihm gelungen.

Das, trotz der Stanzen, ungewöhnlich hohe Tempo des Gedichts. Der leidenschaftliche Gestus der Verse.

Die Nähe zu Lord Byron, die Eckermann konstatiert, lehnt Goethe nicht ab, im Gegenteil. *Byron ist der einzige, den ich neben mir gelten lasse,* äußert er, seine künstlerische Nähe zu dem vierzig Jahre jüngeren englischen Romantiker bekennend.

Mit diesem Alterswerk wird Goethes oft zitierter, zur polarisierenden Formel vereinfachter Ausspruch vom *Klas-*

sischen als dem *Gesunden* und dem *Romantischen* als dem *Kranken* endgültig außer Kraft gesetzt.

Mit der »Marienbader Elegie« wird er zum künstlerischen Zeitgenossen der nachklassischen Generation Europas. Mit ihr betritt er, ebenso wie mit »Faust. Zweiter Teil«, den Raum der Moderne.

Der nächste, den Goethe ins Vertrauen zieht, ihm den jungen Eckermann verschweigend, ist Wilhelm von Humboldt.

Heute gab er mir ein eigen gebundenes Gedicht, eine Elegie, schreibt dieser am 19. November seiner Frau. Er *sagte mir, es sei die einzige Abschrift, die davon existiere, er habe sie noch niemandem, ohne Ausnahme, gezeigt und werde sie noch lange nicht, vielleicht nie drucken lassen. ... So fing ich an zu lesen, und ich kann mit Wahrheit sagen, daß ich nicht bloß von dieser Dichtung entzückt, sondern so erstaunt war, daß ich es kaum beschreiben kann. Es erreicht nicht bloß dies Gedicht das Schönste, was er je gemacht hat, sondern übertrifft es vielleicht, weil es die Frische der Phantasie, wie er sie nur je hatte, mit der künstlerischen Vollendung verbindet, die doch nur langer Erfahrung eigen ist. Nach zweimaligem Lesen fragte ich ihn, wann er sie gemacht habe. Und als er mir sagte: ›Vor nicht gar langer Zeit‹, war es mir klar, daß es die Frucht seines Marienbader Umgangs war. Die Elegie behandelt nichts als die alltäglichen und tausendmal besungenen Gefühle der Nähe der Geliebten und des Schmerzes des Scheidens, aber in einer so auf Goethe passenden Eigentümlichkeit, in einer so hohen, so zarten, so wahrhaft ätherischen und wieder so leidenschaftlich rührenden Weise, daß man schwer dafür Worte findet.*

Einen Tag nach Humboldts Abreise, der ihn mit so düsteren Ahnungen verläßt, kommt Zelter in Weimar an. Auch ihn empfängt eine bedrückte Stimmung im Haus am Frauenplan. August von Goethe sagt ihm, der *Vater* sei *nicht wohl*; sei *krank, recht krank.*

Nach dem ersten Zusammensein aber, noch am gleichen Tag, notiert Zelter: *Was finde ich? Einen, der aussieht, als hätte er Liebe, die ganze Liebe mit aller Qual der Jugend im Leibe. Nun, wenn es die ist: er soll davonkommen! Nein! er soll sie behalten, er soll glühen wie Austernkalk; aber Schmerzen soll er haben wie mein Herkules auf dem Öta! Kein Mittel soll helfen; die Pein allein soll Stärkung und Mittel sein.*

Zelter formuliert die Therapie, der sich Goethe bereits unterzogen hat: die Vergegenwärtigung des Schmerzes durch das Lesen des Gedichts.

Auch mit dem Altersfreund – er bleibt bis zum 13. Dezember in Weimar – wird das Lesen und Vorlesen der »Marienbader Elegie« fortgesetzt.

Die Elegie gelesen und wieder gelesen, Goethe am Morgen des 30. November. Am Abend: *Sodann mit Zelter die Elegie nochmals gelesen.*

An jenem 30. November ist offenbar eine deutliche Besserung seines Zustandes erreicht; sein Tagebuch schließt mit der Bemerkung: *Nachts in die hintern Zimmer gezogen. Zum erstenmal wieder im Bette geschlafen.*

Daß du mir die Mittheilung des Gedichtes durch innige Theilnahme so treulich wieder gabst, dankt Goethe dem nach Berlin zurückgekehrten Freund am 9. Januar, bekundet ihm: *aber es war doch eigen daß du lesen und wieder lesen mochtest, mir durch dein gefühlvolles sanftes Organ mehrmals vernehmen ließest was mir in einem Grade lieb ist den ich mir selbst nicht gestehen mag...*

Und er fährt fort: *lebten wir zusammen so müßtest du mir's so lange vorlesen und vorsingen bis du's auswendig könntest.*

Er selbst hat es Zeile für Zeile im Gedächtnis; Humboldt gegenüber äußert er: *Ich habe nicht aufhören können, es so lange zu lesen, bis ich es auswendig weiß; ich habe mir auch darin nachgesehn, warum soll man sich solche Genüsse versagen?*

Auffällig ist, zu dem intimen Kreis, dem Goethe die »Marienbader Elegie« zu lesen gibt, gehören weder Sohn noch Schwiegertochter.

Schien Ottilie nicht in seinen Sommerbriefen als Vertraute, mit der er nach seiner Rückkehr sein *Geheimniß* teilen werde. *Soviel für dießmal*, schließt er einen dieser Briefe, *was noch zu sagen wäre, muß auf eine mündliche, vielleicht wieder einmal mitternächtige Unterhaltung aufgespart werden.*

Als er Zelter von dem *klang- und formlosen Winter* schrieb, vor dem er sich fürchte, sprach er Sohn und Schwiegertochter gegenüber die Erwartung aus, *daß eure Liebe mir den Sommer in den Winter wird übertragen helfen.*

Ein hohes Ansinnen.

Eine Erwartung, die sich nicht erfüllt.

Man hat Sohn und Schwiegertochter für Goethes Zustand in diesem Winter 1823 mitverantwortlich gemacht.

Müllers Bemerkung sechs Tage nach Goethes Ankunft aus Böhmen: *Die Familie ist nunmehr auch völlig wieder beruhigt*, wird wenig später relativiert. Er spricht von *der rohe⟨n⟩ und lieblose⟨n⟩ Sinnesweise seines Sohnes*, nennt ihn einen *verrückte⟨n⟩ Patron*, der *gegen den Vater den Piquirten spielt.*

Charlotte Schiller will wissen: *Die Familie hat seinen – Goethes – Heiratsgedanken auf eine undelikate, harte Art aufgenommen, statt ihren Anteil zu zeigen. Der Sohn soll mit ihm hart gewesen sein. Ottilie bekam Krämpfe. Alles war in Verzweiflung, Das ist nicht der Weg, sein Herz zu besänftigen. Er hat die Natur, daß ihn Widerstand verhärtet.*

Das Zusammenleben von drei Generationen im Haus am Frauenplan.

Goethe als Mittelpunkt und unnachgiebige Autorität.

Daß Sohn und Schwiegertochter eine mögliche Wiederverheiratung des Vaters beunruhigt hat, geht aus Augusts bereits erwähntem Brief an Ottilie vom 13. September hervor.

In welcher Form sich diese Beunruhigung aber äußerte, wissen wir nicht. Ob der Widerstand ausdrücklich formuliert wurde oder stumm blieb; in jedem Fall wird Goethe – wie schon in der Reaktion Ulrikes – die natürliche Generationsfolge nachdrücklich und schmerzhaft ins Bewußtsein getreten sein.

Bezeichnend ist, daß August am Tag der Rückkehr des Vaters an Ottilie schreibt, die Studenten in Jena hätten am 28. August, statt Goethe zu feiern, öffentlich gegen ihn protestiert. Sie beschuldigen ihn, mitverantwortlich an einem das Singen auf den Straßen beschränkenden Erlaß von Rektor und Senat zu sein. *Am 28. abends 11 Uhr haben Studenten dem Vater auf dem Markte ein Pereat* (Nieder mit ihm!) *gebracht*, schreibt er, *es ist hier Untersuchung darüber. Dem Vater es zu sagen ist unangenehm; aber er muß es wissen.*

Wenn August nicht ohne Sympathie für die Studenten war, so kann er das, wie alles, was von der väterlichen Meinung abweicht, schwer aussprechen. Einen Wortschwall über die fehlende *Kraft* der jetzigen Generation: *jung ohne Jugend ... Kurzsichtig, blaß ...*, über ihr *gängeln ... in schlendrianischen Labyrinthen ...* hätte das gewiß zur Folge.

Die Ablösung der Generationen, die Angriffe der Studenten und Burschenschaftler, kann Goethe im gesellschaftlichen Bereich – er steht über den Dingen – leicht kompensieren. Im privaten Bereich, in der eigenen Familie aber offenbar nicht; der Auraverlust dringt bis in die familiäre Sphäre, verunsichert ihn, trifft ihn.

Dennoch kann man – was immer vorgefallen sein mag – mit einiger Sicherheit sagen: nicht das Verhalten von Sohn und Schwiegertochter Goethe gegenüber, sondern in erster Linie das schlechte Verhältnis der Eheleute zueinander ist es, das die Atmosphäre im Haus am Frauenplan belastet.

Ständig Spannungen, Streit. Ottilies Unzufriedenheit mit ihrem Ehemann. Ihr Urteil, ein Jahr vor ihrer Eheschließung im Brief an ihre Mutter geäußert, scheint sich tagtäglich zu bestätigen: *Herr von Göthe steht nicht hoch genug über mir, daß er vielleicht vorteilhaft auf mich wirken und mich zu etwas erheben könnte...*

Ihr schwärmerischer Patriotismus, dem August nicht Genüge tut. Ihre frühe Liebe zu dem in den Befreiungskriegen verwundeten Leutnant Ferdinand Heinken, die bis ins hohe Alter anhält.

Ihre Absicht, sich von August scheiden zu lassen.

Ihre ständige Verliebtheit in andere Männer. Im Herbst und Winter 1823 die in den Engländer Charles James Sterling. Wenn von Ottiliens *Krämpfen* und ihrer Reise nach Berlin die Rede ist, so steht beides wohl eher in Zusammenhang mit dieser Affäre. Für August eine schwere Belastung, vergebens versucht er einzuschreiten, verbietet seiner Frau den Briefkontakt zu Sterling. In Berlin aber werden Ottilie und der Engländer sich treffen.

Sterling wird später von Des Vœux abgelöst werden. In einem Briefkonzept an ihn schreibt Ottilie über ihre Ehe: *unsere beiderseitige größte Schuld ist, daß auch nicht eine gemeinschaftliche Saite in uns klingt; er würde mit jeder andern Frau glücklicher geworden sein.*

Hat Goethe sich jemals gefragt, ob er nicht am Unglück des Sohnes einen Anteil hat?

Er hat diese Ehe befördert: *Hof und Stadt billigt die Verbindung, welche recht hübsche und gesellige Verhältnisse begründet.* (Es ist genau das, was ihm mit Christiane nie gelungen ist.)

. Die adlige Ottilie von Pogwisch wählt – Christiane von Goethes Tod ist die Voraussetzung – nicht in erster Linie August, sondern den berühmten Vater beziehungsweise die Stellung der ersten Frau des Hauses am Frauenplan.

Diese verführerische und sie ins Licht rückende Stellung erfüllt sie mit Charme, Intelligenz und gesellschaftlicher Gewandtheit zu Goethes Zufriedenheit.

Daß Sohn und Schwiegertochter ohne Liebe leben, hat Goethe schon zeitig nüchtern reflektiert.

Hat er Ottilie nicht zu ihrer Liaison mit Sterling geradezu ermutigt?

Goethe mag Sterling; er ist mit Lord Byron befreundet, stellt die persönliche Verbindung zwischen beiden her. *Ich freute mich schon, als August mir von seinem guten Willen gegen Sterling schrieb*, bekennt Goethe Ottilie aus Marienbad, *vom ersten Augenblicke an war ich ihm geneigt, und daß er sich so in uns alle hereinfügt, ist mir eine wahre Lust. Verzeihung! – aber das Zusammenseyn so guter verständiger und geistreicher Menschen, als wir sind, war mitunter so stockend als möglich, zu meiner Verzweiflung; es fehlte ein Drittes oder Viertes, um den Kreis abzuschließen.*

Die Defizite seiner eigenen Familie müssen Goethe im Umgang mit dem *heitern Familienkreis* der Levetzows – auch hier leben drei Generationen zusammen – vor Augen gekommen sein.

Es ist die Vision einer geistreichen Geselligkeit, die er in Weimar vermißt und vom *Dritte⟨n⟩ oder Vierte⟨n⟩* sprechen läßt, das nötig sei, *um den Kreis abzuschließen.*

Zu der Ottilie angekündigten *mitternächtige⟨n⟩ Unterhaltung* kommt es nicht. Im Gegenteil. Goethes Unmut über die Atmosphäre am Frauenplan schließt nachdrücklich die Schwiegertochter ein. Zu keiner Zeit ist sein Urteil über sie so hart wie in diesem Herbst und Winter 1823.

Ottilies *Treiben* sei *hohl* und *leer, es ist weder Leidenschaft, Neigung, noch wahres Interesse*, es sei *nur eine Wuth, aufgeregt zu sein*, äußert er Kanzler Müller gegenüber.

Und am 9. Januar 1824 ist an Zelter – bei ihm in Berlin ist Ottilie zeitweise zu Gast – von der Oberflächlichkeit und Ruhelosigkeit ihres Wesens die Rede. *Ottilie wes't nun in Berlin und wird es von Stunde zu Stunde treiben bis sie von Zeit zu Zeit pausiren muß; vielleicht gibt ihr das erreichte Ziel, wieder durch's Brandenburger Thor einge-fahren zu seyn, wenigstens einige Milderung der Hast oh-ne die man sie freylich kaum denken kann. Du thust ihr, weiß ich, alles zur Liebe; das Beste kann freylich nicht ohne Aufregung ihres aufgeregten Wesens geschehen.*

Deutlich grenzt sich Goethe – auch als Liebender – von seiner Schwiegertochter ab.

Er selbst hält an seiner Leidenschaft fest; zärtlich, wer-bend, ohne offenbar je ein Zeichen von Gegenliebe von Ulrike zu erhalten.

Berührt verfolgt man es. Belege sind seine Briefe, die er nicht an die Geliebte, sondern an deren Mutter richtet.

Sein ungeduldiges Warten auf Post vom Tag des Ab-schieds an.

... für die Ewigkeit auszubleiben scheint sie, wie aus seinem Dankbrief vom 29. November 1823 für die wohl kurz vorher eingetroffene erste Nachricht hervorgeht.

Es mache ihn glücklich, *nach langem Entbehren, wieder in die Mitte des heitersten Familienkreises einzutreten.* Er *wüßte ... Gefühl und Einbildungskraft nicht angenehmer zu beschäftigen*, als die *Landschaft ... durch die anmu-thigsten Figürchen* zu beleben und *eine heitere Vergan-genheit als wäre sie gegenwärtig* heraufzubeschwören, schreibt er.

Am letzten Tag des Jahres 1823 gesteht er, seine *Gedan-cken* seien *oft genug in Böhmen gewesen.* Und als Reaktion auf eine Briefstelle, die von einem erwachenden Interesse Ulrikes an den Steinen berichtet haben muß (in Goethes Gegenwart war es einzig die jüngste Schwester, die sich dafür interessierte), entgegnet er in kaum verhülltem erotischen Ton: *Wenn ein schlanckes, liebes Kind sich niederbeugt und meiner gedenckend ein Steinchen aufhebt, so ist das zu den hundert Stellungen in denen ich sie vor mir sehe wieder ein neuer Gewinn; sie mag mir ja die Früchte ihrer Bemühungen nicht vorenthalten.*

Der Wunsch nach einem Zeichen von Ulrike.

Der Briefschreiber nimmt an diesem Silvesterabend den *Wand-Calender von 1824* zur Hand: *Vergebens forsch ich welche Tage sich für mich roth welche düster sich färben werden; die ganze Tafel ist noch in Blancko, indessen Wünsche und Hoffungen hin und wieder schwärmen.* Und dann, in gesteigertem Ton, wie in seinen Jugendbriefen im Staccato und mit Ausrufezeichen: *Mögen die meinen den Ihrigen begegnen! Möge sich dem Erfüllen und Gelingen nichts! nichts! entgegen setzen! Sagen Sie Sich unter einander alles in traulicher Stunde, wie es auf der Terasse, im Hin- und Herwandeln weitläufiger auszuführen wäre. Meine nächsten Aussichten aber, deren Gewährung ganz von Ihnen abhängt, lassen Sie mich nicht zu lange entbehren. Wo und Wie? haben meine Gedancken Sie aufzusuchen?*

Der Sommer vergeht ohne ein Wiedersehen.

Zum 28. August aber trifft ein Glückwunsch von Mutter und Töchtern ein. Goethe hat ihn aufbewahrt. Ein vergilbtes Doppelblatt, zierliche Schriftzüge; Ulrike, Amalie und Bertha. Die beiden jüngeren unterschreiben mit *Ihre ganz ergebene*, Ulrike dagegen mit *Ihre ganz ergebene Freundin Ulrike*.

Der Wortlaut: *Geehrter Herr Geheime Rath Heute vor einem Jahre hatten wir das Vergnügen beynahe den ganzen Tag mit Ihnen in Ellbogen zuzubringen, damals nahmen wir uns sehr in Acht das öffentliche Geheimniß nicht durch Worte zu entheiligen, da Sie unsere Gefühle in unsern Mienen lesen konnten, heute ist es anders, aber gewieß nicht besser, denn wir entbehren das Glück in Ihrer Gesellschaft zu sein, und darum dürfen wir auch aussprechen, was wir fühlen an dem Tag der Sie uns und der Welt schenckte. Nehmen Sie daher unsere besten innigsten Wünsche für Ihr Glück und Ihre Zufriedenheit, von uns mit freundlichem Wohlwollen an, und erinnern sich entfernt zuweilen an Ihre ergebene Freundin Ulricke*

Ein förmlicher, ein Pflichtbrief.

Im Herbst 1824 ein Ereignis, das deutlich – und verletzend für Goethe – die Distanz betont, die zu ihm gewahrt wird.

Ulrike kommt auf einer Reise mit ihrer Mutter durch Weimar. Sie besuchen Goethe nicht, sie sehen ihn beim Halt auf der Poststation sogar von weitem (wie er Gäste willkommen heißt), aber sie machen sich nicht bemerkbar, reisen ohne einen Gruß weiter.

Als Goethe das erfährt, *betrübt* ihn diese *Nachricht so*, daß er *keine Worte finden* kann.

Dennoch hört er nicht auf, um Ulrike zu werben. Anrührend seine Zeilen vom 18. Oktober: *Und so möcht' ich wohl Ulriken, das sanfte ruhige Kind, auf ihr Gewissen fragen: ob Ihr nicht irgend etwas zu meinem Vortheil auf-*

gegangen sey? Ganz gewiß war hie und da in dem einzel-
nen Herzen etwas das mich losprach wenn der ganze Kreis
mich verdammte.

Hat es eine Antwort Ulrikes gegeben? Vermutlich ja,
denn in einem auf den 3. Februar 1825 datierten Brief
Goethes ist von einem *Familienblatte* die Rede, *das mir*
gar manchen einsamen Winterabend Gesellschaft leistete.
Ich zündete ein paar Lichter mehr an, nahm es vor Augen
und fühlte mich jederzeit in Ihre Mitte versetzt. Was Ulrike
geschrieben hat, wissen wir nicht; wieder nur Konventio-
nelles, von der Mutter aus Höflichkeit dem berühmten
Dichter gegenüber dazu gedrängt? Goethe hat dieses *Fa-*
milienblatt vernichtet.

Sommer 1825. Am 17. Juni schreibt Goethe an Frau von
Levetzow: *Sie sagten einmal, theuerste Freundin, das lieb-*
liche Wort: Sie könnten Marienbad nicht ohne mich
dencken…

Die schönen Tage des Monats lassen mich nicht im Hau-
se verweilen, und wenn man draußen ist, so möchte man
denn auch über alle Berge; und ich weis recht gut über
welche.

Sollen denn nun meine lieben schlancken Gestalten quer
über die Terrasse hüpfen, oder der Länge nach hin und her
wandeln und ich soll weder Zeuge des einen, noch Geselle
des andern seyn!

Alle meine Freunde wollen mich von hier weg; denn sie
mercken wohl daß mir etwas fehlt das ich auswärts suchen
sollte; treten die Ärzte nun gar hinzu und rathen das
Gleiche; so können Sie dencken daß ich unruhig und un-
gedultig werde.

Er spielt mit dem Gedanken eines Besuches. *Ganz sicher*

sind Sie nicht vor mir, denn käm' ich auch nur zum Besuch
auf wenige Tage ..., schreibt er.

... weder Zeuge ... noch Geselle wird er; auch 1825 bleibt
Marienbad Traum.

Am 1. November heißt es: *In Gedancken spazierte ich*
gar oft mit unsrer lieben, geliebten Aeltesten auf der Ter-
rasse hin und wieder.

1826 Schweigen auf beiden Seiten. Oder vernichtete
Briefe.

1827, am 29. August, bedankt Goethe sich für einen Brief
Ulrikes.

Er ist nicht überliefert.

Unendlich hat es mich gefreut auch von Ulrikens lieber,
zarter Hand einige Züge geneigten Erinnerns zu sehen.
Wie glücklich waren die Stunden die ich an ihren holden
Fingern abzählen durfte.

Gestehen will ich denn auch daß gerade diesen Sommer
wo ich das Marienbader Gestein abermals durchsah und
ordnete, mir jene schönen Stunden wieder auf's lebhafteste
hervortraten, als die lieben Freundinnen sogar der starren
Neigung des Bergkletterers und Steinklopfers freundlichst
zulächelten und auch liebenswürdig auflachten wenn die
duftenden, genießbaren Tafelförmigen Kristallisationen
sich hie und da eingereihet fanden.

Goethe spielt darauf an, daß er unter die Steine für Ulrike eine Schokoladentafel mit Versen gelegt hat (sein Tagebuch vermerkt den Kauf von *einem Pfund der feinsten*
Wiener Chocolade, und auch Ulrike spricht in ihren Erinnerungen davon).

Vieldeutig fährt er fort: *Meine nachsichtigen Lieben nehmen mich ja wie ein, in Reifen geschloßnes Gefäß, ruht es auch im Finstern ganz im Stillen, so verbessert sich doch sein Inhalt. Möge es mir gelingen von Zeit zu Zeit hievon Beweise zu geben.*

Spielt er auf seine »Marienbader Elegie« an?

Ich darf sie nicht aus Händen geben, hieß es 1824. Und *er werde sie noch lange nicht, vielleicht nie drucken lassen*, 1823.

1827 veröffentlicht er sie in der »Trilogie der Leidenschaft«. Er stellt das 1826 geschriebene Gedicht »An Werther« voran; mit den trostlosen Zeilen: *Zum Bleiben ich, zum Scheiden du, erkoren / Gingst du voran – und hast nicht viel verloren*, läßt die »Elegie« als Mittelteil folgen und schließt mit den zuerst entstandenen, Maria Szymanowska gewidmeten, nun »Aussöhnung« betitelten Versen.

Was mag in Ulrike, was in Amalie von Levetzow beim Lesen vorgegangen sein? Haben sie es überhaupt zur Kenntnis genommen? Keine Briefzeile spricht davon. Nichts ist überliefert.

Wechseln wir wieder Ort und Zeit, kehren nach Ilmenau zum Morgen des 28. August 1831 zurück, da Goethe *jenes Glas* vor sich stellt, *das* ihm *die schönsten Stunden vergegenwärtigt.*

Das *holde Glas*, das ihn *erfreut nicht getröstet* habe, wie er Ulrike einst schrieb.

Indessen bleibt der zierliche Becher der Vertraute meiner Gedancken, die süßen Nahmenszüge nähern sich mei-

nen Lippen, heißt es 1824 an Frau von Levetzow. Und 1827: *Das mit Nahmen und Andencken so reich verzierte Glas steht mir immer zur Seite verwahrt, nur bey ganz besonderen Gelegenheiten wird es hervorgenommen...*

1831 geht es sogar mit auf die Reise. Der *Becher der Vertraute* seiner *Gedancken*.

Die ausschließlich männliche Gesellschaft dieser Geburtstagsfeier. Die Fahrt nach Elgersburg; thüringische Mittelgebirgslandschaft, durchaus der des böhmischen Gebirges ähnlich: Elgersburg – Elbogen.

...auf dem Lande, freundlich veranstalteten Festlichkeiten ausweichend, heißt es an Frau von Levetzow.

In Weimar indes wird, wie Kanzler Müller nach Ilmenau berichtet, an diesem 28. August 1831 Goethes *kolossale, herrlich gelungene Marmorbüste von David in Paris auf der Bibliothek mit Gesang, Rede und Musik aufgestellt*. Danach findet ein *Diner mit 200 Personen* statt. Am frühen Nachmittag gibt die regierende Herzogin Maria Pawlowna, so Müller an Goethe, *Ihnen zu Ehren, die erste diesjährige Cour in Belvedere*.

Die Feyer meines Geburtsfestes war dießmal zu meiner Beschämung brillant, kommentiert der Abwesende. *Ich, der ich es voraussah, entzog mich in ein heiteres Bergstädtchen am Thüringer Walde.*

V

Der nächste Morgen in Ilmenau: 29. August.

Wie gewohnt muß Goethe gegen fünf Uhr aufgestanden sein. Ein heftiger Schreck: Er findet seinen Enkel auf dem Boden der Stube.

Wenig später aber sitzen beide gemeinsam am Frühstückstisch. *Früh gegen 6 Uhr mit Wölfchen gefrühstückt*, notiert er in sein Tagebuch.

Auch der Enkel hat zur Feder gegriffen. *Ich bin diese Nacht aus dem Bett gefallen und habe auf der Erde geschlafen*, teilt er der Mutter mit. *Montag den 29sten August Morgens 1/2 6* (GSA 37/XXX VII, 3).

Ein ungewöhnlicher Vorgang, daß ein Zehnjähriger am frühen Morgen einen Brief schreibt.

Ist es die Freude über seine Fortschritte? Am 4. Juni 1829 hatte sein Vater noch Ottilie geschrieben: *belobe Walther wegen seiner reinlich und orthographisch geschriebenen Briefe; Wolf kann seinen Namen noch nicht schreiben, er schreibt immer statt Goethe Goehte.*

Oder läßt er sich vom stets tätigen Großvater anstecken, eifert ihm nach?

Aus Goethes knappen Notizen wissen wir, daß Wolf für

ihn zuweilen anstrengend ist. *Mittag Wölfchen. Lobens-
würdige, aber höchst unbequeme, unermüdete Thätigkeit
des Knaben,* heißt es am 3. November. Am 15. Dezember:
*Wölfchen förderte bey Licht wie diese Tage her seine Prä-
parationen und grammatischen Aufgaben, das Ordnen
der ihm verehrten Opernbüchelchen, die Abschrift seiner
Theaterkritiken mit einer fast unbequem werdenden thätigen Leidenschaft.* Am 4. Januar: *War Wölfchen viel gegenwärtig, aber sehr muthwillig.*

Dennoch bleibt die Nähe zu ihm, vertieft sich sogar in
Goethes letzten Lebensmonaten.

Das Frühstück zu zweit. Das Tagebuch vermerkt es nur,
wenn ein besonderer Anlaß vorliegt. 25. September: *Wölfchen referirte bey'm Frühstück die folgenden Acte des Al-
penkönigs* (von Ferdinand Raimund) *und schrieb nachher
seine Recension auf.* 25. Januar: *Wölfchen erzählte bey'm
Frühstück von den gestrigen Exhibitionen.* 17. Februar:
*Wölfchen hatte bey'm Frühstück die Aufführung der Ar-
mide* (Oper von Christoph Willibald Gluck) *erzählt und
war übrigens in allen Zwischenstunden sehr fleißig.*

Auch das Interesse an der bildenden Kunst verbindet
beide. 17. Januar 1832: *Nach Tische mit Wölfchen Kupfer
angesehen und ihn urtheilen lassen.* 22. Januar: *Nach Tische mit Wölfchen Zeichnungen neuerer Künstler angesehen bis gegen Abend.* 20. Februar: *Wölfchen störte die
Zeichnungen auf, die in dem Zeichentische unter dem
Spiegel verborgen waren.* Vermutlich sind es Goethes eigene frühe Zeichnungen, die er – nach Clemens Wenzeslaus Coudrays Zeugnis – wenig später durchsieht. Zusammen mit dem Zehnjährigen?

Auch, daß es geradezu Momente einer Zusammenarbeit
gibt, geht aus Goethes Notizen hervor. 8. Dezember 1831:

Durch Wölfchens Veranlassung einiges Ifflandische gele-
sen. 4. Januar 1832: In den Bänden des Mazzuchellischen
Kabinetts gelesen. Ferner in den Gefahren des Meeres,
mitgetheilt von Wölfchen. 17. März 1831: Auf Wölfchens
Veranlassung wurde der Globus geholt und die letzte Rei-
se der Russen um die Welt dadurch versinnlicht. 21. Ok-
tober: Abends Hofrath Riemer. Gingen einiges durch. Be-
sprachen anderes in Gegenwart und mit Theilnahme von
Wölfchen, der sich nach seyner Art herbeygethan hatte.

Immer wieder ist von seinem Fleiß die Rede. 19. November: *Wölfchen arbeitete an seinen Theaterrecensio-*
nen. 19. Dezember: *Wolf schrieb noch seine Kritik: Die*
Entführung aus dem Serail.

Und Walther?

Den Goethe als Kleinkind, wie ein Brief vom 16. Juni
1819 bezeugt, *für das allerliebste Geschöpf von der Welt*
hält. Von seiner *großväterlichen Affenliebe* spricht er,
wenn auch sein Verhältnis zum Enkel nicht immer gleich-
mäßig ist.

Am 30. Januar 1823 notiert er: *Einige leichte pädago-*
gische Mißhelligkeit mit Walther. Ein Jahr zuvor, als er in
Eger weilt, heißt es: *manchmal wünsche Waltern zu mir.*
Es giebt so manches woran das Kind sich hoch vergnügen
würde.

Der kleine Walther kam gesprungen, notiert Eckermann am 1. Dezember 1823 über den Fünfeinhalbjähri-
gen, *und machte sich an Zelter und seinen Großpapa mit*
vielen Fragen! ›Wenn Du kommst, unruhiger Geist‹, sagte
Goethe, ›so verdirbst Du gleich jedes Gespräch!‹ Eckermann fügt hinzu: *Übrigens liebte er den Knaben und war*
unermüdet ihm alles zu Willen zu tun.

An seinen in Italien weilenden Sohn schreibt Goethe am 25. Juni 1830: *daß die beiden Bürschchen gleichfalls ausgetreten sind; der Eine nach Frankenhausen, der Andere nach Dessau*, das bedeute für ihn, *daß ich die Gegenwart ihrer Arten und Unarten jeden Augenblick vermisse.*

Walther ist also keineswegs *aus dem Kreise großväterlicher Liebe hinausgeführt.*

Die Reise nach Ilmenau scheint auch die Nähe zu ihm befördert zu haben. *Abends Walther. Artig und unterhaltend,* notiert er am 28. Oktober. Am 11. November: *Mit Walther gespeist, welcher unter vielerley Späßen seine Wünsche und Bitten anbrachte.* Welche mögen es gewesen sein, die der Dreizehnjährige dem Großvater vortrug? Ein Instrument, Noten, Befreiung vom Zeichenunterricht oder eine Reise nach Leipzig, um dort die Oper zu besuchen? Seine Leidenschaft für die Musik. *Walther ... singend und tanzend, in seiner ganzen Possenhaftigkeit,* heißt es einmal. Am 25. November hält Goethe fest: *Mittag Dr. Eckermann und Walther. Letzterer producirte singend den größten Theil von Chelards Macbeth* (Oper, sechs Tage zuvor in Weimar aufgeführt). Ein anderes Mal: *die Kinder, welche ihren Singparoxismus hatten.*

Er beschreibt, unter dem Datum des 7. Dezember 1831, die unterschiedlichen Temperamente: *Wölfchens Recensionen sind deßhalb sehr merkwürdig, weil er dieselben nicht anders als beurtheilend aufnimmt, anstatt daß Walther sich nach der Absicht des Dichters und Spielers zu leidenschaftlichem Antheil hinreißen läßt.*

Und er kommentiert Walthers Leistung: *Es ist wundersam, wie solche eingeborne Fähigkeiten durch äußere lebhafte Anlässe sich entwickeln und steigern.*

Am 10. März 1832 vermerkt er: *Walther aus dem Don*

Juan (Mozarts »Don Giovanni«) *zurückkehrend und die Melodien nachsingend.*

Goethes Aufmerksamkeit für seine Enkel. Bis zuletzt sorgt er für ihre Ausbildung, läßt die Arbeit ihrer Privatlehrer nicht aus den Augen.

30. Oktober 1831: *Mittag Herr Rothe. Unterhielt mich mit ihm über der Kinder Fortschritte und war mit seiner Weise den Unterricht zu behandeln wohl zufrieden.* 4. Januar: *Mit Dr. Eckermann, Rothe und den Knäblein gespeist.* Einen Tag danach: *Mittags mit Herrn Rothe und den Knaben.*

Vom 4. Januar ist ein Billett Goethes überliefert, mit der Bitte, seine Enkel bis Ostern von der Zeichenschule zu dispensieren. Der Adressat ist unklar. Vielleicht ist es Johann Christian Schuchardt, Kustos an der Zeichenschule und seit 1825 auch Goethes Sekretär. Wenig später jedenfalls beauftragt er ihn, seine Enkel mit dem nötigen Zeichenmaterial auszustatten, und legt die Stunden fest.

Die Privilegien, die sie durch ihren berühmten Großvater genießen. Die großzügige und finanziell völlig sorgenfreie Atmosphäre, in der sie aufwachsen.

Wie Goethe nach dem Tod seines Sohnes die Vaterstelle gegenüber dessen Kindern ausfüllt, nötigt großen Respekt ab.

Daß er sie aber bereits zu Lebzeiten des Sohnes zuweilen autoritär einnimmt, wird das schwierige Verhältnis zum Sohn zusätzlich belastet haben. Eine Widmung an Ottilie läßt dies vermuten: *Daß dem Vater in dem Sohne / Tüchtig-schöne Knaben bringst,* schreibt er 1821 *der unter meinen Augen aufgewachsenen lieben Gattin meines Sohnes.*

Goethe kann den Kindern Dinge bieten, sie mit Verführungen locken, die August nicht zu Gebote stehen.

Geht er zuweilen im Verwöhnen zu weit, überschätzt in großväterlicher Verliebtheit Anlagen und Leistungen seiner Enkelkinder?

Unterschätzt andererseits, welche Last er ihnen – objektiv – mit seinem großen Namen aufbürdet.

Acht Jahre nach seinem Tod wird in Leipzig eine Komposition Walthers, sein »Allegro Opus 2«, aufgeführt.

In der »Neuen Zeitschrift für Musik« Nr. 42 vom 22. Mai 1840 schreibt Robert Schumann: *Wir begrüßen in oben genannten Componisten einen Enkel Göthe's, der ihn als Kind noch scherzweise seinen »Musiker« nannte, mit seinem prophetischen Geist vielleicht vorhersehend, daß sich Walther einmal ganz der Musik widmen würde, für die er schon in frühesten Jahren Anlagen zeigte.*

Schumann fügt hinzu: *Ein großer Name ist eine gefährliche Erbschaft ... Ob nun Göthe'sches Blut in ihm fließt, läßt sich nach einer so kleinen Arbeit freilich nicht ermessen.*

Der Maßstab Goethe. Die Last des großen Namens. Beide, Walther und Wolfgang, werden zeitlebens daran gemessen, leiden darunter, sind ihr schwerlich gewachsen. Weder die Hoffnungen des einen auf eine Laufbahn als Komponist noch die des anderen auf eine als Dichter erfüllen sich. Enttäuscht ziehen sich beide – dennoch weiter unermüdlich tätig – ins Privatleben zurück.

Walther studiert in Leipzig, Stettin und Wien Philosophie. Er setzt sein Komponieren fort; läßt sich in Leipzig von Felix Mendelssohn Bartholdy, in Stettin von Carl Löwe beraten.

Ein Gutachten von Mendelssohn, das ihm, wenngleich Talent, doch unzureichende musikalische Ausbildung bescheinigt, verletzt ihn so, daß er bereits 1839 in einem Brief vom 28. April an seine Mutter schreibt, er habe *keinen musikalischen Mut* mehr, sondern nur *noch musikalischen Fleiß*.

Sein im Goethe- und Schiller-Archiv aufbewahrter Nachlaß enthält etliche Liederzyklen, Opern und Klavierwerke; die Mehrzahl harrt der Aufführung.

Wolf studiert in Bonn, Jena, Heidelberg und Berlin Jura und Philologie, er promoviert 1845. Bereits mit zweiundzwanzig veröffentlicht er literarische Arbeiten; der ausbleibende Erfolg entmutigt auch ihn, wie bei seinem Bruder entsteht *ein innerer geheimer Widerwille gegen alles Veröffentlichen*.

Wolf, den eine früh eintretende neuralgische und rheumatische Erkrankung stark beeinträchtigt, tritt mit zweiunddreißig Jahren in den diplomatischen Dienst Preußens. Für acht Jahre versieht er ihn in Rom und Dresden, um ihn mit vierzig zu quittieren. Fortan arbeitet er als Privatgelehrter, plant eine »Geschichte der italienischen Bibliotheken bis 1500«; Teile davon veröffentlicht er bei Frommann in Jena; der dortigen Universität übergibt er auch seinen Nachlaß.

Nach einer längeren Zeit in Wien, unterbrochen durch Bäderaufenthalte, lebt er ab 1870 wieder in Weimar. Die letzten vier Jahre verbringt er, von einem Pfleger betreut, in Leipzig, wo er 1883 stirbt.

Walther, der ebenfalls über zehn Jahre in Wien lebte, kehrt 1852 in die thüringische Residenz zurück und übernimmt die Verwaltung des großväterlichen Nachlasses. Er sieht sich als dessen *Wächter, Hüther, – und Stationsbeamter*, wie er Carl Alexander, dem Lern- und Spielgefährten seiner Kindheit, schreibt. 1853 tritt dieser die Regentschaft des Herzogtums an. Er ernennt beide Brüder zu Kammerherrn, dann zu Freiherrn. Walther von Goethe berät den Herzog auch in Kunstfragen, beide verbindet eine enge Freundschaft.

Walther von Goethe stirbt – wie sein Bruder unverheiratet und kinderlos – im Jahr 1885.

In einem Testament vom 24. September 1883 übereignet er die beiden Häuser und sämtliche Sammlungen seines Großvaters dem Großherzogtum Sachsen-Weimar-Eisenach.

Alma von Goethe, die ihrer Mutter nach Wien folgte, 1844 für kurze Zeit in Weimar weilte, um in die Hofgesellschaft eingeführt zu werden, im gleichen Jahr noch nach Wien zurückging, ist dort, *sechszehn Jahre jung*, am 29. September 1844 an Typhus gestorben.

Es ist nicht nur der große Name Goethe, der das Leben von Walther und Wolf belastet, sondern es sind auch die überspannten Erwartungen ihrer dominierenden und exzentrischen Mutter, die eine standesgemäße Künstlerexistenz von ihren Söhnen erwartet.

Obgleich sie mit der Lebensführung und den Maximen ihrer Mutter nicht übereinstimmen – von *Familienherumzigeunern* spricht Walther, und am 19. Januar 1842 schreibt er der Mutter: *Die Vornehmigkeit, Geldbesitzigkeit kurz das ganze Trarara der Welt kommt mir miserabel vor* –, können sie sich nicht von ihr lösen.

Walther scheint sein soziales Engagement für die Armen

in der vorachtundvierziger Zeit in Wien vor seiner Mutter geheimgehalten zu haben. Auch seine literarischen Arbeiten, unter denen sich Texte sozialutopischen und sozialkritischen Inhalts befinden – so in seinem Buch »Fährmann hol über!« – läßt er anonym erscheinen.

Vielleicht sind es die Erlebnisse des Vierzehnjährigen in Ilmenau, die sein soziales Gespür wecken; die Begegnungen mit den Menschen, die *das ganze Jahr weder Brot noch Butter noch Bier zu sehen kriegen und nur von Erdäpfeln und Ziegenmilch leben*, jene *Kohlenbrenner, Holzhauer* und *Glasbläser*. Nach denen der Großvater, wie Mahr belegt, sich erkundigt: *Mich selbst fragte er mehreres über Bergbauverhältnisse und über die Beschäftigungen der ärmeren Arbeiter im allgemeinen.* Und die Bergknappen, denen Goethe – wie Mahr ebenfalls überliefert – am Abend seines Geburtstages *ein ansehnliches Geschenk zur Ermöglichung einer heitren Stunde nach schwerer Arbeit* macht.

Zurück zum Morgen des 29. August in Ilmenau. Während *der gute Walther* wohl, wie die Tage zuvor, *sein Morgenschläfchen* fortsetzt, teilt Wolf seiner Mutter mit: *Heute werden wir wohl nicht auf den Hochofen fahren können, da es sehr regnet* (GSA 37/XXXVII, 3).

Der von Goethe für diesen Tag vermerkte Barometerstand beträgt: *29. ⟨8.⟩: 6 Uhr früh 26. 8, 5. / 8 Uhr früh 26. 8, 6.*

Man disponiert um, entscheidet sich für ein nahegelegenes Ziel. Inzwischen ist auch Walther aufgestanden.

Goethe notiert: *Die Kinder zum Rentamtmann Mahr. Derselbe und von Fritsch mit den Kindern in die Puppenfabrik.*

Und: *Ich blieb zu Hause.*

Vielleicht sieht er nochmals die Postsendungen durch, die am Vortag mit einem Boten aus Weimar gekommen sind. Nimmt die Zeitschrift »Chaos« zur Hand. Überfliegt ein zweites Mal Ottiliens Zeilen.

Greift zur Feder. *Schönsten Danck für den freundlichen Gruß und für das Gesendete! Möge bey Euch alles glücklich gegangen seyn wie bey uns.* Darunter schreibt er: *Briefe der Kinder liegen bey.* (Auch Walther muß der Mutter geschrieben haben. Seine Briefe sind nicht überliefert.)

Goethe weiter an Ottilie: *Ein Conzept des Tagebuchs wird H. Kanzler mittheilen. Der Bote eilt. Das aller beste! Baldiges Wiedersehn. Ilmenau d. 29. Aug. 1831.* Und darunter: *Grüße Alma schönstens und fahre fort uns alle zu lieben und zu dulden!*

Möglicherweise meldet der Diener Krause, daß der Bote im Hausflur des Gasthofes bereits abmarschfertig wartet, ungeduldig von einem Fuß auf den anderen tritt. *Ich entschließe mich das Conzept eines Tagebuchs mitzusenden, um den Boten nicht durch Reinschrift aufzuhalten,* heißt es an Kanzler Müller.

Und: *Deshalb ich auch schließlich eilend meinen treusten Danck wie⟨der⟩hole und mich an Hohen und Geselligen Orten bestens zu empfehlen bitte.* Er legt das Conzept des *Tagebuchs* mit der Bemerkung bei: *welches meiner Fr.⟨au⟩ Tochter mitzutheilen bitte.*

Am Mittag folgt Goethe einer Einladung in die Alte Försterei. *Um 1 Uhr zu Herrn von Fritsch; speisten daselbst.* Hat der Regen aufgehört?

Wenn ja, legt Goethe die kurze Wegstrecke vermutlich zu Fuß zurück. Das beim Stadtbrand von 1752 zerstörte Rokokoschloß. Einzig ein Seitengebäude ist erhalten: die Alte Försterei, ein schön proportioniertes Gebäude. (Es steht noch heute; ist allerdings in einem erbarmungswürdigen Zustand; bröckelnder Putz, über einem der Fenster kündet eine Tafel: »Hier wohnte Goethe«.)

Goethes Gastgeber ist der Sohn seines einstigen Erzfeindes, des Freiherrn Jakob Friedrich von Fritsch. Als Goethe 1776 nach Weimar kommt, ist Fritsch bereits seit einem Vierteljahrhundert im Dienst des Fürstentums, ist Präsident des Geheimen Consiliums. Diesen jungen Bürgerlichen will er nicht als Kollegen anerkennen, er droht mit seiner Demission; daß er *in einem Collegio dessen Mitglied gedachter D. Goethe anjetzt werden soll, länger nicht sitzen* könne. Carl August weist ihn scharf zurecht, spricht vom *außerordentlichen Talente* Goethes, sein *Kopf und Genie* sei *bekannt.*

Fritschs Sohn Friedrich August hat die Forstbeamtenlaufbahn eingeschlagen. Mit sechsundzwanzig Jahren kommt er 1794 als Forstmeister nach Ilmenau.

Zwei Jahre später nimmt er Goethe und den kleinen August, in jenem düsteren November mit dem Wassereinbruch im Bergwerk, nach dem Tod des Wirts »Zum Goldenen Löwen«, in die Alte Försterei auf.

Auch 1813, als Goethe im Beisein Carl Augusts seinen Geburtstag in Ilmenau feiert, ist eine opulente Mittagstafel bei Fritsch gedeckt. Daß das *Speisezimmer mit Blumengirlanden* geschmückt und *der Mundkoch des Herzogs einige Stücke des Desserts mit eigenen Poesien verziert* hat, ist überliefert.

Vier Jahre später bereiten August von Goethe (der in seiner Eigenschaft als Kammerrat öfter in Ilmenau zu tun hat) und Fritsch Goethe zu seinem 68. Geburtstag *ein unerwartetes Fest.*

Oberforstmeister von Fritsch hatte von Ilmenau her mit meinem Sohne ein frohes Gastmahl veranstaltet. Als Ort wählen die beiden die Ruine des Klosters Paulinzella. Goethes Freude ist groß, denn er war nie dort: *Seit vierzig Jahren zu Wagen, Pferd und Fuß Thüringen kreuz und quer durchwandernd, war ich niemals nach Paulinzella gekommen, obgleich wenige Stunden davon hin und her mich bewegend.*

1821 besucht Fritsch Goethe in Marienbad. Inzwischen ist er zum Kammerrat aufgestiegen; 1823 wird er zum Kammerdirektor, 1828 zum Oberlandjägermeister des Weimarer Fürstentums ernannt.

Im August 1831 kommt der inzwischen Zweiundsechzigjährige als offizieller Vertreter nach Ilmenau, um dem Jubilar die Glückwünsche des Hofes zu überbringen.

Das Mittagessen in der Alten Försterei, die nun vom Forstmeister König bewohnt wird.

Auch die Enkel sind zugegen.

Und Mahr.

Dieser erzählt ihm, Hofkommissar Hetzer wohne gleich nebenan. Goethe kennt ihn von früher.

Nach dem Essen sucht er ihn auf.

Heinrich Georg Wilhelm Hetzer ist 1750 geboren. (Sein Todesjahr wird wie das Goethes 1832 sein.)

Hetzer hat zunächst in Jena, dann in Ilmenau als Kaufmann und *Hofcommissär* gearbeitet, hat eine Tuchfabrik gegründet.

Goethe erwähnt ihn in Zusammenhang mit dem betrügerischen Steuereinnehmer Gruner; wie *von Fritsch und Ekart* habe auch *Hetzer* den Betrüger *protegiert*.

Im Oktober 1784 bringt er ihm Muster und Tabellen für seine Tuchfabrik mit. Auch 1813 besucht er ihn, besichtigt seine Bandstühle, sie erörtern technische Fragen über Färberei und Spinnmaschinen.

Bergwerkserinnerungen könnten die beiden austauschen. Mehrfach ist Hetzer – laut Bergwerksakten – bei den *Gewerken-Versammlungen* anwesend.

Aber das geschieht wohl kaum.

Eher ist Frankfurt am Main ihr Thema. Hier ist Hetzer geboren, wie Goethe hat er seine Heimatstadt verlassen, ist aus dem Hessischen ins Thüringische ausgewandert.

Die beiden alten Männer am frühen Nachmittag des 29. August. Sprechen sie über Kindheits- und Jugenderlebnisse in Frankfurt am Main?

Über die im Frühjahr und zu Michaelis stattfindenden Messen, *welche in sämtlichen Kinderköpfen jederzeit eine unglaubliche Gärung hervorbrachten … die vielen Buden…, das Wogen und Treiben, das Abladen und Auspacken der Waren…* Über den die Messe ankündigenden *Geleitstag, das ganze Volk war auf den Beinen, drängte sich nach der Fahrgasse, nach der Brücke, bis über Sachsenhausen hinaus, alle Fenster waren besetzt…*

Oder erinnern sie sich an das *Pfeifergericht*, an die *wunderliche Musik* der *drei Pfeifer, deren einer eine alte Schalmei, der andere einen Baß, der dritte einen Pommer oder Hoboe bläset,* an ihre *mit Gold verbrämte⟨n⟩ Mäntel?*

An die Besetzung der Stadt durch die Franzosen im Siebenjährigen Krieg? An die Krönungsfeierlichkeiten Josephs II. 1764? Dreizehn, vierzehn waren sie da.

Goethe notiert lediglich: *Nach Tische besucht' ich den alten gleichzeitigen Hofcommissär Hetzer.*

In einem späteren Brief vermerkt er noch, als berühre der Prozeß des Alterns ihn nicht: *Gute damalige Zeitgenossen hatten gealtert...*

Er kehrt in den Gasthof zurück.

Das Wetter erlaubt die Fahrt der Enkel zum *Hochofen* doch noch. Mahr und Fritsch erklären sich bereit. *Jene Herren fuhren mit den Kindern in die Eisengießerey nach Amt Gehren,* steht im Tagebuch.

Und: *Ich setzte jene Lectüre fort.*

Am Nachmittag des 27. August notiert er: *Ich war zu Haus geblieben und las in Herzogs altdeutscher Litteratur und von Knebels Übersetzung des Lucrez neue Ausgabe.* Am 28.: *Ich setzte obige Lectüre ... fort.*

Sein lakonischer Kommentar am 27.: *Seltsamster Kontrast!* Und am 28. ist von *manchem Kopfschütteln* die Rede.

Letzteres gilt offenbar der noch druckfrischen, gerade in Jena erschienenen »Geschichte der deutschen National= Litteratur mit Proben der deutschen Dichtkunst und Beredsamkeit. Zum Gebrauch auf gelehrten Schulen und zum Selbstunterricht dargestellt von Dr. Karl Herzog«.

Der Verfasser gliedert die Literaturgeschichte in sechs

Zeiträume. Der erste umfaßt die *Periode von dem Anfang der Litteratur bis zum* 12. *Jahrhundert*. Der letzte *begreift alle Erzeugnisse der National=Litteratur von der Mitte des achtzehnten Jahrhunderts bis auf unsere Zeit*. Dieser in sich noch nicht abgeschlossene Zeitraum ist bloß in Umrissen geschildert; auch hielt ich es für unnöthig, Proben von Schriftstellern zu geben, die noch täglich gelesen werden und in den Händen der ganzen gebildeten Welt sind.

Zum besseren Verständnis hat Herzog *ein alphabetisches Verzeichniß der Schriftsteller mit Angabe ihres Geburts- und Todesjahres, ihrer Heimat und der Periode ihrer Wirksamkeit* beigefügt.

Göthe ist der *Periode* 6 zugeordnet, beim Todesjahr klafft eine Lücke. Unter der Rubrik »Prosaische Litteratur« kann er auf Seite 357 über sich lesen: *Mit Göthe's Werthers Leiden beginnt die Reihe der sentimentalen Romane, mit denen bald die Litteratur zur Ungebühr überschwemmt wurde, und die nicht wenig zu einer heil- und kraftlosen Empfindelei beitrugen*. Unter der Rubrik »Dramatische Dichtungen«: *Das größte Verdienst in dem dramatischen Gebiete gebührt Göthe und Schiller*. Wenige Zeilen weiter heißt es: *Die fruchtbarsten Dramatiker waren August Wilhelm Iffland ... und August Friedrich Ferdinand von Kotzebue*. Kotzebue wird auch als der *fruchtbarste deutsche Lustspieldichter* bezeichnet. Direkt danach heißt es: *Auch Göthe versuchte sich im Lustspiel ...*

Unter »Epische Dichtungen« ist auf Seite 351 zu lesen: *Der ausgezeichnetste Balladendichter ist Bürger; aber auch J. L. Graf zu Stolberg, Göthe, Schiller und in der neuesten Zeit Ludwig Uhland ...*

Und so weiter.

Das Anhäufen biographischer und bibliographischer Fakten, ihre abstrakte Systematisierung, eine normative Ästhetik ohne geschichtliche Einordnung und künstlerische Wertung ist Goethe suspekt. Verächtlich spricht er am 20. August 1831 an Zelter über die *Herrn Sulzer, Bouterwek und Consorten*, die einer solchen Literaturgeschichtsschreibung huldigen.

Nun ist Goethe durchaus kein Gegner von Literaturgeschichten. Er gebraucht das in sechs Bänden in Leipzig von 1806 bis 1811 erschienene »Lexikon der deutschen Dichter und Prosaisten« von Karl Heinrich Joerdens. Ebenso Eichborns Literaturgeschichte. Besonders schätzt er Johann Friedrich Ludwig Wachlers Arbeiten. Am 24. Oktober 1819 schreibt er an diesen: *Den Artickel mich selbst betreffend konnte ich nur mit Rührung aufnehmen.* Zu späteren Ausgaben von Wachler notiert er am 14. November 1827 in einem Konzept, Wachlers *gehaltvolle Urtheile* hätten ihn *gefördert und erbaut.*

Offenkundig – sein *Kopfschütteln* legt es nahe – gilt das nicht für Herzog.

Die zweite Lektüre ist Lukrez' »Von der Natur der Dinge« (»De rerum natura«) in der Übersetzung Karl Ludwig von Knebels.

Knebel, Goethes *Urfreund.*

In das Jahr 1774 fällt ihre erste Begegnung. Knebel ist fünf Jahre älter, er wird den Freund um zwei Jahre überleben, er stirbt 1834, neunzigjährig.

Im ersten Weimarer Jahrzehnt ist er einer von Goethes engsten Vertrauten. Sozial engagierte, scharfe Beobachtungen teilt er ihm mit. So aus Ilmenau jenes: *wir habens so weit gebracht, daß oben immer in einem Tage mehr verzehrt wird, als unten in einem beygebracht werden kann* oder sein Urteil über den *Herzog,* der *seine Existenz im Hetzen und Jagen* habe.

Knebel ist ein unabhängiger Denker; er gilt *für einen der gescheitesten Köpfe in Weimar.*

1773 quittiert er den Dienst als preußischer Offizier in Potsdam. Von 1774 bis 78 ist er Erzieher am Weimarer Hof. 1781 verläßt er wiederum den Fürstendienst. Oder verliert er die Stellung? Carl August sichert ihn durch eine lebenslange finanzielle Zuwendung ab.

Ein Aussteiger ist er.

Mit vierzig Pensionär, widmet er fortan seine Zeit der Schriftstellerei und Übersetzertätigkeit.

Auch im Privaten sind seine Wege nicht gewöhnlich. Nachdem seine Werbung um Charlotte von Lengefeld, die spätere Frau Friedrich Schillers, scheitert, lebt er lange allein. Erst mit vierundfünfzig, 1798, heiratet er die über dreißig Jahre jüngere Sängerin Luise Rudorf. Während ihres ersten Engagements am Weimarer Theater hat Carl August sie geschwängert; sie bringt einen zweijährigen Sohn in die Ehe mit. Knebel adoptiert das Kind, zieht es als sein eigenes auf.

Mitte der achtziger Jahre beginnt er »De rerum natura«, das Hauptwerk des römischen Dichters Titus Lucretius Carus (um 97 bis 55 v. Chr.) ins Deutsche zu übertragen. Lukrez vermittelt darin die Lehre des ungefähr 250 Jahre vor ihm lebenden Philosophen Epikur auf poetische Weise; dies soll als Honig den bitteren Saft der Philosophie schmackhaft machen.

Die materialistischen und religionskritischen Auffassungen von Epikur und Lukrez kommen Knebels eigenen entgegen. Auch die Maxime beider: *Lebe im Verborgenen* entspricht der seinen.

Über dreißig Jahre arbeitet er an der Übersetzung.

1798 verlegt Knebel seinen Wohnsitz – wie gesagt, hatte Herder ihm geraten: *Ziehen Sie nach Ilmenau* – in den Thüringer Wald. Sechs Jahre lebt er dort.

In der Zeit der engen Freundschaft zwischen Goethe und Schiller schließt Knebel sich eng an Herder an. Ihre unterschiedliche Haltung zur Französischen Revolution entfremdet Goethe und Knebel; im steten Briefaustausch versuchen sie aber die Differenzen zu mindern und zu überbrücken. Nach Herders und Schillers Tod kommen sie einander wieder näher.

Goethe ist insbesondere an Knebels Umgang mit der Antike interessiert. Er selbst will über Lukrez arbeiten. Aber es bleibt bei Entwürfen.

So schreibt er, als Knebel 1821 seine Übersetzung veröffentlicht, eine Vorrede. Rezensiert das Werk 1822 in seiner Zeitschrift »Kunst und Altertum«.

Für die Neuausgabe 1831 steuert er einen empfehlenden Brief bei, verfaßt am 27. Februar 1830. Auch in seine »Materialien zur Geschichte der Farbenlehre« nimmt er eine Passage aus Knebels Lukrezübertragung auf.

Diese sechs Bücher der »Zweiten vermehrten und verbesserten Auflage«, in Leipzig gerade druckfrisch bei Johann Georg Göschen erschienen, sendet Knebel Goethe nach Ilmenau.

Deine liebwerthe Sendung, theuerster Herr und Freund, bedankt dieser sich am 21. Oktober, *kam glücklicher Weise mir in dem Augenblicke zu Handen, als ich, in Ilmenau am Fenster stehend, deine Wohnung, wo du an dem trefflichen Werke schon emsig gearbeitet hattest, in der Nähe sehen und den Platz davor in seiner grünen Baumreihe wieder erkennen durfte.*

Noch heute kann man vom ehemaligen Standort des »Goldenen Löwen« (er existierte als Hotel bis 1989, wurde abgerissen, und an seine Stelle trat 1998 ein angeblich dem *historischen Gasthof angeglichenes*, aber eher lieblos wirkendes Wohn- und Geschäftshaus) schräg hinüber zum schön restaurierten alten Wenzelschen Haus blicken, in dem heute die Ilmenauer Touristik-Information untergebracht ist und eine Tafel an Knebel erinnert.

In dieser Lage, schreibt Goethe, *war mir denn der neue hübsche Band höchst erwünscht und ich konnte, meistens in ununterbrochener Stundenfolge, bey meinem dortigen Aufenthalt die drei ersten Bücher ungestört durchlesen.*

Sie waren mir nicht neu, aber höchst willkommen, und ich darf wohl sagen, wahrhaft rührend...

Goethe würdigt die Lebensleistung des Freundes: *Es darf dir wirklich in deinem hohen Alter ein heiteres Gefühl von Selbstzufriedenheit geben*, schreibt er, *wenn du bedenkst, was es heißen will und was es hervorbringt, wenn man sein Leben einem großen, fast unübersehbaren und kaum zu vollendenden Werke widmet.*

Mahr überliefert, daß Goethe nach dem Lesen des Lukrez gesagt habe, diese Lektüre überzeuge ihn davon, *daß sich die Gesinnungen der lebenden Menschheit stets wiederholen.*

Mit *Beziehung auf die kurz vorher erfolgten revolutionären Bewegungen* – die Pariser Julirevolution 1830 – *habe* er *gefunden, daß* damals (Mahr schreibt *vor 600 Jahren*, vor eintausendneunhundert Jahren müßte es heißen) *fast derselbe Geist unter dem Volke geherrscht habe, wie jetzt.*

Als Mahr, eine Generation jünger und offenkundig mit dem Revolutionsgedanken sympathisierend, sich *darauf die Frage erlaubte, was* Goethe *von diesen Bewegungen halte, gab er* – so Mahr – *mir die Frage zurück: ›Ist's dadurch besser geworden?‹* – *Besser glaubte ich nicht, aber manches anders,* entgegnet Mahr, *worauf* Goethe *erwiederte: ›Durch Stolpern kommt man bisweilen weiter, man muß nur nicht fallen und liegen bleiben.‹*

Selbst in diesen in *völliger Freiheit und Heiterkeit verbrachten Tagen* in Ilmenau steigt das Thema Julirevolution noch einmal auf.

Freilich ist es ein milder, fast versöhnlicher Nachklang zu Goethes früherer Erregung über die Ereignisse von 1830.

Von *Fieberanstoß, Erdbeben,* von einem *Abgrund,* der ihn zu verschlingen drohe, war die Rede.

Wohl dir daß du indessen in dem herrlichen Campanien hausest ..., schrieb er dem Sohn nach Italien und unterrichtet ihn über die Vorgänge in Thüringen.

Das *Übel* sei Weimar *immer näher gerückt,* schreibt er am 30. September. *Gera, Altenburg, besonders letztes* sei *stark beschädigt worden. In Jena ist es schon über 14 Tage unruhig, die Besseren haben das Mögliche gethan, doch mußte man zuletzt Militair hinüber schicken. Auch hier am Orte waren schon die wildesten Drohungen ausgestreut, die Personen genannt, welche man, in und mit ihren Häusern, zu beschädigen gedächte.*

Sind Goethes Ängste auf Grund der durchlebten Erfahrungen übersteigert? Oder seinem hohen Alter zuzuschreiben?
Wie real ist 1830 die Gefahr wirklich?

Am 21. September schreibt Caroline von Egloffstein aus Weimar: *alles fürchtet sich hier, vornehm und gering. Gestern abend um 1/2 6 Uhr, wie ich durch die kleinen Straßen ging, schlossen sich alle Riegel vor den Haustüren zu; alles spricht von Revolution und es ist niemand da, der Lust hätte, eine zu machen.*

Goethe sieht es offenbar anders. Im Brief an den Sohn heißt es: *Der Großherzog war abwesend, doch nach einigem Zaudern entschloß man sich unser sämtliches Militair heranzuziehen; achthundert Mann im Ganzen. Da mit und mit sonstiger Vorsicht hoffen wir durch zu kommen.*

Alle Klugheit, schreibt er Zelter am 5. Oktober, *der noch Bestehenden liegt darin, daß sie die einzelnen Paroxysmen unschädlich machen, und das beschäftigt uns denn auch an allen Orten und Enden.*

Das *uns,* das *wir – hoffen wir durchzukommen –* zeigt: Goethe fühlt sich den Herrschenden zugehörig, sieht sich eindeutig auf ihrer Seite.

Nun ist er kein Mann des *Ancien régime,* aber seine Sympathie für die Monarchie ist nicht zu leugnen.

Vielleicht gilt auch für ihn, was er über Friedrich Maximilian Klinger, den Freund aus der Sturm- und Drangzeit, sagt, als dieser in Rußland stirbt. *Es* sei *gut,* so Müllers Notiz vom 31. März 1831, *daß Klinger nicht wieder nach Deutschland kam... Er würde sich in unsrem sansculottischen Weimar und resp. Deutschland nicht wiedererkannt haben, denn seine Lebenswurzel war das monarchische Prinzip.*

Goethes vehemente Ablehnung der Ereignisse von 1830, die er unter anderem in Gesprächen mit Frédéric Soret, seinem jungen, für die Pariser Revolutionäre glühenden Freund, erörtert, lassen diesen zu dem Schluß kommen: Goethe sei *in der Theorie ein Anhänger der Demokratie, in der Praxis aber huldige er eher entgegengesetzten Anschauungen.*

Ein janusköpfiger Satz, der aber die widersprüchliche Wahrheit enthält.

In der Julirevolution 1830 sieht Goethe – wiederum wie in der Französischen Revolution – einen Akt der Willkür, dem keine gestaltenden, sondern überwiegend zerstörerische Kräfte innewohnen.

Jedes Gewaltsame, Sprunghafte, ist mir in der Seele zuwider, denn es ist nicht naturgemäß, äußert er nach Eckermann.

Gegen die Wirrnis-Erfahrung von Revolution setzt er seine Theorie der Metamorphose, des gesetzmäßigen, stufenweisen Verlaufs der Veränderung. Dieses Konzept versucht er empirisch zu untermauern durch seine Forschungen zur Optik, Botanik, Chemie und Geologie. Da der Mensch – in seiner säkularisierten Naturauffassung – Bestandteil des Kosmos ist, spricht er stets zugleich über menschliche Geschichte.

Wie er im Bereich der Naturwissenschaft den Vulkanismus negiert, als Neptunist auf die *ruhige Vollstreckung innerer Gesetze* in der Natur vertraut – *Polarität* und *Steigerung* sind ihm die großen Triebräder –, so plädiert er auch in der gesellschaftlichen Entwicklung – *die Zeit ... ist in ewigem Fortschreiten begriffen* – für einen evolutionären Gang der Geschichte.

Gleichzeitig lehnt er entschieden ab, als Parteigänger des Alten zu gelten.

Weil ich nun aber die Revolutionen haßte, so nannte man mich einen ›Freund des Bestehenden‹, äußert er nach einer Aufzeichnung Eckermanns vom 4. Januar 1824. *Das ist aber ein sehr zweideutiger Titel, den ich mir verbitten möchte.*

Wenn das Bestehende alles vortrefflich, gut und gerecht wäre, so hätte ich gar nichts dawider. Da aber neben vielem Guten zugleich viel Schlechtes, Ungerechtes und Unvollkommenes besteht, so heißt ein Freund des Bestehenden oft nicht viel weniger als ein Freund des Veralteten und Schlechten.

Versteckte Hinweise deuten auf Goethes Einschätzung, daß die Herrschenden sich die Schuld an den Ereignissen selbst zuzuschreiben haben.

So bezieht er sich im Brief an Zelter vom 5. Oktober, in dem vom *Pariser Erdbeben* die Rede ist, hintersinnig auf einen Vers von Horaz: *Innerhalb der Mauern Trojas wie außerhalb wird gesündigt.*

Mehr sag ich nicht, schließt er und unterschreibt anspielungsreich mit *Reineke Fuchs.*

In ihm ist eine durch Lebenserfahrung genährte, tiefsitzende Angst vor den *aufgeregten Wildheiten* einer *Volks- und Pöbelmasse.* (Für seine *Herzkrämpfe* ist ausreichend, daß die Studenten in Jena Fensterscheiben einschlagen und Möbel zertrümmern.) Nichts fürchtet er mehr als Massenkräfte, die in ihrem unberechenbaren Zorn, ihrer Unbedingtheit und Verführbarkeit die Voraussetzungen für Bildung und Kultur vernichten.

Seit 1789 sieht Goethe das Menetekel des Untergangs der europäischen Zivilisation in großen Lettern an die Wand der Geschichte geschrieben.

Wir sind wieder bei Goethes Lukrezlektüre und seinem Gespräch mit Mahr über die zurückliegende Revolution.

Eisenach und Ilmenau mußten durch Klugheit beschwichtigt werden, ist im Brief vom 30. September nach Italien zu lesen.

Was geschieht 1830 in diesen Orten? Und welcher Art ist die *Klugheit* in Ilmenau? Ich habe darüber nichts herausgefunden.

Gewiß nicht die der jungen Herzogin Anna Amalia, die kurz nach ihrem Regierungsantritt, schlecht beraten und völlig unangemessen, auf einen Beschwerdebrief der Ilmenauer Bürgerschaft vom 1. Februar 1768 mit einer Strafexpedition reagierte. Sie schickte Soldaten nach Ilmenau, die in der Nacht unbescholtene Bürger aus den Betten zerrten und verprügelten. Die Bürgerschaft legte daraufhin am 11. Juni des gleichen Jahres beim Reichskammergericht in Wetzlar *Beschwerde* wegen *Gewaltanwendung herzoglicher Truppen* ein.

Beschwichtigt schreibt Goethe; um Schadensbegrenzung, Wahrung des Friedens, um Ruhe, nicht um Beseitigung der Ursachen geht es. In jenem mit *Reineke Fuchs* unterzeichneten Brief heißt es: *Kommen wir darüber hinaus, so ist's wieder auf eine Weile ruhig.*

Diesen Satz kann man als Goethes Geschichtspessimismus oder, wie mir scheint, als realistische Zukunftseinschätzung lesen.

Im Ergebnis der *größte⟨n⟩ Denkübung*, zu der ihn die Julirevolution 1830 herausfordert, verringern sich seine Hoffnungen auf einen evolutionären Gang der Geschichte drastisch; in Zusammenhang mit den Ereignissen dieses Jahres steht seine Vision eines heraufkommenden *barbarischen Zeitalters*.

Wird das Amt Ilmenau, die Exklave des Herzogtums, davon ausgenommen?

Idealisiert Goethe sein thüringisches Arkadien, macht es in einer versöhnlichen Alterssicht zum Refugium?

Bereits im Brief an Schiller von 1795, in dem er, wie bereits zitiert, schreibt: *Ich war immer gerne hier ... ich glaube, es kommt von der Harmonie, in der hier alles steht. Gegend, Menschen, Clima, Thun und Lassen...*, sieht er Ilmenau und Umgebung durchaus positiv als Beispiel des *Übergangs vom Handwerck zum Maschinenwerck*, diesen *Übergang könne man überall* in Ilmenau vorfinden.

1831 wiederholt er es: *Die Menschen lebten alle vor wie nach ihrer Art gemäß, vom Köhler bis zum Porcellanfabrikanten. Eisen ward geschmolzen, Braunstein aus den Klüften gefördert ... Pech ward gesotten, der Ruß aufgefangen, die Rußbüttchen künstlichst und kümmerlichst verfertigt. Steinkohlen mit unglaublicher Mühseligkeit zu Tage gebracht, colossale Urstämme, in der Grube unter dem Arbeiten entdeckt ...*

Mitten im Satz springen seine Gedanken von der Menschen- zur Erdgeschichte: *und so ging's denn weiter, vom alten Granit, durch die angränzenden Epochen, wobey immer neue Probleme sich entwickeln, welche die neusten Weltschöpfer mit der größten Bequemlichkeit aus der Erde aufsteigen lassen.*

Mit den *neusten Weltschöpfer⟨n⟩* spielt er ironisch auf die Vulkanisten, im weiteren Sinn auf die Verfechter von Revolutionen an.

Und schließt mit dem für ihn so charakteristischen Bild

des unablässigen Tätigseins: *Im Ganzen herrscht ein wun-*
dernswürdiges Benutzen der mannichfaltigsten Erd- und
Bergoberflächen und -Tiefen.

29. August. Schon kürzer werdende Tage. Hereinbrechen-
de Dunkelheit. Das Warten auf die Rückkehr der Kinder.
Sie kamen halb 9 Uhr zurück, vermerkt das Tagebuch.

Ihre Erzählungen von feuererhellten Gesichtern der Arbeiter in der Eisengießerei Gehren, von der atemrauben-
den Hitze, der glühenden Masse des flüssigen Eisens ...

Der Ruf dann nach dem Diener Friedrich Krause, der
das Zubettgehen der Enkel zu beaufsichtigen hat; vielleicht Goethes Mahnung an ihn, Vorkehrung zu treffen,
daß Wolf nicht wieder aus dem Bett fallen könne.

VI

30. August. Der vierte und letzte Tag von Goethes Aufenthalt in Ilmenau.

Ein Tag, an dem er niemanden um sich haben, seine eigene Gesellschaft sein will.

Ich fuhr allein auf der Chaussée bis gegen Martinroda. ... Fuhr alsdann um die Stadt herum, gegen Langewiesen zu. Ferner die neue Chaussée nach Frauenwalde bis auf den Auerhahn.

Eine stundenlange Ausfahrt.

Ein letztes Mal besucht er jene Eiche, die er zwei Tage zuvor seinen Enkeln zeigte; *begrüßten unterwegs die dikke Eiche, die ich nun schon bald sechzig Jahre kenne,* notierte er. Nun: *Beobachtete noch einmal die dicke Eiche.*

Willemers wird er berichten: *Bey einem außerordentlich schönen, dieses Jahr seltenen Wetter befuhr ich auf neuerrichteten Chausseen die sonst kaum gehbaren Wege, freute mich an den Lindenalleen, bey deren Pflanzungen ich vor 50 Jahren zugegen war ... Besonders erfreuen die hundertjährigen Fichtenwände, schwarzgrün und düster, von der heitersten Mittagssonne kaum Notiz nehmend ... Und die junge⟨n⟩, von allen Jahren heranwachsende⟨n⟩ Reviere,*

welche ihr helles Gelbgrün, auch bey trübem Himmel un-
sern Augen entgegenzuschicken nicht versagen.

Der Anblick der Bäume, die ihn überleben werden.

Die *Linden,* bei deren Pflanzung er zugegen ist, stehen
nach zweihundert Jahren noch; die letzten dieser Bäume
werden 1999 gefällt. Die Stämme von neun der alten Linden verwandelt eine Künstlerin in den Jahren 1999 bis
2002 in eine Skulpturengruppe. »Franziska Uhl ›Die Metamorphose der Ilmenauer Linden‹« ist auf einem kleinen
Schild zu lesen.

Goethe gesteht Kanzler Müller, daß die im Weimarer Garten am Stern *selbstgepflanzten Bäume und alten Erinnerungen* – er nennt beides in einem Atemzug – ihm *oft ganz
unheimliche Eindrücke machten.*

*Den nächsten 5. November tret ich in's funfzigste Jahr
meines Hierseyns,* schreibt er an Klinger, *vor der Reihe
einer dorther sich spinnenden Erinnerung möchte einen
fast grauen...* Und an Boisserée heißt es: *... wer an Ort
und Stelle die funfzig Jahre rückwärts wieder zur Erinnerung rufen kann dem* sei *es wunderlich zu Muthe.*

Wunderlich ist ihm auch bei Begegnungen mit zurückliegenden Lebensphasen; *denn ich erfahre was ich einmal
war,* äußert er nach der Lektüre seiner mit Schiller gewech-
selten Briefe.

Auch manche seiner Werke sind ihm fremd geworden.
So der »West-Östliche Divan«: *daß diese Lieder des ›Di-
vans‹ gar kein Verhältnis mehr zu mir haben ...* sie seien
*wie eine abgestreifte Schlangenhaut am Wege liegen ge-
blieben.*

Goethe spricht – nach Riemers Zeugnis – von den *vie-*

le⟨n⟩ Häutungen seines Wesens: von *abgelegte⟨n⟩ Schlangenhäute⟨n⟩,* von ›*Stücke⟨n⟩ seiner ehemaligen Garderobe*‹, die ihm nun *mehr von historischem Interesse als von lebendig gegenwärtigem* seien.

Distanz und Nähe.

Als Knebel vom Helena-Akt begeistert ist, entgegnet er ihm am 14. November 1827, seine *Helena* sei *ein Erzeugniß vieler Jahre,* das ihm *gegenwärtig eben so wunderbar vorkommt als die hohen Bäume in meinem Garten am Stern, welche, doch noch jünger als diese poetische Conception, zu einer Höhe herangewachsen sind, daß ein Wirkliches, welches man selbst verursachte, als ein Wunderbares, Unglaubliches, nicht zu Erlebendes erscheint.*

Erinnerungen. Wertungen. Die unaufhörlichen Wege, die seine Gedanken wandern.

Kann er diesen Abschiedstag von Ilmenau ungeteilt genießen?

Er, der *das* ›*Heute*‹ nicht fassen kann, wie er selbst beklagt.

Mit Blick auf die einfachen Leute im Thüringer Wald, die Kohlenbrenner, Holzhauer und Glasbläser meint Goethe, sie seien *alle heiterer als unsereiner, der gewöhnlich das* ›*Heute*‹ *verliehrt, weil ein* ›*Gestern*‹ *war und ein* ›*Morgen*‹ *seyn wird.*

Und am 7. September schreibt er an Reinhard: *heiterer als unser einer, dessen Kahn sich so voll gepackt hat, daß er jeden Augenblick fürchten muß, mit der ganzen Ladung unterzugehen.*

Die Last der Erinnerung.

Daß Goethe über das *Gestern,* über jenen *voll gepack-*

t⟨en⟩ Kahn in seinen letzten Lebensjahren vielfach reflektiert hat, ist belegt, nicht zuletzt durch Eckermann.

Sein Leben sei *das ewige Wälzen eines Steines, der immer von neuem gehoben sein wollte*; er habe *keine vier Wochen eigentliches Behagen gehabt*, sagt der Fünfundsiebzigjährige.

Sein Eingeständnis, daß ihm – im Gegensatz zum Werk – *die Lebenswerke ... nie recht gelingen wollen.*

Sein Resümee: *Mein eigentliches Glück war mein poetisches Sinnen und Schaffen.*

Und der herbe Nachsatz: *Allein wie sehr war dieses durch meine äußere Stellung gestört, beschränkt und gehindert.*

Die *äußere Stellung*, sein amtliches Wirken, sein Ministerposten?

Ich habe gar zu viele Zeit auf Dinge verwendet, die nicht zu meinem eigentlichen Fache gehörten ... urteilt er. Und schlußfolgert: *Hätte ich mich mehr vom öffentlichen und geschäftlichen Wirken und Treiben zurückhalten und mehr in der Einsamkeit leben können, ich wäre glücklicher gewesen und würde als Dichter weit mehr gemacht haben.*

Aber nicht nur die amtliche Tätigkeit gerät in sein Visier, die kritische Bilanz erstreckt sich auch auf sein Engagement für das Theater. *Welche unendliche Zeit* habe er mit *der Theaterleitung für sein schriftstellerisches Wirken verloren*, klagt er. Und an Zelter heißt es am 31. Dezember 1825: *Jetzt, da* er *nicht mehr in's Theater gehe ... begreife* er *doch erst das Mißbehagen der Danaidenarbeit während so vieler Jahre.*

Auch seine Gemeinsamkeit mit Schiller stellt er in Frage. Einerseits vermißt er dessen *innig vertraute Teilnahme* und

geistige Anregung. Andererseits äußert er, nach Eckermann, am 3. Dezember 1824: *Was habe ich mit Schiller
an den ›Horen‹ und ›Musenalmanachen‹ nicht für Zeit
verschwendet! – Gerade in diesen Tagen, bei Durchsicht
unserer Briefe, ist mir alles recht lebendig geworden, und
ich kann nicht ohne Verdruß an jene Unternehmungen
zurückdenken, wobei die Welt uns mißbrauchte und die
für uns selbst ganz ohne Folge waren.*

Freilich, Goethes kritischem Blick auf sein *Gestern*, seiner
Sehnsucht im nachhinein nach mehr schöpferischer Einsamkeit und dichterischer Freiheit kann man mühelos Äußerungen gegenüberstellen, die bejahen, wie er sein Leben
gelebt hat mit allen Ablenkungen, Zeitverschwendungen
und vermeintlichen Wegverirrungen.

Das betrifft insbesondere die Naturwissenschaft. Vor
allem seine 1810 erschienene »Farbenlehre«, an der er
unermüdlich weitergearbeitet hat. Enttäuscht über man-
gelnde Resonanz, gekränkt, daß die Wissenschaft nicht
ihn, sondern Isaac Newton bestätigt. *Ohnerachtet des
grimmig hassenden Widerstrebens der Physiko-Mathema-
tiker* hofft er, wie er am 24. November 1831 an Boisserée
schreibt, *wirkt sie im Stillen* weiter. Mitunter neigt er, in
seiner Enttäuschung, zur Selbststilisierung als Märtyrer;
etwa, wenn es am 4. Februar 1832 heißt, seine »Farbenlehre« werde als *ein verbotenes Werk verleugne⟨t⟩.*

Dennoch bereut er die Arbeit daran keineswegs: *obgleich ich die Mühe eines halben Lebens hineingesteckt
habe.* Lakonisch fügt er hinzu: *Ich hätte vielleicht ein halb
Dutzend Trauerspiele mehr geschrieben, das ist alles, und
dazu werden sich noch Leute genug nach mir finden.*

Der Vorwurf vermeintlicher Wegverirrung und Zeitverschwendung gilt ebenso für seine Ministertätigkeit, die er im Bereich Kultur und Wissenschaft in einer auf ihn speziell zugeschnittenen Form bis zuletzt ausübt. Auch hier relativieren positive Äußerungen zu seiner Betriebsamkeit im Machtgefüge die kritischen Akzente seiner amtlichen Tätigkeit gegenüber.

Nach einer Aufzeichnung Eckermanns vom 13. Februar 1829 ist Goethe der Meinung, *es sei nicht genug, daß man Talent habe, es gehört mehr dazu, um gescheit zu werden; man muß auch in großen Verhältnissen leben, und Gelegenheit haben, den spielenden Figuren der Zeit in die Karten zu sehen, und selber zu Gewinn und Verlust mitzuspielen.*

Die Bejahung des gegangenen Weges an der Seite seines Fürsten; er begleitet ihn auf Kriegszügen, teilt die Heerlager mit ihm, sieht die Machtkämpfe der Politiker, liebt es, den Mächtigen nahe zu sein, Metternich, der österreichischen Kaiserin, Napoleon.

Das *Gestern*, der *voll gepackte Kahn* ...

Was mag Goethe durch den Kopf gewandert sein auf seinem langen Spazierweg?

Verführung der Augen durch die Flora an den Wegrändern? Vereinzelt noch Ehrenpreis und Stauden von Bergschotenweiderich. Üppig dagegen Vogelbeeren und Hagebutten in ihren Farbnuancen des Rot.

Goethes anhaltende *Pflanzenlust*. Vielleicht vor ihm die leuchtend roten Blüten der tropischen Malven? Sein Stolz, daß zwei Arten einer in Brasilien gefundenen Gattung ei nes Malvengewächses nach ihm benannt sind: *Goethea califlora* und *Goethea semperflorens*.

Daß Sie mich bey einer so herrlich ausgezeichneten Pflanze zum Gevattersmann berufen und meinem Namen dadurch eine so schöne Stelle unter den wissenschaftlichen Gegenständen anweisen, schreibt er am 24. April 1823 beglückt dem Botaniker Christian Gottfried Nees von Esenbeck.

Oder im Raum der Natur, der für Goethe immer ein religiöser ist, Gedanken über die Hypsistarier?

Im Brief an Boisserée vom 22. März 1831, genau ein Jahr vor seinem Tod, als er schreibt, *ich habe mich auch wieder in das botanische Feld eingelassen*, macht er ein bedeutendes Geständnis.

Er habe, heißt es, lebenslang *keine Confession gefunden, zu der ich mich völlig hätte bekennen mögen. Nun erfahr ich aber in meinen alten Tagen von einer Secte der ›Hypsistarier‹, welche, zwischen Heiden, Juden und Christen geklemmt, sich erklärten, das Beste, Vollkommenste, was zu ihrer Kenntniß käme, zu schätzen, zu bewundern, zu verehren...*

Da ward mir auf einmal aus einem dunklen Zeitalter her ein frohes Licht, denn ich fühlte, daß ich Zeitlebens getrachtet hatte, mich zum Hypsistarier zu qualificiren...

Die Hypsistarier sind eine heidnisch-jüdische Sekte im 3. und 4. Jahrhundert im kleinasiatischen Kapadozien. Im Zeichen von Licht und Feuer verehren sie einen einzigen Gott (griech. Hypsistos, der Höchste).

In einer *heitere⟨n⟩ herzöffnende⟨n⟩ Stunde*, versichert Goethe im Juli dann dem auf nähere Erklärungen begierigen Boisserée, *versuch ich meine hypsistarische Lehre auf's Papier zu bringen.*

Die *herzöffnende Stunde* wird sich nicht finden; Goethe sucht sie wohl auch nicht, bewußt hüllt er sein spätes Bekenntnis in Schweigen.

Die lange Fahrt allein. Mit Sicherheit läßt sich ein Gedanke nicht abweisen: der der *Versiegelung* seines »Faust. Zweiter Teil«.

Goethes eigene Aussagen über den Zeitpunkt der *Versiegelung* sind widersprüchlich.

Am 25. August, dem Tag vor der Abfahrt aus Weimar, als er notiert: *Alles Nöthige zusammen gepackt*, vermerkt er noch: *Kam Hofrat Förster mit Familie. Speiste derselbe mit uns.*

Dieser Friedrich Christoph Förster, vierzig Jahre alt, Schriftsteller und einst Lehrer für Geographie und Geschichte an der Artillerieschule in Berlin, 1818 als Demagoge entlassen, überliefert, daß bei seinem Besuch zwei dicke Foliobände auf dem Tisch gelegen hätten, das Manuskript von »Faust« enthaltend. *Unter sieben Siegeln* habe Goethe gesagt, *liegt hier der Zweite Teil des Faust verschlossen, erst aber, wenn ich es nicht mehr imstande sein werde, mögen andere ihre Hand daran legen.*

Schon vor der Ilmenau-Reise der Entschluß, sein Werk seinen Zeitgenossen vorzuenthalten? Oder die *sieben Siegel* symbolisch gemeint, eine Geste des Vorsatzes?

Vier Tage nach der Rückkehr von Ilmenau teilt er Zelter mit: *Wenn du nun aber nach dem Faust fragst, so kann ich dir erwidern: daß der zweyte Theil nun auch in sich abgeschlossen ist ... das Ganze liegt vor mir und ich habe nur noch Kleinigkeiten zu berichtigen, so siegle ich's ein,*

und dann mag es das specifische Gewicht meiner folgen-
den Bände, wie es auch damit werden mag, vermehren.

Auch an Sulpiz Boisserée ist am 8. September noch von
Vorhaben, nicht von Vollzug die Rede: *Und so wird denn*
das Manuscript endlich eingesiegelt, daß es verborgen
bleibe...

An Carl Friedrich Reinhard dagegen heißt es am 7. September: *es war in der Hälfte des Augusts, daß ich ... das*
Manuscript einsiegelte...

Am 24. November gebraucht Goethe auch Boisserée gegenüber die Vergangenheitsform: *Seitdem ich das Glück*
hatte, meinen Faust ... zu versiegeln.

An Wilhelm von Humboldt dagegen heißt es noch am
1. Dezember, er müsse sich *ein Herz nehmen*, das Manuskript *zu versiegeln.*

Boisserée und Humboldt protestieren heftig; letzterer
schreibt: *beschwöre ich Sie wirklich, diesen Vorsatz wie-*
der aufzugeben...

Goethe bleibt bei seinem Entschluß.

Im Januar 1832 legt er nochmals letzte Hand an sein
Werk.

Hat er das Manuskript – wie seine Briefe vorgeben –
tatsächlich versiegelt, das Siegel wieder erbrochen, das
Paket wieder aufgeschnürt?

Oder ist die schwankende Mitteilung der vorgehabten
oder vollzogenen Versiegelung vielmehr als Test für die
Reaktion der Freunde gedacht?

Am ehesten trifft wohl zu, was von Eckermann in einer
undatierten Notiz überliefert ist. *Goethe übergab*, schreibt
er, *mir heute das Manuskript des zweiten Theils seines*

Faust, er sagte, ›Sie wissen ich habe Zelter davon Einiges gezeigt, aber sonst kennt es außer Ottilien und Ihnen niemand. Anderen guten Freunden, die nach dem Manuskript fragten, habe ich weißgemacht, ich hätte es mit sieben Siegeln belegt und fest verschlossen. Wir wollen es dabei bewenden lassen, damit ich nicht ferner geplagt werde.‹

Er, der lebenslang auf das Urteil von Freunden und die Reaktion des Publikums begierig ist, der stets auf zügige Veröffentlichung drängt, sich zuweilen für vorschnelles Publizieren, für Teilveröffentlichungen – wie bei »Wilhelm Meisters Wanderjahren« und beim Helena-Akt – entscheidet, will nicht *ferner geplagt* werden.

Was hat es damit auf sich?

Ein kluger Schachzug, eine List? Selbstschutz?

Flucht?

Lebenslang hat Goethe an entscheidenden Punkten seiner Existenz vom Recht auf Flucht als Grundform des Selbstschutzes Gebrauch gemacht; als er bei Nacht aus Frankfurt fuhr, als er heimlich nach Italien aufbrach, als er Marianne von Willemer verließ.

Als Flucht läßt sich auch – nicht ohne berührt zu sein von der Konsequenz des alten Goethe – der Akt der *Versiegelung* seines letzten Werkes lesen.

Wie alle Fluchtbewegungen in seinem Leben sich durch Zeichen ankündigen, gibt es auch für diese – nicht in der örtlichen, sondern in der geistigen Topographie angesiedelte – Flucht mehrfach Signale.

Es sei *zuletzt die größte Kunst, sich zu beschränken und zu isolieren. Wäre ich vor dreißig Jahren so klug gewesen, ich würde ganz andere Dinge gemacht haben*, äußert er zu Eckermann.

Beschränken und *isolieren* bedeutet ihm: Gleichgültigkeit gegenüber Erfolg, Rückzug vom literarischen Markt. *Wer sich heut zu Tage nicht ganz davon zurückhält und sich nicht mit Gewalt isoliert, ist verloren.*

Wichtige Betrachtungen in's Allgemeine und Besondere, notiert er am 13. März 1831 in sein Tagebuch. Er fragt sich, ob er sie *dictiren und alsdann secretiren sollte; was jetzt ganz unnütz zu sagen wäre, könnte denn doch einem genialen Nachfolger wie ein altes Glas Wein zu glücklicher Aufregung dienen.*

Voltaire, einer der größten Geister, gibt er nach Müllers Zeugnis am 28. Juni 1830 zu bedenken, *hatte im hohen Alter die Schwachheit, noch ein neues Trauerspiel von sich aufführen zu lassen; ich dagegen spüre immer mehr Neigung, das Beste, was ich gemacht und noch machen kann, zu secretiren.*

1830 als *Neigung* bezeichnet, wird es ein gutes Jahr später Realität.

Was er in poetische Bilder und dramatische Szenen gefaßt hat – mit enorm hohem Kraftaufwand: der *über den Bergesgipfel ... hinabgewälzt⟨e⟩ ... schwere Stein* –, will er nicht in Prosa rückübersetzen, will es nicht erklären, will weder der Öffentlichkeit noch selbst engsten Freunden Auskunft über Sinn und Absicht des Ganzen geben müssen.

Diese Unlust läßt sich in seinen wenigen brieflich oder mündlich überlieferten letzten Äußerungen zu seinem »Faust. Zweiter Teil« mit Händen greifen: sie sind alle verschlüsselt, vieldeutig, kryptisch.

Die *Versiegelung* ist der ausgeführte Akt dieser Unlust; sie befreit ihn vom Zwang der Erklärung.

Mit beteiligt an diesem Entschluß ist zweifellos auch die Aufnahme seines »Faust. Erster Teil« auf der Bühne zu seinen Lebzeiten.

Es sei *wunderlich genug daß diese seltsame Frucht erst jetzo gleichsam vom Baume fällt,* schreibt Goethe am 2. September 1829. Bis zu seinem 80. Geburtstag muß er warten, daß das Stück erstmals in Weimar gespielt wird.

Meinen Faust wollen sie auch geben, dabey verhalt ich mich passiv, um nicht zu sagen leidend, heißt es an Zelter vor der Aufführung, und danach an Rochlitz: *hier hat man ihn gegeben, ohne meine Anregung, aber nicht wider meinen Willen und nicht ohne Billigung der Art und Weise wie man sich dabey benommen.*

Zu welch uns heute skandalös und lächerlich erscheinenden Streichungen sich Goethe gezwungen sieht, läßt sich an Hand des überlieferten Soufflierbuches zu dieser Weimarer Aufführung nachvollziehen.

Riemer und der Regisseur Durand legen Goethe ein bereits mit starken Kürzungen versehenes Textbuch vor. Offenkundig ist es das der Uraufführung vom 19. Januar 1829 in Braunschweig. Anstößige Stellen sind bereits durch Surrogate ersetzt: *Strumpfband* in *Armband* geändert, *Busen* in *Munde, Brust an Brust* in *Blick an Blick.* Darüber hinaus ist die gesamte Walpurgisnacht gestrichen.

Riemer und Durand bitten Goethe, sich zu siebzehn weiteren bedenklichen Stellen, die sie *vorschlagsweise gestrichen oder angestrichen* haben, zu äußern.

In siebzehn eigenhändigen Randnotizen sind Goethes

Entscheidungen überliefert. Meist stimmt er den Vorschlä-
gen für Streichungen mit Bemerkungen zu wie: *Ich würde
rathen die ganze vorgestrichene Stelle wegzulassen* oder
Könnte wegfallen, *Wegzulassen* oder *Ueberlasse die Ab-
ändrung*, *Ueberlasse die Umändrung*. Mehrfach ist zu lesen: *Zu beliebiger Abänd*. Einmal schreibt er an den Rand:
Hier weiss ich keinen Rath. Ein andermal: *Hier wüsste
nichts Verfängliches*. Und: *finde nichts Verfängliches*.

Man fragt sich, warum Goethe sich zu dieser entwürdi-
genden Prozedur bereit findet.

Es sind die moralischen und religiösen Empfindlichkeiten
seiner Zeitgenossen, auf die er Rücksicht nimmt.

Auch 1808, bei der Drucklegung seines »Faust. Erster
Teil«, sieht er sich zu textentstellenden Kompromissen gezwungen, er muß derbe, anstößige Stellen – *Aristophanis-
men*, wie Riemer sagt – streichen und Formulierungen zu-
rücknehmen, die in moralischer, vor allem aber in religiöser Hinsicht Ärgernis erregen könnten.

Bei Albrecht Schöne kann das der interessierte Leser im
einzelnen verfolgen. In seinen Arbeiten zeigt er vor allem
anhand der Paralipomena zum »Faust«, welche Verluste
Goethe seinem Werk zugefügt hat, indem er aus Rücksicht
auf die Mitlebenden Stellen unterdrückt beziehungsweise
sie nicht ausgearbeitet hat. So die Satansszenen und *eine
›Hochgerichtsszene‹, welche die ›Hexe‹ Margarete als Op-
fer der Inquisition vorstellt*. Ebenso die Antithese *zur Erscheinung des Herrn: der Auftritt des Satans selbst, der die
Rolle eines Gegenspielers Gottes sich anmaßt*.

Auch Riemer spricht 1836 von einem *Contrapunkt und
Gegenstück zu der Erscheinung im Himmel*. Dies läßt –
nach Schöne – den Schluß zu, daß Faustens Weg durch die

Welt unter einer *dualistischen Spannung* gestanden hätte. Nicht, wie nunmehr, unter der des *einen Herrn* (und Gottes) und dessen ›*Erlösungs‹-Zusage*.

Goethes Selbstzensur. Die herausgenommenen Stellen sekretiert er – wie Johann Daniel Falk überliefert – in seinem *Walpurgissack*.

Nicht stets verhält er sich – wie 1829 – *passiv* und *leidend*. Ihn erbittern die erzwungenen Textverstümmelungen. *Wenn mein Walpurgissack nach meinem Tode*, habe Goethe – nach Falk – gesagt, *sich einmal eröffnen und alle bis dahin verschlossenen, stygischen Plagegeister, wie sie mich geplagt, so auch zur Plage für andere wieder loslassen sollte ... das, denke ich doch, vergeben sie* (die Deutschen) *mir sobald nicht! Sie*, die Deutschen, *mögen mich nicht ... Ich mag sie auch nicht*, fügt er an anderer Stelle hinzu.

In den handschriftlichen Entwürfen zum zweiten Teil des »Faust« finden sich im Gegensatz zum ersten Teil – auch das belegt Schöne – kaum Spuren einer Selbstzensur.

Das heißt, Goethe hat die Rücksichtnahme auf seine Zeitgenossen aufgekündigt. Negativ gesagt: Er erwartet von ihnen keinerlei Verständnis mehr: *niemand kennt und versteht meine Prämissen ...*, *zu meinen eigenen Überzeugungen find ich keine Gesellen*, er sieht sich als einen isolierten Dichter, der sein Werk im vollen Bewußtsein seiner *Unzeitgemäßheit* schreibt.

Positiv gewertet: Er besitzt in seinem *hohen Alter* nicht die *Schwachheit*, die er an Voltaire tadelt.

Ist das sein Geheimnis, in der Einsamkeit unzensiert seinen Ideen freien Lauf zu lassen, im Bewußtsein, daß sie für eine spätere Zeit von Wert sind?

Gewiß wird er sich die Frage gestellt haben, wie seine Zeitgenossen auf sein Werk reagieren würden.

Wie auf einen Faust, der am Beginn des zweiten Teils im Schlaf von seiner Blutschuld freigesprochen wird?

Wie auf einen von den Engeln verführten Mephisto, der sich in der letzten Szene eine kräftige Homosexualitätsposse leistet?

Wie auf jenen am Ende erblindeten alten Faust, der, sterbend, den Lärm der ihm sein Grab schaufelnden Lemuren für das Spatengeklirr einer arbeitenden Menge, eines *freien Volks auf freiem Grund* hält? Dessen gigantische Baustelle aber eher einem modernen Arbeitslager gleicht, in dem Zwangsarbeit und Gewaltanwendung keineswegs ausgeschlossen sind: *Menschenopfer mußten bluten, / Nachts erscholl des Jammers Qual, / Meerab flossen Feuergluten, / Morgens war es ein Kanal* (Vers 11127 ff.).

Wie auf die offenkundige Ketzerei der Schlußszene, auf Faustens Erlösung und Himmelfahrt, auf diesen großen Versuch, das irrationale und willkürliche Geschehen mit dem Gedanken einer kosmischen oder göttlichen Ordnung zu versöhnen?

Möglicherweise sind Goethe noch die Angriffe auf seinen Roman »Die Wahlverwandtschaften« im Ohr. *Eine Himmelfahrt der bösen Lust* nennt ihn Friedrich Schlegel. Jacobi ein *durch und durch materialistisch⟨es⟩ Werk*. Wieland ein *Machwerk*. Metternich *ein höchst unmoralisches, der neuen Religion des Fleisches hingeneigtes Buch. Ein*

Sinnenmensch sei Goethe, der *nur wenige rein moralische und religiöse Begriffe* habe. Die heftigsten Angriffe aber kommen aus kirchlichen Kreisen, sie prägen das Wort von der *Afterkunst* Goethes.

Der Materialist und Heide sitzt auf der Anklagebank.

Wenn Bettine von Arnim über Goethes »Wahlverwandtschaften« sagt, er habe in diesem *erfundenen Geschick* wie in *einer Grabesurne die Tränen für manches Versäumte* gesammelt, so könnte man über seinen »Faust. Zweiter Teil« sagen, in ihm ist Goethes schöpferische Unruhe, all seine Lebenstiefe gesammelt; dieses Werk ist die *summa summarum* seiner Existenz.

Und das einer Öffentlichkeit darbieten, deren Wertvorstellungen er nicht teilt?

Es ist nur konsequent, daß die letzten Worte, die Goethe den Zeitgenossen aus seinem »Faust« zu lesen gibt, die aus dem Ersten Akt des Zweiten Teils sind (erschienen zur Ostermesse 1828 im Band 12 seiner Ausgabe letzter Hand). Mit der Notiz *Ist fortzusetzen* bricht er bei Vers 6036/37 ab. Dieser lautet: *wenn eure Tageswelt / Wie's oft geschieht, mir widerlichst mißfällt.*

Sein Schweigen fortan.

Wenige Tage vor seinem Tod aber drängt es ihn, die Gründe für seine *post mortem*-Verfügung niederzuschreiben. Er tut das in einem Brief an Wilhelm von Humboldt, der ihm mit großem Respekt begegnet (was nicht ausschließt, daß er in privaten Briefen an Dritte heftige Kritik an Goethe übt, so an seinem mangelnden Deutschtum und seinem völlig unzureichenden Patriotismus).

Der Tag sei so absurd und confus, schreibt Goethe an Humboldt, *daß ich mich überzeuge, meine redlichen, lange verfolgten Bemühungen um dieses seltsame Gebäu würden schlecht belohnt und an den Strand getrieben, wie ein Wrack in Trümmern daliegen und von dem Dünenschutt der Stunden zunächst überschüttet werden.*

Sein Drama ein *seltsame⟨s⟩ Gebäu*?

In dem von John geschriebenen Konzept des Briefes vom 11. März 1832 heißt es zunächst *Gebäude.* Riemer, mit dem Goethe zwei Tage später das Schreiben durchgeht, ändert es in *Gebäu*; es ist eine ältere Nebenform von *Gebäude,* sein poetischer Gebrauch ist auch für Schiffe belegt.

An anderer Stelle spricht Goethe von einer *barbarischen Composition.*

Befürchtet er, die *Form* werde auf Unverständnis stoßen?

... die Form ist ein Geheimniß den meisten, äußert er.

Eine *Form,* die nichts mehr mit den von Schiller und ihm deklarierten Regeln des klassischen Kanons zu tun hat. Regellosigkeit scheint im »Faust« eher die Regel zu sein. Da ist der Gang der dramatischen Handlung nur schwer über die Personen zu verfolgen, auch stellt sich keine Chronologie und keine räumliche Einheit her. Verwirrend Unterschiedliches steht nebeneinander.

Die Wirkungsgeschichte wird zeigen, seine Befürchtungen bestehen zu Recht.

Ähnlich wie die späten Sonaten und Quartette Ludwig van Beethovens seiner Zeit als Monstren an Formlosigkeit gelten, wird das Ungewöhnliche der Goetheschen Komposition nicht als gestalterischer Vorgriff auf die Moderne gesehen, sondern im Gegenteil abgewertet, als Resultat

der nachlassenden Gestaltungskraft des alten Goethe ge-
deutet. Das Stück wird als allegorisch-schemenhaftes Pro-
dukt, als schwer oder gar nicht spielbares bühnenfernes
Drama, als in der Tat *an den Strand getriebene(s) Wrack in
Trümmern* eingeordnet.

Und der *Gehalt*?

*Den Stoff sieht Jedermann vor sich, den Gehalt findet
nur der der etwas dazu zu thun hat,* gibt Goethe zu bedenken. Über den Leser sagt er: *Er wird sogar mehr finden als
ich geben konnte.*

Aufschluß erwarten Sie nicht, schreibt er an Reinhard,
*der Welt- und Menschengeschichte gleich, enthüllt das zu-
letzt aufgelöste Problem immer wieder ein neues aufzulö-
sendes.*

Sein »Faust« ein *work in progress*? Ein *offenbares Räthsel,* so wünscht er, sollen diese *sehr ernsten Scherze* bleiben, *die Menschen fort und fort ergetze(n) und ihnen zu
schaffen mache(n).*

Goethe setzt auf einen mündigen, vorurteilsfreien, zu
Entdeckungen bereiten Leser. Der *Tag, absurd und confus,*
wird diesen Leser nicht finden.

An den *Tag*, nicht an die Zukunft knüpft Goethe seine
Befürchtungen.

Im Brief an Humboldt steht das kleine, leicht zu über-
sehende Wort *zunächst.*

Seine *redlichen* und *lange verfolgten Bemühungen...
würden ... von dem Dünenschutt der Stunden zunächst
überschüttet werden.*

Dieses *zunächst* bedeutet, er ist sich seiner Leistung, des
Überlebens seines Werkes gewiß.

Bei Gelegenheit eines Gesprächs über eine mögliche Vertonung des »Faust« äußert Goethe, einzig Mozart wäre dazu fähig; die *Musik müßte im Charakter des ›Don Juan‹ sein.* Und er spricht vom *Abstoßende⟨n⟩, Widerwärtige⟨n⟩, Furchtbare⟨n⟩,* das die Komposition *stellenweise enthalten müßte.*

Dieser Verweis auf das *Abstoßende, Widerwärtige, Furchtbare* macht deutlich, daß ihm bewußt ist oder – vorsichtiger formuliert – daß er ahnt: Sein Werk trägt alle Kainsmale der Zeit.

Diesem Goethe, der gegen alle negativen Einflüsse seiner Zeit verwahrt zu sein glaubt, der stets nach Harmonie strebt, gelingt es in seinem abschließenden Werk, dem »Faust. Zweiter Teil«, die großen Verwerfungen seiner Epoche einzufangen, eben jenes *Abstoßende, Widerwärtige, Furchtbare,* das seine Zeit im Keim enthält.

Sein Faust mit der Verleugnung der Gegenwart zugunsten einer übereilt herbeigerufenen Zukunft, mit seinen hektischen Aktivitäten, seinem mit Erblindung erkauftem unbedingten Fortschrittsglauben ist eine Warnung vor dem Weg, den die Gesellschaft einzuschlagen im Begriff ist.

Goethe schafft mit seiner späten Wendung zur allegorischen Dichtung nicht nur ein Hauptwerk des 19. Jahrhunderts, sondern ein weit darüber hinaus wirkendes. Lange vernachlässigt, gerät es erst in der Mitte des folgenden Jahrhunderts ernsthaft ins Blickfeld; und erst die Zeitgenossen des ausgehenden 20. und des beginnenden 21. Jahrhunderts – wiederum an einer historisch einschneidenden Zäsur – scheinen es zu sein, denen das Werk in seiner poetischen und philosophischen Unerschöpflichkeit *wie ein altes Glas Wein zu glücklicher Aufregung dient*; die Arbeiten von Albrecht Schöne, Manfred Osten, Michael Jaeger sowie die große Inszenierung des »Faust« durch Peter Stein sprechen dafür.

Das Wort *zunächst* in Goethes Bekenntnis-Brief an Humboldt. Welche Zeitspanne dieses *zunächst* umfassen wird, ob Jahre, Jahrzehnte oder ein Jahrhundert, kann nicht mehr Goethes Sache sein.

Er hat recht behalten mit seiner ironischen Äußerung vom 16. Juli 1827 über die zeitgenössische Literatur: *Wir wollen sie gewähren lassen, unsern Weg still fortgehen und nach einigen Jahrhunderten noch von uns reden lassen.*

Seine Flucht, sein Entschluß zur *Versiegelung* bedeutet auch, daß er seine im hohen Alter immer kostbarer werdende Zeit nicht an Polemik verschwenden, sondern seine Energien allein und bis zuallerletzt darauf verwenden will, weiterzugehen.

Mit großer Gelassenheit spricht er das Humboldt gegenüber aus. Dem *zunächst überschüttet werden* folgt die Feststellung: *Verwirrende Lehre zu verwirrtem Handel waltet über die Welt,* und dann, ohne Übergang, getrennt nur durch ein Komma, die Aussage: *ich habe nichts angelegentlicher zu thun als dasjenige was an mir ist und geblieben ist wo möglich zu steigern und meine Eigenthümlichkeiten zu cohobiren...*

Goethe gebraucht einen alchimistischen Terminus; Wagner benutzt ihn im »Faust II«, Vers 6853 beim Erschaffen des Homunkulus, er bedeutet: durch mehrfache Destillation läutern, reinigen. In bezug auf Goethe selbst besagt er: Rückzug aus fruchtloser Selbstbehauptung zugunsten der eigenen Lebenswahrheit. Klarheit vor sich selbst ist für Goethe ein dringliches Motiv zur unausgesetzten Arbeit.

Schließt sich hier ein Kreis?

Goethe bindet die *Überzeugung* der *Fortdauer* an den *Begriff der Thätigkeit*. Das Zurückhalten seines bedeutendsten Lebenswerkes, seine *post mortem*-Verfügung, ist, neben den benannten Form- und Gehaltgründen, auch, und vielleicht im geheimen am gewichtigsten, eine bewußte Vorbereitung auf den Tod.

Er verknüpft das Schicksal seines Manuskripts mit seinem eigenen Lebensende und seinem poetischen Nachleben. Ein *testamentarisches und codicillarisches Leben führe* er, heißt es am 23. November 1831 an Zelter.

Die Dimension seiner eremitischen Altersexistenz ist die der Selbstprüfung, des Erinnerns, die des *Gestern* und des *Morgen*.

Er zieht sich aus der Gegenwart zurück, um künftig anwesend zu sein. Den »Faust. Zweiter Teil« bestimmt er zu seinem künstlerischen Testament.

Mit dem »Faust«-Testament tritt er schon in *ein Morgen* ein, er zelebriert dieses *Morgen* geradezu.

Lebt er bereits einer seinen eigenen biologischen Tod übergreifenden Metamorphose entgegen? Jene Metamorphose, die sein Faust in der Bergschluchtenszene erfährt?

Die Grenze von Leben und Nachleben wird durchlässig, der Grenzübertritt wird bereits vorgefühlt.

Zuweilen Angst auslösend, wie ein im Nachlaß gefundener Satz erhellt: *Wenn ich an meinen Tod denke darf ich kann ich nicht denken welche Organisation zerstört wird.*

Zuweilen ermöglicht selbst die Einreihung in erdgeschichtliche Dimensionen – er versammle *fossile Thier- und Pflanzenreste* um sich, schreibt er am 11. März 1832 an Zelter – keine Beruhigung. *Man* müsse *sich nothwendig nur an Raum und Platz des Fundorts halten, ... weil man bey fernerer Vertiefung in die Betrachtung der Zeiten wahnsinnig werden müßte.*

Diesen Äußerungen stehen aber überwiegend solche der Gelassenheit gegenüber.

Zum Beispiel, wenn er am 1. Dezember 1831 an Humboldt schreibt: *so gesteh ich gern daß in meinen hohen Jahren mir alles mehr und mehr historisch wird: ob etwas in der vergangenen Zeit, in fernen Reichen oder mir ganz nah räumlich im Augenblicke vorgeht, ist ganz eins, ja ich erscheine mir selbst immer mehr und mehr geschichtlich.*

Oder wenn er sich im Brief vom 14. Dezember 1830 an Zelter mit Merlin, dem Zauberer und Propheten der Artusdichtung, vergleicht, der, von der Fee Viviane unter einem Weißdornbusch in ewigen Schlaf versenkt, von Zeit zu Zeit Rat für die Zukunft gibt: *Indessen ich einsam, wie Merlin vom leuchtenden Grabe her, mein eignes Echo ruhig und gelegentlich, in der Nähe, wohl auch in die Ferne vernehmen lasse.*

Laßt nicht ungerühmt mich zu den Schatten hinabgehn! / Nur die Muse gewährt einiges Leben dem Tod... heißt es in Goethes großer Totenklage »Euphrosyne«.

Die Gewißheit, sein Werk wird nach seinem Tod weiterleben, muß ihm den Abschied erleichtert haben; im Sinne jenes rätselhaften Satzes, den er 1809 in seinem Roman »Die Wahlverwandschaften« Ottilie in ihr Tagebuch eintragen läßt: ... *so kann einem das Leben nach dem Tode doch immer wie ein zweites Leben vorkommen, in das man nun im Bilde, in der Überschrift eintritt und länger darin verweilt als in dem eigentlichen lebendigen Leben.*

Die Rückkehr von der langen Ausfahrt. Die Kutsche hält vor dem Gasthof »Zum Goldenen Löwen«.

Mit Sicherheit gewinnt *das Heute* die Oberhand. Die von ihren Erlebnissen berichtenden Enkel. Mit Mahr und Fritsch waren sie unterwegs. Haben in Stützerbach die Arbeit der dort ansässigen Glasbläser kennengelernt.

Goethes Tagebuch: *Die Kinder waren mit mehrgenannten Herrn nach Stützerbach und kamen um Zwey wieder zurück. Bey Herrn von Fritsch zu Tische, wo Herr Cammerrath Hercher und Cammersecretär Pinther waren, die eine Conferenz mit den Preussischen wegen einer Wasserleitung gehalten hatten. Nach Tische Friedrich mit den Kindern in den Felsenkeller.*

Vom Nachmittag und Abend keine Notiz über Lektüre. Keine über das Schreiben von Briefen.

Abends Herr Mahr.

Da dieser Walther und Wolf nicht begleitet, kommt er vermutlich zeitig. Goethe äußert die Bitte, *nach dem mittleren Berggraben begleitet* zu werden.

Mahr berichtet: *Er ging nicht weit, erwähnte aber mit sichtbarer Freude die herrliche Aussicht, welche, wie selten an einem anderen Ort mit so geringer Mühe erreicht werden könne. Dabei erinnerte er sich genau, daß dieser Berggraben bei weiterem Verfolg wohl in die Nähe des ›stillen, friedlichen‹ Schwalbensteins führe.*

Ob das *kleine Haus,* in dem er an der »Iphigenie« geschrieben habe, noch stehe, will er wissen. Nicht die Erinnerung an die Mühen, das Wasser für das Bergwerk wieder durch die Gräben fließen zu sehen, sondern die an den Ort seiner dichterischen Produktivität.

In sanft absteigendem Wege führte ich Goethe über den Felsenkellerplatz zu seiner Wohnung zurück, schließt Mahr.

Am genannten Platz das Gasthaus; 1813 wurde zu Ehren seines 64. Geburtstags hier ein Fest gegeben. *Abend Ball auf dem sehr wohlgebauten Felsenkeller Saal,* schrieb er damals an seine Frau Christiane und ihre Gesellschafterin Ulrike, *wo ich Euch auch wohl hätte mögen herum springen sehen.*

Der letzte Tagebucheintrag vom 30. August 1831: *Speiste mit den Kindern.*

Beim Essen teilt Goethe vermutlich den Enkeln definitiv den Termin der Abreise mit: der nächste Morgen halb sieben Uhr. Und daß der Rückweg der gleiche wie der Herweg sein werde.

Lange Gesichter für einen Moment vielleicht. Denn im Brief vom 28. August schreibt Wolf an seine Mutter: *Wann wir kommen ist noch nicht bestimmt.* Und am 29. August heißt es: *Wir fahren über Schwarzburg und Rudolstadt und bleiben noch eine Nacht unterwegs* (GSA 37/XXX VI, 3).

Warum Goethe von dem Plan abrückt, wissen wir nicht. Vielleicht Scheu vor einem nochmaligen fremden Nachtquartier. Oder die Vermutung, daß die geplanten Bauarbeiten auf der Chaussee zwischen Rudolstadt und Blankenhain – *zwei Anhöhen* sollen dort auf einer *Länge von hundert Fuß* durch einen *Erddamm* verbunden werden – schon in vollem Gange sind.

Vorbereitung zur Abreise noch am Abend. Das Packen beginnt. Der Diener Krause ist zur Stelle.

Das zerbrechliche Trinkglas, das Geschenk der Levetzows, packt Goethe vermutlich eigenhändig ein.

Die Aufregung von Walther und Wolf, wohin mit all den von ihren Ausflügen mitgebrachten Steinen?

Sie führen sie dem Großvater vor. Mahr überliefert, daß er Fundstücke der Kinder auf dem Tisch habe liegen sehen. Goethe habe dazu geäußert: *Es ist nichts von Bedeutung, nur Schlacken durch Kupferoxyd stark grün gefärbt, darum von meinen Enkeln für wichtige Sammelstücke gehalten.*

Die Leidenschaft ihres Vaters und Großvaters hat sich auf sie übertragen.

Ihr Vater August ist seit 1810 für die Verwaltung und Ordnung der großväterlichen Gesteins- und Fossiliensammlung zuständig; er vermehrt sie und baut eine eigene auf. Gewiß hat er seine Söhne des öfteren mit in den Pavillon im Garten am Frauenplan genommen, wo die Sammlungen untergebracht sind.

Der Stolz der Kinder auf ihre Ilmenauer Funde.

VII

Ob Goethe, frage ich mich, sich nicht zuweilen an seinen Sohn erinnert?

Als Fünf- und Sechsjähriger hat auch er hier die ersten Steine gesammelt. War in der Bergmannsuniform, dem *Berghabit*, den der Vater seinem *Gustel* hatte schneidern lassen, im klingenden Spielmannszug der Bergleute mitmarschiert. *Das macht ihm großen Spaß*, schrieb er damals an Christiane aus Ilmenau.

Vor den Vätern sterben die Söhne.

Wie ein *Pistolenschuß* trifft ihn der Verlust seines einzigen Nachkommen.

Aber sofort die für ihn typische Abwehr, das nicht Zulassen von Schmerz und Trauer, der Blick nach vorn, das fast brutale: *und so, über Gräber, vorwärts!*, mit dem er einen Brief an Zelter endigt.

Die Irritation aber bleibt.

Und die Suche nach einer Sinngebung dessen, *wofür kein Wort zu finden ist*: der vor ihm aus dem Leben gegangene Sohn.

Daß ihn das bis zuletzt beschäftigt hat, dafür spricht ein höchst seltsamer Brief, den Goethe zwölf Tage vor seinem Tod, am 10. März 1832, an den jungen Archäologen und Freund des Sohnes Wilhelm Johann Carl Zahn richtet.

Goethe schreibt: *Es war in den Sternen geschrieben (ich bediene mich dieses tropischen Ausdrucks* (vom lateinischen tropus = übertragene bildliche, bildhafte Verwendung) *für eins der Ereignisse wofür kein Wort zu finden ist), daß mein Sohn, an dem ich so viel Freude, Sorge und Hoffnung erlebt, auf seiner parabolischen Bahn durch Italien, ehe er sein Ziel in der Nähe der Pyramide des Cestius erreichte, soviel theilnehmende Freunde fand und auch dort erwarb, um seinem Vater für alle liebevolle Mühe, treue Sorgfalt und bedeutende Aufopferungen unter einem eigenen Zusammenwirken so mancher von einander unabhängiger Ereignisse das würdigste Denkmal zu gewinnen.*

Mit dem *würdigste⟨n⟩ Denkmal* meint er ein in Pompeji ausgegrabenes Haus, das auf Anregung und durch die Aktivitäten seines Sohnes den Namen »Casa di Goethe« tragen soll.

Einen Tag später bekräftigt er das Zelter gegenüber: *Sie haben dem neusten ausgegrabenen und noch nicht ganz enthüllten Hause meinen Namen gegeben, welches mir auch ganz recht ist.* Diese Namensgebung sei: *Ein Echo aus der Ferne, welches den Verlust meines Sohnes mildern soll.*

Goethe deutet die Namensgebung als Geschenk des Sohnes an ihn. Und zwar als Geschenk für das, was er seinem Sohn gegeben habe.

Er spricht nur von sich: seiner *Freude, Sorge und Hoff-*

nung, seiner *liebevolle⟨n⟩ Mühe, treue⟨n⟩ Sorgfalt und ⟨von⟩ bedeutende⟨n⟩ Aufopferungen.*

Als ob er eine Rechnung aufmache. Eine Gegenrechnung kann der Tote nicht präsentieren. Was kann Goethe mit *bedeutende⟨n⟩ Aufopferungen* meinen? Können Eltern das nicht einzig sagen, wenn sie ein schwerbehindertes Kind – durch Geburt oder Unfall – haben, das ihr Leben völlig einschränkt?

Das aber über August, der unablässig für ihn tätig war? Gleicht es nicht einem Urteil?

Goethes Blick scheint keineswegs ins eigene Innere, sondern vielmehr auf Mit- und Nachwelt gerichtet.

Manipuliert er das Gedächtnis, dirigiert die Erinnerung?

Wie das Schweigen über seine Frau Christiane nicht ohne Folgen bleibt –, so ist ein ähnlicher Vorgang bei seinem Sohn zu beobachten.

Daß die Beziehung zwischen Vater und Sohn – vierzig Jahre Altersabstand liegen zwischen ihnen – nicht ohne Konflikte sein kann, zumal bei Goethes hohen Ansprüchen, scheint zunächst normal.

Nicht zuletzt deshalb hat Goethe nach langem Zögern August die Reise nach Italien bewilligt; er erhofft sich eine Verbesserung ihres gespannten und nicht zum besten stehenden Vater-Sohn-Verhältnisses: *wo wir beide ein Facit ziehen und eine neue Aera beginnen können.*

... deine Absicht sey, eine große Welt in dich aufzunehmen und jede in Dir verknüpfte Beschränktheit aufzulösen, formuliert Goethe.

Von einem *belehrende⟨n⟩ Reisegenuß,* schreibt er, *damit*

*ich auch bey der Rückkehr von der erworbenen Kenntniß
und Thatlust meinen Vortheil ziehe und belohnt werde
daß ich, auch für euch* – es ist das Konzept eines Briefes
an Eckermann, der den Sohn auf der ersten Reiseetappe
begleitet – *und statt eurer, so manche Last übernehme.*

Den gleichsam moderaten Äußerungen des Vaters über
den Reisegrund stehen extrem existentielle des Sohnes gegenüber.

Ich kann nicht mehr, heißt es einen Tag vor der Abreise.
(Von Nierenkoliken war in den vergangenen Jahren mehrfach die Rede.)

Von seinem in Weimar *durch Krankheit und Hypochon-
drie bedrängten Körper und Geist* spricht er nun. Von
Schlaflosigkeit und Gebrauch von Medizin.

Flucht also?

Aus dem Zeitabstand von mehreren Reisewochen resü-
miert er in einem Brief an den Weimarer Landesdirektions-
rat Johann Friedrich Gille – mit ihm und seiner Frau Wilhelmine Christiane ist er befreundet, ihnen gegenüber gibt
er sich rückhaltlos offen –, er sei *von Weimar weg⟨ge⟩trie-
ben, denn dort konnte mit mir keine Aenderung vorgehen,
nach meinen Charakter häuslicher und anderer Lage suchte ich das Weite und eine fremde Welt, um mir in beiden
das Gefühl zu erwerben wie Unrecht man oft zu Hause
tut.*

Selbstkritische Töne beherrschen auch die Briefe an seine Frau. Sein *damaliges Benehmen* sei *eine verzweifelte
Maske* gewesen, gesteht er Ottilie. Nachträgliche Erklärungen, Abbitten, Entschuldigungen; er sei *krank aus Weimar* gefahren.

Zugleich verhehlt er ihr den Ernst der Lage nicht: *Wie*

ich von Weimar abging kannte ich meinen Zustand genau und es war die Wahl zwischen einer Parthie durch das Frauenthor in die Nähe des v. Posekschen Hauses oder in die Weite Welt.

Mit der *Parthie durch das Frauenthor* spielt er auf den Possekschen Friedhof, das heißt auf seinen Tod an; *die äußerste Noth trieb mich um den letzten Versuch zu meiner Erhaltung zu machen.*

Nach Augusts Tod schreibt auch der Vater: *Mein Sohn reiste um zu genesen.*

Welche Krankheit ist es, die in Italien geheilt werden soll?

Ist es das Unglück der Ehe?

Wenn ich mir denke, daß ich August nicht wieder sehen könnte, so empfinde ich auch nicht die leiseste Bewegung. Ottilie an Adele Schopenhauer. Und: *Nur Augusts Rückkehr droht mir wie eine unheilbringende Wolke.*

Hat Ottilie solche Gedanken auch Eckermann gegenüber angedeutet oder ausgesprochen?

Er jedenfalls findet, daß es besser für die Familie sei, wenn August nicht zurückkomme. Belegt ist es durch einen Brief seiner Verlobten Johanna Bertram. Als sie die Nachricht vom Tod August von Goethes erhält und einen Klagebrief Eckermanns darüber, schreibt sie nach Weimar: *Auf Deinen ersten Brief muß ich erwidern, daß es mir auffiel, daß Du so tief durch den Tod des jungen Goethe erschüttert wurdest, da Du doch hier der Meinung warst, als sei es ein Glück für die Familie, wenn er nicht wieder zurückkehrte.*

Der Tod als Lösung der Krise.

Goethe dagegen setzt auf Italien, auf Rom, den Ort seiner eigenen *Wiedergeburt. Alles was in unserer Natur Kleines ist, kann in Deutschland nicht herausgebracht werden...* Die von ihm konstatierte *Beschränktheit* wird sich in Rom auflösen.

Auch die schwierige Vater-Sohn-Beziehung ist an Augusts Zustand beteiligt. Ein Vater, der alle Entscheidungen für den Sohn trifft, ihn eng an sich bindet, ihn nicht losläßt, und ein Sohn, der sich nicht loszumachen vermag.

Der Vater, unaufhörlich die *Pyramide* seines *Daseyns...* *spizzend*, an der Vollendung seines Werkes arbeitend. Die Sohnesliebe und dessen Arbeitskraft mit Selbstverständlichkeit für sich nutzend. Ein äußerst anstrengender Partner, fordernd, keinen Widerspruch duldend. *Auf das Geringste, was man nicht ganz in seiner Vorstellung sagt hat man einen Hieb weg*, überliefert Charlotte von Stein. Und sein jahrzehntelanger Vertrauter Riemer spricht davon, daß alle bei Goethe *die Affens* machen müssen.

Weder das eine noch das andere für sich genommen, denke ich, ist die Ursache. Das Ausschlaggebende ist die Atmosphäre, der Raum, in dem sich sowohl das Vater-Sohn-Verhältnis wie die Ehe abspielt: Es ist dieses Weimar mit seiner *fürchterlichen Prosa*, Kleinheit, Mißgunst, Häme und seinem Neid.

August von Goethe, der Sohn der geschmähten Vulpius, kann die uneheliche Geburt nie abstreifen, wie sehr sein Vater sich auch vor ihn stellt, ihn in jeder Weise protegiert. Genau das verstärkt die Abwehr gegen ihn geradezu.

Während seiner Mutter die weibliche Sphäre noch einen gewissen Schutz bot, das Haus am Frauenplan Rückzugsort und Refugium sein konnte, ist der Sohn durch die Funktionen, die der Vater ihm zuweist, fest in das herrschende System eingebunden, ist Tag für Tag zum Umgang mit Hof und Stadt gezwungen und ihrem Urteil ausgesetzt.

Eines dieser Urteile – extrem vielleicht, dennoch könnte es für viele stehen – sei hier angeführt. Es ist von der viele Jahre in Weimar lebenden und zum Hofkreis gehörenden Henriette von Beaulieu-Marconnay.

Goethe schätzt sie als seine Leserin; ihre Meinung zum Helena-Akt *entschädigt* ihn – so seine Äußerung Kanzler Müller gegenüber – *für tausend alberne Dunst- und Plattköpfe.*

Ihre Töchter Caroline und Julie von Egloffstein sind von Goethe gern gesehene Gäste in seinem Haus. Caroline gehört seiner Mittwochsgesellschaft an. Später ist es Julie, der seine besondere Neigung gilt. August bezeichnet sie als seine *Jugendfreundin.*

Diese Frau Beaulieu-Marconnay interpretiert in einem Brief vom 11. November 1830 den Tod von August als eine Art Sühne; auch und zugleich für den Vater. *Wie wunderbar fügt die Vorsehung alles!* schreibt sie. *Der Sohn einer frühern, unschuldigen Geliebten* (August Kestner, Gesandter in Rom, Sohn von Charlotte Kestner geb. Buff, dem Urbild der Lotte aus »Die Leiden des jungen Werthers«) *muß dem verwilderten einzigen Zweig einer unrechtmäßigen Verbindung die letzten Dienste leisten und das Herz des Vaters den härtesten Schlag von dort erhalten, wo seine Sittlichkeit, seine Moralität unterging und die sinnlichen Dichtungen seiner Feder entströmten, die so viele junge Männer vom Pfade der Tugend verlockten.*

Die *fürchterliche Prosa* Weimars.

Wir werden nie erfahren, was zwischen Hof und Stadt und August von Goethe, was zwischen ihm und seiner Frau, was zwischen Vater und Sohn wirklich vor sich ging. Das Geflecht von Motiven, von Ursache und Wirkung wird für immer im dunklen bleiben.

Eine Ahnung von der Tragödie dieses Mannes aber geben uns seine Aufzeichnungen aus Italien.

Über hundertfünfzig Jahre wird es dauern, bis sie 1999 von Gabriele Radecke und Andreas Beyer unter dem Titel »August von Goethe. Auf einer Reise nach Süden« erstmals vollständig ediert werden.

Eine berührende Lektüre.

Ein kluger Beobachter tritt uns entgegen, offen für die Welt, wissend, beladen mit Bildung.

Seine Begabung zur plastischen und realistischen Schilderung – auch von seiner mündlichen Rede überliefert – geht auf den Vater zurück.

Neben der vielfach belegten Ähnlichkeit zu ihm in Erscheinung, Habitus und Gestus – die schwarzbraunen Augen und die volltönende Stimme –, ist auch das Erbteil seiner Mutter erkennbar. Im Sinn für Witz und Komik, für das Derbe und Drastische, zugleich in seinen zuweilen fast kindlich-naiven Äußerungen. Auch in der Neigung zu einfachen Menschen; man finde *überall Brüder*, schreibt er, *und sollte es unter den Lazaronis seyn (einer verschrienen aber gute Menschen Race).* Ebenso in seiner Befähigung für das Praktische und in seiner Heiterkeit und Unbefangenheit, mit der er sich Fremde schnell zu Freunden macht.

Schon in den ersten Wochen in Italien stellt sich der in Weimar vermißte Schlaf ein, Medizin braucht er nicht mehr, *nur wenige Reste* seiner *Alten Uebel* spürt er.

Die viele Bewegung bekommt ihm. Er, der mit noch nicht vierzig – wie sein Vater um sein fünfzigstes Jahr – reichlich korpulent ist, nimmt ab; *da Du die schlankeste aller Taillen sollst bekommen haben,* schreibt ihm Ottilie.

Und er an sie: *Seit meiner Abreise bin ich mir keiner Heftigkeit bewußt...* Am 30. Mai notiert er in Mailand in sein Tagebuch über den *Zustand seiner Nerven: ich kann sagen daß ich niemals besonnener, weniger heftig und duldsamer gewesen* bin. Und einen Tag später froh-lockt er in einem Brief an Johann Friedrich Gille: *Doch hoffe ich bei meiner Rükkehr manches meiner Persönlich-keit schädliche abgelegt und einen froheren Lebens-Sinn gewonnen zu haben.*

Sein *eigener Herr* zu sein läßt ihn aufleben. Pflichtenlast und Zeitdruck jagen ihn nicht: *ich übernehme mich in nichts denn ich habe Zeit.*

Des Vaters Briefe an mich sind heiter und befriedigend mehr braucht es nicht für mich.

Die Zufriedenheit des Vaters als einziges Kriterium?

Der Vater bleibt auch in der Ferne allgegenwärtig.

Unablässig ist August damit beschäftigt, dessen Samm-lungen zu erweitern, Kupferstiche und Münzen und Son-stiges für ihn zu kaufen und nach Weimar zu schicken.

Er hat dessen »Italienische Reise«, die »Römischen Ele-gien«, die »Venezianischen Epigramme« im Gepäck. Der Vater hat alles gesehen, beschrieben, die Sicht ist festge-legt, der Sohn folgt seinen Spuren.

Aber auch er muß Rechenschaft über alles Erlebte geben, der Vater hat ihm aufgetragen, Tagebuch zu führen. Freilich: Reisetagebücher zu schreiben ist Mode, wie auch Italien das Modeland des Bildungsreisenden ist.

Welche Mühe ihm dies gemacht hat, ahnt man, wenn man seine im Goethe- und Schiller-Archiv aufbewahrten Papiere in Händen hält. Kleine geheftete Bücher, 10 x 10 cm oder in länglichem Format 13 x 6 cm, in die er an Ort und Stelle seine Beobachtungen einträgt, sie dann im Quartier ausformuliert und in Reinschrift überträgt (GSA 37/XII, 6, 1).

Jeweils einen Großteil des Tages ist er damit beschäftigt.

Er arbeite *am Tagebuch über* seine *Kräfte*, begehrt er einmal auf. *Ich gebe Nachricht und Rechenschaft von jedem Tag und meinem Leben hier,* heißt es aus Neapel, *aber zuweilen wird es mir sauer zu schreiben, da man dadurch Zeit verlirt und das Leben nicht genießen kann.*

Vielleicht hätte August von Goethe nach Lappland reisen, für die Zeit seiner Abwesenheit die Verbindung nach Weimar abbrechen, sich dem Vater gegenüber im Schweigen üben müssen.

Möglicherweise wäre das eine Chance gewesen.

So aber bleibt er am Tropf.

Die Zufriedenheit des Vaters. Am 25. Juni 1830 läßt er den Sohn wissen: *daß deine Tagebücher aus Mailand höchst löblich sind ...*

Am 5. Juli: *Die letzten Briefe aus Venedig sind gleichfalls angekommen und ich kann Dir versichern daß sie allen, welche diese Blätter lesen, doppelt und dreyfach ergötzlich sind.*

Ottilie stimmt in das Lob ein: *Der Vater wird Dir selbst*

ausgesprochen haben, wie sehr er mit der Art und Weise wie Du Dein Tagebuch führst, und überhaupt der ganzen Art wie Du Italien siehst, zufrieden ist.

Goethe ermutigt ihn: *Fahre in allem und jeden so fort und es wird ein freudiges Wiedersehen und Zusammenleben erfolgen.*

Zwischen dem 3. und 10. November entwirft er einen Brief, den er nicht mehr absendet, da die Todesnachricht eintrifft. Er schreibt dem Sohn: *Deine Tagebücher sind ununterbrochen zu uns gelangt und haben uns viel Freude gemacht.* Erstmals, vorsichtig, eine kritische Einschränkung. Nach der *Freude* heißt es: *besonders da sich die willkürlichen und unwillkürlichen Excentri⟨zi⟩täten immer bald wieder in das rechte Gleis finden.*

Das Wort von den *Excentri⟨zi⟩täten* bezieht sich auf Augusts Nachrichten aus Neapel.

Einen ganzen Monat verweilt er dort; es ist wohl seine glücklichste Zeit in Italien.

Neapel ist seine Stadt.

Werfen wir einen kurzen Blick darauf. Am Morgen des 12. September 1830 trifft er, mit dem Dampfboot von Livorno kommend, ein.

Macht Quartier. Vom Fenster seiner Stube blickt er auf den Vesuv. Neapel *ist herrlich göttlich, man findet keine Worte.*

Bereits am zweiten Tag sucht Wilhelm Johann Carl Zahn ihn auf, Kunsthistoriker und Archäologe; seit 1829 Professor an der Berliner Akademie, viele Jahre schon in Italien lebend, leitet er von deutscher Seite die archäologischen Arbeiten in Pompeji.

August kennt ihn von Weimar her.

Am 10. September 1827 notiert sein Vater: *Gegen 1 Uhr der Casseler Maler Zahn. Seine Pompejanischen Durchzeichnungen vorlegend.* Zahns Tafelwerk »Die schönsten Ornamente und merkwürdigen Gemälde aus Pompeji, Herculanum und Stabiae nebst einigen Grundrissen und Ansichten nach den an Ort und Stelle gemachten Originalzeichnungen«, 1828/29 veröffentlicht, bespricht Goethe 1830 im Band 51 der Wiener »Jahrbücher der Litteratur«. Anfang März 1830 ein zweiter Besuch Zahns in Weimar.

Das Wiedersehen. Offenbar beidseitig Sympathie.

Bereits am 14. September zeigt Zahn August von Goethe das Museum in Neapel.

Zuerst die Fresken aus Herkulanum und Pompeyi besehen, notiert dieser. *Welcher Reichthum! ... ich stand wie versteinert da, das ist eine Pracht, und wie gut erhalten!* Er schwärmt, ist beglückt. *Welche Naivität herrscht auch in den kleineren Dingen ... und wie ist man verwundert, nach 2000 Jahren an Fischen, Krebsen, Vögeln, Früchten pp alles abgebildet zu finden, was noch jetzt auf den hiesigen Märkten verkauft wird.*

Einen Tag später lädt Zahn ihn nach Pompeji ein; von Neapel über *Portici...,* *Torre del Graeco, Torre del Anunciata nach – !! Pompeyi,* hält August fest. Sie verweilen lange: *wir waren 5 Stunden in Pompeyi herumgewandelt.* Zahn führt ihn *auch dorthin, wo die neuesten Ausgrabungen gemacht werden.*

August von Goethe ist fasziniert: *Es ist wunderbar, bei mir machte alles dieses keinen traurigen Eindruk, es war mir als wenn Vergangenheit und Gegenwart sich freundlich die Hand reichten.*

Pompeji kommt ihm nahe; *das Forum Mundinarium* wird sein *Lieblings Orth.*

Gespräche mit Zahn darüber. In der Folgezeit treffen sie sich oft. Zahn besucht August in seiner Stube, holt ihn ab, sie tafeln und trinken zusammen in den Trattorien von Pompeji und Neapel, der Dreißigjährige und der Vierzigjährige. *Im »Hotel de Londre« wo auch Zahn war,* meldet das Tagebuch einmal, *um 2 Uhr früh in meinem Quartier.*

Zahn sei *ein Kerl wie ein Mauerbrecher* ... schreibt August dem Vater, dem er auch vielfach von ihrem Weingenuß – *wir tranken Ihre Gesundheit* – und den Qualitäten der lokalen Weine berichtet.

Kestner wird nach Augusts Tod aus Rom an Kanzler Müller schreiben: *Alle die Ihm nah waren, fanden, daß er viel zu viel Wein trank – Ich habe ihn nicht trunken gesehen – u. fand ihn beym Zusammenessen angenehm erheitert vom Wein; aber auch mir war seine Bereitheit, jede Stunde des Tages Wein zu trinken, auffallend, ja anstößig.*

Auch Goethe trank bereits zum Frühstück sein Glas Madeira, man fand es nicht *anstößig.* Auch ist keine Mahnung des Vaters an den Sohn zur Reduzierung des Alkoholgenusses überliefert, sonst hätte der Sohn ihm nicht derart sorglos berichtet. (Alkoholismus galt damals nicht als Krankheit.)

Als einziger Hinweis, daß August, aus welchen Gründen auch immer – verdrängte er Konflikte und Depressionen, ist es seine *verzweifelte Maske?* – zuviel Wein trank, könnte ein Zeugnis von Rinaldo Vulpius dienen, der in einem Brief an August vom Frauenplan berichtend schreibt: *Der Weinbedarf ist nicht sehr gros, jetzt monatlich ca 1 Eymer.*

Da Zahn in Neapel *Geschäfte ... abzuthun* hat, begleitet der Bildhauer Rudolph Freytag August auf seinen Ausflügen nach Paestum, Sorrent und Amalfi.

Auf dem Weg dorthin wiederum Aufenthalt in Pompeji.

Gänge durch die *todte Stadt*, Gespräche in dem streng bewachten Gelände mit Aufsehern und Mitarbeitern. Daß August sich auch hier Sympathie erworben haben muß, geht aus einem Brief hervor, den er nach der Rückkehr am 4. Oktober von Freytag erhält.

Alle sich hier befindenden Wachen, Costoden u. Inspektoren, schreibt dieser, *sind voller freudigerer Rückerinnerungen und gedenken an Ew: Hochwohlgeboren großer Freundlichkeit, niemand kann den Augenblick Ihres Eintreffens in Pompei erwarten, wie auch Prof. Zahn u. ich, sehen mit Sehnsucht den glücklichen Augenblick ungeduldig entgegen Sie wieder in unserer Mitte noch mehrere Tage zu sehen.*

Am 6. Oktober ist August wieder in Pompeji, er sucht *Professor Zahn ... welchen ich auch in Vitelli bey Tisch ... antraf. Wir ... machten einen abermaligen Gang durch Pompeyi. Es ist wunderbar daß einen eine todte Stadt so fesseln kann.*

Augenscheinlich ist er an diesem Oktobertag mit einem Plan gekommen, den er sowohl mit Zahn als auch mit dem italienischen Leiter der archäologischen Arbeiten Michele Rusca besprochen haben muß.

Er will ein Haus nach dem Vater benennen lassen.

Bisher tragen die Neuausgrabungen Namen von Prinzen und Königen. Am 5. Oktober notiert er: *Es haben in Pompei blos Kaiser von Östereich u. der König von Preußen Häuser welche ihnen zu Ehren ausgegraben worden sind, da ich aber einmal hier bin so wollte ich versuchen ob es nicht möglich sey, auch zu Ihren Ehren lieber Vater ein Haus aus der Asche wieder an das Licht zu fördern.*

Am 7. Oktober vermerkt sein Tagebuch: *Der Direcktor der Ausgrabungen kommt meinetwegen von Torra di Annunziate nach Pompei.*

Gewiß steht die Ankunft Michele Ruscas mit dieser Namensgebung in Verbindung.

Sie scheint wohl an diesem 7. Oktober beschlossene Sache.

Am folgenden Tag werden die Grabungen in Gegenwart August von Goethes begonnen. Er notiert: *Pompei den 8ᵗ October 1830 wurde angefangen an Goethes Haus die durch Asche verschüttete Pforte zu öffnen, nach einigen Stunden bemerkte man schon daß es eines der schönsten und wichtigsten zeither an das Licht geförderten Häuser seyn würde ...*

Anlaß zu einem Fest. August spendiert fünfundzwanzig Flaschen Wein. *Ich hatte Musik bestellt von Torre anunziate, das ganze Volk von Pompei folgte mir es wurde ein mord Specktakel alles tanzt auf einer Terasse.*

Er selbst entfernt sich, sucht das Alleinsein: *so entwischte ich in die todte Stadt, durchging dieselbe besonders meinen Lieblings Orth das Forum Mundinarium.*

Zurückgekehrt, findet er Zahn mit seinem Besuch, mit Julie von Egloffstein, auf der Terrasse tanzend.

Am 9. Oktober nimmt August Abschied von Pompeji. *Da man immer hier bewacht ist, so versuchte ich heute früh allein Pompei zu durchwandeln. Es gelang mir ... keine Wache, kein Custode, kein Anhang, das ist hier viel ... ich geh allein und ruhig die Wachen und Custoden rufen mir zu: buon Giorno Sig. Conte ...*

In Neapel bereitet er seine Abreise vor. Am 12. Oktober heißt es: *Der Veturin nach Rom wurde gemiethet.*

Am 11. Oktober regelt er seine Geldangelegenheiten mit dem Bankier Klentze.

Er bittet Zahn: *Was das Andere betrifft Dose und bonaman* (Handgeld) *für Wachen u. Custoden liegen bey Kläntze bereit wenn daß Haus von Goethe ausgegraben und der Name auf einer Schiefertafel darauf geschrieben ist.* Er schließt: *Lebe wohl sey fleißig ich binn immer der alte Junge Goethe. Neapel. 13ᵗ Octob 1830.*

Am 14. Oktober *morgens um 3 Uhr* verläßt er die Stadt.

In einer Gewaltfahrt von sechsundzwanzig Stunden eilt er, ohne zu übernachten, mit der *Schnellpost* nach Rom.

Am 16. Oktober kommt er an.

Zehn Tage später, in der Nacht vom 26. zum 27. Oktober 1830, stirbt August von Goethe in Rom.

Dreizehn Tage nur liegt der Abschied von Zahn zurück.

Als diesen die Nachricht von Augusts Tod erreicht, sieht er das ausgegrabene Haus als Andenken an den so tragisch früh verstorbenen Freund.

Er muß es Goethe mitgeteilt haben. Denn dieser dankt in einem an Zahn gerichteten Schreiben vom 24. Februar 1831 für die *besonders gewidmete Ausgrabung*, er spricht von *unser⟨em⟩ Name⟨n⟩*. Versteht er zu diesem Zeitpunkt die Widmung als Andenken auch an seinen Sohn?

Zwölf Tage vor seinem Tod aber hat sich sein Sinn gewandelt; im Brief vom 10. März ist eindeutig von *meinem Namen* die Rede.

Daß Wilhelm Johann Carl Zahn das Haus weiterhin als Andenken an August von Goethe sieht, geht noch 1842 aus einer Fußnote zur Inhaltsbeschreibung von Heft X der »Zweiten Folge« seiner »Ornamente« hervor. *Casa di Goethe wird dies Haus genannt,* schreibt er, *weil die Ausgrabungen desselben am 7ten October 1830 zu Ehren des Baron von Goethe (Sohn des großen Dichters), der mehrere Tage bei mir in Pompeji verweilte, angefangen wurde.*

Wenn wir heute nach Pompeji kommen, so trägt das Haus den Namen *Casa del Fauno,* benannt nach der Bronzefigur des tanzenden Fauns. Diese *Casa* beherbergte die bedeutendsten Mosaiken von Pompeji, unter anderem das am 24. Oktober 1831 freigelegte Alexander-Mosaik, von dem Zahn Goethe eine Abbildung schickt, über die dieser sich in dem hier in Rede stehenden Brief vom 10. März 1832 ausführlich und begeistert äußert.

Rom ist Augusts letzte Station vor der Rückkehr nach Weimar.

Schon viel früher wollte er hier sein. Die drängende Bitte des Vaters, bereits am 29. Juni schrieb er ihm nach Italien: *ich erkläre also hiermit ausdrücklichst und feyerlichst: daß es mir sehr angenehm seyn wird in deinen Tagebüchern deinen Einzug in die Porta del Popolo zu vernehmen.*

August am 16. Oktober: *Wenn man ... aus Neapel kommt ... so kommt es einem hier Todt vor.*

Rom ist das ernsteste ... was ich gesehen.

Und weiter: *Am Tage ist es sehr warm, am Abend u. Morgen so kalt, daß ich ein Caminfeuer in meiner Stube angebrannt, u. dennoch den Mantel u. Filzsoken über die Stiefel anhabe, niemals habe ich so gefroren wie hier.*

Nicht seinem Tagebuch für den Vater vertraut er das an, sondern einem Brief an Wilhelmine Christiane Gille.

Ihr gegenüber äußert er auch, daß er besorgt sei, vom Vater keine Nachricht zu haben, sein letztes Schreiben sei vom 5. August.

Er bittet sie: *Lassen Sie meinen Vater wissen daß ich hier in Rom bin. Meine Dankbarkeit gegen ihn ist ohne Grän- zen, daß er mir alle diese Genüsse verschafft.*

Dann greift er nochmals zur Feder, meldet dem Vater seine Ankunft. *Ich sitze in einem kleinen Zimmerchen am Caminfeuer und erfreue mich der Vergangenheit, wie der Zukunft,* schreibt er ihm. Zwar müsse er sich *erst sammeln* – über Rom daher kein Wort –, aber er bilanziert seinen Italienaufenthalt.

Es ist die Bilanz bis zu seiner Ankunft in Rom.

In Neapel, so hat er notiert, sei er *so ruhig* wie *auf der ganzen Reise noch nicht gewesen ... ich glaube daß die Herrliche Natur diese große Beruhigung hervorbringt.*

Diese Ruhe führt ihn zu sich selbst: *Man wird hier Clair Voyant* (klarsichtig) *über Vergangenheit, Gegenwart und Zukunft.*

Das Ergebnis seiner Klarsicht faßt er am ersten Abend in Rom in dem Vaterbrief in den erschütternden Satz: *Es ist das erste mal, im 40ᵗ Jahre, daß ich zum Gefühle der Selbstständigkeit gekommen.*

Drei Tage später, am 19. Oktober, hält er – die Post lag in der Preußischen Gesandtschaft – einen Brief des Vaters vom 30. September in der Hand.

Und er muß darin lesen: *Wer in Rom eingetreten ist, dem kann man nichts sagen. Wenn er fühlt daß er neu geboren ward, so ist ers werth.*

... *so ist ers werth.* Der Vater erlebte in Rom seine *Wiedergeburt*, er war es *werth*.

Und er?

Läßt der Satz des Vaters die dünne Decke des Optimismus aufbrechen, die die ganze Reise begleitenden Ängste und Ahnungen eruptiv wieder aufsteigen?

Depressive Stimmungen. An einem Abend notiert er: *Der Mond ging hinter dem Vesuv auf es war ein großer Anblik: ich nahm die Guitarre und singe –? ›Es schlug mein Herz geschwind zu Pferde‹ ... Ich gerieth in Thränen. Empfinde es wer es will und kann.*

Auffällig ist, je näher er dem Ziel seiner Reise: Rom, und damit der Rückkehr nach Weimar kommt, desto unruhiger, getriebener erscheint er. *Ich schrieb neulich Neapel hätte in mir eine Beruhigung hervorgebracht –! Jetzt ist es anders.*

In seinen drängenden, detailgenauen Berichten blitzt dieses *anders* zuweilen in bizarren Äußerungen auf. *Es ist die erste, aber wahrscheinlich auch die letzte Reise die ich mache. Ich stehe allein in der fremden Welt ... Doch ich muß durch es koste was es wolle, doch ich hoffe nicht das Leben.* Oder wenn er von seiner *Bärenmütze* spricht. Wenn er schreibt: *Man wird ganz des Teufels und wenn man nicht den rothen Mantel mithätte, sonst ging alles unter.*

Ist es *verzweifelte Maske?* Das, was der Vater als *unwillkürliche und willkürliche Exczentri⟨zi⟩täten* tadelt.

Oder der Beginn beziehungsweise das Fortschreiten einer Krankheit, einer Hirnhautentzündung zum Beispiel?

Einmal heißt es: *Mir wirbelt der Kopf, doch man muß ihn auf der rechten Stelle behalten.*

Drei Wochen Zeit will August sich für Rom nehmen, dann nach Weimar zurückeilen.

Wie überall gewinnt er auch in Rom schnell Freunde.

Georg August Christian Kestner, Geschäftsträger der hannoverschen Gesandtschaft beim Päpstlichen Stuhl, schreibt: *Wir nennen uns August und August.*

Bertel Thorvaldsen, der dänische Bildhauer, äußert bei Augusts erstem Atelierbesuch den Wunsch, ihn porträtieren zu dürfen.

Friedrich Preller, ein junger Weimarer Maler, der sich mit einem Stipendium seines Großherzogs in Rom aufhält, bietet sich August als *Cicerone* an.

Das abzuarbeitende Bildungsprogramm. *Dann nach Monte Cavallo, einen Augenblick ausgestiegen, die Collosse, meine Freunde und Lieblinge begrüßt, dann nach dem Capitol, zuletzt an der Rotonde gehalten aber nicht hineingegangen ...* notiert August am 17. Oktober.

Erst am Abend ein Moment der Besinnung, er hört *in Trinita di Monti den göttlichen Nonnengesang. Das war ein Genuß, solche Stimmen habe ich noch nie gehört, das Ora pro nobis brachte einen bis zu Thränen.*

Am 18. Oktober führt ihn Kestner durch die Sammlungen des *Vatican.* Am 19. wechselt er das Quartier, zieht auf den *Monte Pincio. Die Luft ist dort weit gesünder.*

Am 20. fährt er mit Preller nach Tivoli, sie besuchen die Villa d'Este, übernachten in Tivoli, am 21. bewundern sie die Wasserfälle, die *Cascadellen.*

Am Freitag, dem 22. Oktober, besucht August Torvaldsen in seinem Atelier, er ist zu sommerlich gekleidet, erkältet sich.

Am Wochenende lädt ihn Kestner zu einer Fahrt nach Albano und Frascati ein. Schon in Albano klagt August über heftige Kopf- und Gliederschmerzen. Kestner will am anderen Morgen sofort zurück, aber August möchte noch nach Frascati.

Er fiebert. In Rom muß er sich zu Bett legen.

Gegen Abend steigt das Fieber. Friedrich Preller, der bei ihm ist, ruft einen Arzt; *ich rief des nachts 9 Uhr einen der geschicktesten Aerzte Roms, der augenblicklich zur Ader ließ und mehrere andre Heilmittel verordnete.*

Diagnostiziert wird *Scharlachfieber; der Artzt* – so Preller – *erklärte es für nicht gefährlich.*

Anderntags kommt der Doktor mehrmals; auch Kestner konferiert mit ihm. Und besucht August. *Abends um 10 Uhr* verläßt er ihn *vollkommen sorgenlos.*

Auch die zweite Nacht wacht Preller, zusammen mit einem jungen Dresdner Maler namens Müller, bei dem Kranken.

Das Fieber wird *so heftig, unaufhörlich phantasirte* er, berichtet Preller; einmal *erwachte* er aus einem *fürchterlichen Fiebertraum* und konnte *sich kaum überzeugen, das es Traum sey.* Aber *noch in den letzten Minuten* habe er *Augenblicke* gehabt, *in denen er nicht phantasirte . . .*

Gegen zwei Uhr morgens, am 27. Oktober, stirbt August von Goethe.

Wir hatten das Unglück die Zeugen seines unerwarteten Todes zu sein . . . Alle herbeigerufne ärztliche Hülfe war vergebens, schreibt Friedrich Preller am 28. Oktober seinen Eltern nach Weimar.

Augusts letzte Stunden.

Vielleicht in unablässiger Wiederholung der Satz: *Wenn er fühlt daß er neu geboren ward, so ist ers werth.*

Vielleicht aber auch – ein schnell laufender Film – grell-

bunte Reisebilder. Er in *der Straße Toledo, der frequente-
sten in Neapel ... Ich befinde mich sehr wohl in dieser
wogenden Menschenmasse ...* steht in seinem Tagebuch.
*Freilich sieht es in einer Stadt von 40 000 Häusern und
500 000 Menschen anders aus wie bei uns.*

Oder: die *Genüsse,* die *Dankbarkeit ... ohne Gränzen*
gegen den Vater. Sein letztes Schreiben an ihn endet: *Und
so will ich heute diesen Brief schließen und wünschen daß
es Ihnen, dem ich dieß Glük danke so wie allen den Ueb-
rigen wohl ergehe. Leben Sie wohl und grüßen Sie Frau,
Kinder, Verwandte u. Freunde. Ihr treuer Sohn A. v. Goethe.*

Vielleicht in den *Minuten,* den *Augenblicken, in denen
er nicht phantasierte,* die heitere Seite des Vater-Briefes
vom 30. September. Er enthielt *Innlagen von Ottilien, Rinaldo und den Kindern.*

Keine größere Freude könnte mir in Rom werden,
schreibt er am Tag des Erhalts und singt vor Freude. *Ich
sang: Kommt e Vögli geflogen setzt sich nieder auf mei
Fuß.*

Rinaldo Vulpius berichtet vom *Hauswesen,* in dem *Alles einen guten, ordentl. Gang gehe.* Ottilie erzählt von
Wolfs Geburtstag: zu dem *kleinen Kinderball Wolfen zu
Ehren habe ich auch Mariechen Gille* (die Tochter des mit
August befreundeten Paares) *eingeladen; Du siehst daraus das Deine Wünsche berücksichtigt werden wo es nur
möglich ist.*

Wolf, der sich für ein Geschenk bedankt – *Du glaubst
nicht was mir das Halstuch für Freude gemacht hat –,*
schreibt über seine kleine Schwester: *Die Alma sacht immer, ›wo ise Papa‹.*

Und bei Ottilie heißt es: *Alma ... versichert bei dem*

geringsten Geräusch in Deiner Stube daß Du wiederge-
kommen seiest.

Woran ist August von Goethe gestorben?

An einer Erkältung, die zum *Scharlachfieber* wurde, wie der ihn behandelnde römische Arzt angibt?

An einem *Zerplatzen der Kopfadern... infolge der Des-organisation des Gehirns, welches mit der Hirnhaut zu-sammengewachsen* war, wie die Obduktion ergibt. Die zudem eine *Leber etwa 5 Mal so groß, wie sie seyn müsse,* feststellt.

Die heutige Medizin nimmt als Todesursache *eine Hirn-hautentzündung der Hirnwölbung an,* die *eitrig-blutiger Natur* war.

Am 29. Oktober wird August von Goethe auf dem »Ci-mitero degli stranieri acattolici«, dem Friedhof für Aus-länder und Nichtkatholiken, beigesetzt.

Die Beerdigung haben wir am Freytage den 29sten Mor-gens bey einem heiteren Sonnenscheine vorgenommen, be-richtet Kestner nach Weimar.

Der Zug von *sechs Wagen,* der sich *von der Porta Pin-ciana über Piazza Barberini, via dell' Angelo Custodi, Fontana Trevi, Corso, Piazza di Venezia, Piazza Monta-nara zur Piramyde* bewegt.

Der *Sarg* wird *vom Eingange des Gottesackers zur Ca-pelle,* von dort *zur Grube, ... nah an der alten Stadtmauer, entgegengesetzt der Piramyde des Cestius* getragen und in die Erde gesenkt.

Am 10. November 1830 kommt Kestners offizielles Schreiben mit der Todesnachricht, gerichtet an Kanzler Müller, in Weimar an.

Müller und Doktor Vogel gehen zu Goethe.

Mit der Bemerkung, er wisse, daß er einen *sterblichen Sohn gezeugt*, soll er Vogel das Wort abgeschnitten haben.

Mit der Schwiegertochter tauscht er sich nach Müllers Zeugnis nicht aus. *Er ließ die Enkel am anderen Morgen zu sich kommen und behielt sie um sich, jeden andern Zuspruch sich versagend.*

Ottilie hatte dem Satz von *Augusts Rückkehr*, die ihr *wie eine unheilbringende Wolke droh⟨e⟩,* hinzugefügt: *Er war in einem beklagenswerten Zustand, als er ging, und ich fragte mich oft, ob dieser wutähnliche Zustand durch den Tod oder Wahnsinn enden werde.*

Von Anfang der Reise her einen üblen Ausgang befürchtet und aus den letzten Briefen aus Neapel schon auf eine gewaltig aufgereizte, widernatürl. gespannte Stimmung geschlossen zu haben, gesteht Goethe Müller nun.

Elf Tage nach der *Schreckenskunde* schreibt er Zelter: *es scheinet, als wenn das Schicksal die Überzeugung habe, man seye nicht aus Nerven, Venen, Arterien und andern daher abgeleiteten Organen, sondern aus Drath zusammengeflochten.*

Der Altersfreund erwidert: *Daß August in Rom gestorben ist will mich mit ihm und der Welt wieder versöhnen; unsere Saiten wollten nicht akkordieren und an ein gutes Ende war kaum zu denken.* Er, der einen eigenen Sohn durch Selbstmord verloren hat, fügt an: *Ja! wir sollen mit eigenen Augen dicht an uns heran zusammenstürzen sehn, was nicht Teil hat an uns.*

Als Herder einst eine indirekte Kritik an August wagte – mit Bezug auf Goethes Drama sagte, seine »Natürliche Tochter« sei ihm lieber als *sein natürlicher Sohn* – hatte das den Bruch der Freunde zur Folge.

Jetzt widerspricht Goethe mit keinem Wort.

Oder? Seine Lebenserfahrung läßt ihn ahnen, daß sich dieser taktlosen Äußerung weitere zugesellen werden. Mutmaßungen, Urteile, hinter seinem Rücken, von Freunden, Bekannten, Fernstehenden, von Wohlwollenden und ihm nicht Gutgesinnten.

So werden Friedrich Prellers Eltern die Details des Sohnes-Briefes aus Rom nicht für sich behalten, sie kursieren in Weimar.

Die Tochter von Frau von Beaulieu-Marconnay ist in Pompeji mit August zusammengetroffen, sie hat sich mit Professor Zahn bekannt gemacht.

Charlotte Kestners Besuch in Weimar, für Goethe befremdend, für sie enttäuschend, liegt noch nicht sehr lange zurück. Kestner wird seiner Mutter schreiben, sie die Nachrichten weitertragen.

Überall ist es Gesprächsthema.

Goethe entschließt sich, wenn er dem auch nicht zuvorkommen kann, ihm doch seine eigene Sicht entgegenzusetzen.

Er selbst verfaßt einen *Abriß* der *Reisemonate* des Sohnes und sendet diesen am 27. Dezember 1830 an Kestner nach Rom.

Die Begründung für diesen Schritt ist im Brief vom 19. Februar an Zelter (indirekt wohl auch eine Reaktion auf dessen Taktlosigkeit) zu lesen: *damit aber doch jene*

bedeutende Natur für seine Gönner nicht so stumpf ab-
klinge, so habe ich zuerst den italiänischen Freunden ei-
nen, freylich nur sehr flüchtigen, Abriß seiner Reisemona-
te aufgesetzt, den ich dir nun auch nächstens abschriftlich
übersende.

Dieses Schreiben an Kestner nimmt das spätere an Zahn gerichtete vorweg. Der Unterschied: Es bedient sich nicht des *tropischen Ausdrucks: Es war in den Sternen geschrie-ben,* sondern ist sehr direkt. Aus ihm ist zu schließen, was mit den *bedeutenden Aufopferungen* gemeint sein kann.

Goethe schildert Kestner den *bänglich zweifelhaften Zustand* seiner *Seele* während der acht Monate der Ab-wesenheit des Sohnes. Er schildert die *gehegte Hoffnung* und den Verlust dieser *Hoffnung,* dem Sohn *bey seiner Rückkehr … seinen Theil an gemeinsamen Geschäften, die Führung des Haushalts, die Unterstützung seiner Gat-tin, die Erziehung seiner Kinder für die Zukunft zu über-geben.*

Er klagt, daß *dieses alles nunmehr lastend auf mir zu-rückbleibt, und ich täglich und stündlich mühsam veran-stalten muß, was ich, im Ganzen, jüngeren Thätigkeiten zu übertragen gedachte.*

Er sei nun *in dem Falle … am Ende meiner Tage noch als wie zu einem neuen Anfang mich einzurichten.*

Vorwurf, allein gelassen zu sein. Goethe spricht vom *Au-ßenbleiben meines Sohnes,* davon, daß es ihm *beliebt hat, in der ehemaligen Hauptstadt der Welt zurückzubleiben.*

Rückt er damit seinen Tod in die Nähe der Selbstver-schuldung? Ist es nachträglich Mißbilligung, daß der Sohn überhaupt zu dieser Reise aufbrach, sie ausdehnte; nicht, wie Eckermann es tat, sie abbrach, zurückeilte, um sich dem Werk des Meisters zu widmen. Vom *getreue⟨n⟩ Ekkart* spricht Goethe nun, er *ist mir von großer Beyhülfe*.

Die Unerbittlichkeit von Goethes Pflichtbegriff.

Aus Rom fragt Kestner an, welche Inschrift Augusts Grab tragen solle. Der Bildhauer Thorvaldsen hat für den Stein ein Relief-Medaillon mit Augusts Porträt geschaffen. Kestner legt eine Zeichnung bei.

Goethe teilt seine Entscheidung am 29. Juli mit: *Goethe, der Sohn, seinem Vater vorangehend, starb vierzigjährig, 1830* soll in Latein die Inschrift lauten.

Goethe Filius
Patri
Antevertens
Obiit
Annor XL
MDCCCXXX

Nicht der Name: Julius August Walther von Goethe, nur: Goethe Sohn. Nicht Geburts- und Sterbetag: 26. Dezember 1789 - 27. Oktober 1830.

Alles verweist auf Goethe, den Vater.

Auch über die Tagebücher des Sohnes verfügt er.

In seinem letzten, nicht mehr abgesandten Brief an ihn erwähnt er eine Meldung der englischen »Literary Gazette«, in der die Publikation von Augusts italienischem Tagebuch durch ihn, den Vater, angekündigt wird.

Er zitiert: *The Son of the great German poet, Goethe, the Chambe⟨r⟩lain Goethe, has just drawn up a diary of his journey trough Italy, which Goethe the father is about to publish.*

Und kommentiert: *Vorstehendes, aus einer englischen Zeitung entnommen, wollen wir auf sich bewenden lassen; daß Du aber Deine Tagebücher redigiren und der Vollständigkeit näher führen mögest, ist mein Wunsch und wird Dir eine angenehme Beschäftigung geben.*

Nach Augusts Tod spricht er Frédéric Soret gegenüber von einem *wertvollen Tagebuch.*

An Zelter heißt es: *Vielleicht gibt es Gelegenheit in künftigen Tagen, aus seinen Reiseblättern, das Gedächtniß dieses eignen jungen Manns Freunden und Wohlwollenden, aufzufrischen und zu empfehlen.*

Aber seine Bedenken überwiegen: *freylich sind seine Tagebücher höchst interessant, aber wegen der immer hervorstechenden Individualität, die du ja kanntest, nicht in ihrer eigensten Energie und Entschiedenheit mitzutheilen.*

Nach seiner Rückkehr aus Ilmenau notiert er am 7. Oktober: *Die Briefschaften des grünen Portefeuilles besichtigt und einen Theil verbrannt.*

Bei diesem *grünen Portefeuille* handelt es sich um jenes, das August von Goethe auf seiner Italienreise begleitete.

Am 4. November heißt es: *Nach Tische hatte ich die verschiedenen gleichsam neuentdeckten Schubladen vorgenommen, die letzten Sendungen meines Sohnes enthaltend, gesondert und disponirt.*

Was hat er *verbrannt*, was *gesondert und disponirt?*

Selbst das Überlieferte gerät in Vergessenheit. Die italienischen Zeugnisse werden – wie gesagt – erst zum Ende des 20. Jahrhunderts publiziert.

Das Interesse von August von Goethes Söhnen und der Tochter – von Ottilie zu schweigen – scheinen sie kaum gefunden zu haben.

Oder gibt es in den nachgelassenen, noch unveröffentlichten Papieren Äußerungen über ihren Vater und seine Italienreise? Vielleicht bringen künftige Arbeiten darüber Aufschluß.

Hier nur dies: unter dem letzten Tagebucheintrag August von Goethes in Rom steht, ohne Datum, mit Bleistift: *Unter den Papieren, welche nach des Vaters Tod aus Rom kamen. Wolfgang von Goethe* (GSA 37/XII, 6).

VIII

Ilmenau, 31. August 1831.

Der Morgen der Abreise.

Die Kutsche ist zur Abfahrt bereit. Die Pferde sind angeschirrt. Die Achsen frisch geschmiert. Der Kutscher steht in seinem *blauen Oberrock*, dessen *Kragen und Aufschläge mit Tressen belegt und paspeliert* sind, wartend vor dem Gasthof.

Goethe ist offenkundig mit König zufrieden, denn in den *Rechnungen über Einnahmen und Ausgaben auf die Zeit vom 1. Juli bis letzten Septbr. 1831* steht unter der Rubrik *Equipage* unter dem Datum *4. Sep. König Zulage im M. August* (GSA 34/XLIV, 32).

Gottlob Friedrich Krause, der Diener, scheint in den Tagen in Ilmenau Gefallen an der kleinen Bergstadt im Thüringer Wald gefunden zu haben. Nach Goethes Tod bleibt er noch einige Jahre am Frauenplan, versucht sich dann als Pächter eines Gasthofs in Ehringsdorf, um schließlich in Ilmenau eine Stelle als Amtsdiener anzutreten, die der 1805 in Lehnstedt bei Weimar geborene bis zu seinem Tod innehat. 1860 stirbt er in Ilmenau.

Krause hat das Gepäck bereits aufgeladen und befestigt.

Der Löwenwirt tritt vor die Tür, verabschiedet seine

Gäste. Rentamtmann Mahr und von Fritsch sind gewiß zugegen. Neugierige versammeln sich.

Früh halb 7 Uhr aus Ilmenau, schreibt Goethe in sein Tagebuch.

Zügiges Fahren.

Gegen 11 Uhr in Stadtilm. Gespeist und ausgeruht. Vielleicht diesmal ein vorbereitetes, dem hohen Gast angemessenes Mittagsmahl. Bei der Herfahrt hat man die Bestellung aufgegeben. Da die Gasthofrechnung nicht überliefert ist und auch Krauses Tagebuch keine Auskunft gibt, können wir es nur vermuten.

Nach 12 Uhr wieder abgefahren. Großhettstedt, Dienstedt, Barchfeld. Kranichfeld, Tannroda.

In Tannroda ein erneuter Halt. *In Tannroda bey Herrn Schnell ausgestiegen, Kaffee getrunken und mancherley artige Erinnerungen voriger Zeiten; bildliche ältere Abenteuer, besonders ein hübsches Festgeschenk von Schwerdgeburth gesehen.*

Um welche Arbeit des Weimarer Zeichners und Kupferstechers Carl August Schwerdtgeburth es sich handelt, wissen wir nicht.

Möglicherweise sind es die betrachteten Bilder und geführten Gespräche mit Herrn Schnell in Tannroda, die Goethe eine Geschichte eingeben oder erfinden lassen, die er wenig später Boisserée erzählt: *Ich reis'te durch eine Landstadt in Thüringen und fragte: ob nicht im Vorbeygehen etwas Bedeutendes zu sehen sey.* Man habe ihm – so die Geschichte – ein Grabmonument gezeigt, das ein Mann vor seinem Tod, der ein halbes Jahrhundert zurückliege, in Auftrag gegeben habe. Jetzt sei es errichtet, zu der dafür bestimmten Geldsumme seien die Zinsen von fünf-

zig Jahren hinzugekommen und *jedermann wallfahrte* ...
zu diesem *von einem vorzüglichen Künstler* ... geschaffe-
nen *Monument*.

In diesem Brief vom 24. November teilt Goethe Boisserée zugleich die vollzogene *Versiegelung* seines »Faust.
Zweiter Teil« mit. Die kommentar- und übergangslos an-
gefügte Geschichte läßt sie unschwer als ein Gleichnis zu
seinem eigenen Verhalten seinem Werk gegenüber lesen.

Nachdem der *Kaffee getrunken* und *mancherley artige
Erinnerungen* ausgetauscht sind, Aufbruch von Tannroda.

Bad Berka ist noch zu durchfahren.

Nach 6 Uhr in Weimar angekommen. Mit der Notiz: *An
Herrn von Beulwitz* (das heißt dem Fürstenhof) *meine Ankunft gemeldet*, schließt Goethes Reisetagebuch.

Nach der Rückkehr aus Ilmenau liegt vor ihm noch eine
Lebenszeit von zweihundertzwei Tagen.

Ein Herbst. Ein Winter. Ein letztes Weihnachtsfest. Eine
letzte Jahreswende.

Januar. Februar. Mitte März.

Goethe ist bei guter Gesundheit. Von *vorzüglich gute⟨r⟩
Gesundheit* spricht Vogel, sein Hausarzt sogar, *ganz ungewöhnlich heiter und ohne eine bedeutende körperliche
Anfechtung* habe er den *letzten Spätherbst und Winter* ...
durchlebt.

Der Arzt hat vermutlich einen Anteil daran. *Ohne ihn
wäre ich längst abgefahren*, bemerkt Goethe lakonisch.
Und: *jämmerlich, wie arme Hunde leben, oder wohl und
frisch*, ... *darauf vermag ein kluger Arzt viel*.

Carl Vogel ist durch Goethes und Zelters Vermittlung auf Empfehlung des Berliner Obermedizinalrates Langemann 1826 als Nachfolger Rehbeins nach Weimar berufen.

Achtundzwanzig Jahre ist er, als er zum großherzoglichen Leibarzt ernannt wird, vier Jahre später wird er Hofrat.

Goethe mag den jungen Mann. Carl August gegenüber charakterisiert er ihn: *Er ist klar, offen, heiter, sich selbst deutlich und wird es dadurch auch bald andern ... seine Ansichten sind schnell und bestimmt, so auch seine Anordnungen; in seinem ganzen Thun und Lassen ist eine Art von preußischer Entschiedenheit, aber keine Spur von Anmaßlichem.*

Goethe debattiert mit ihm über *Arzeneymittellehre, medicinische Praxis und philosophische Theorie,* über *polizeyliche Angelegenheiten* und zunehmend über *allgemeine wissenschaftliche und philosophische Fragen;* er wird ihm ein wichtiger Gesprächspartner. *Bedeutende Unterhaltung* ist mehrfach in seinem Tagebuch zu lesen.

Dort taucht Vogels Name seit Ende 1830 immer öfter in Zusammenhang mit der Notiz *Oberaufsichtliches* auf.

Gemeint ist die *Oberaufsicht über die unmittelbaren Anstalten für Wissenschaft und Kunst.* Dieses Amt hat Goethe noch immer inne.

Ihm unterstehen die *Zeichenschule* in Weimar, das *Botanische Institut* in Jena, die *herzoglichen Bibliotheken* in Weimar und Jena sowie das *Naturwissenschaftliche Museum,* das *Anatomische Kabinett,* das *Chemische Institut,* die *Sternwarte,* die *Tierarzneischule,* die *Universitätsbibliothek* in Jena und das *Kunstmuseum* in Weimar.

Obgleich es damals üblich ist, daß leitende Beamte ihren

Dienst bis zum Tod versehen, hätte Goethe auf Grund seines dichterischen Ranges längst von seinen Ämtern zurücktreten können.

Zum Beispiel 1815, als in Folge des Wiener Kongresses Weimar Großherzogtum wird, eine umfassende Verfassungs- und Verwaltungsreform eintritt; das Geheime Conseil wird abgeschafft, an seine Stelle tritt ein Staatsministerium. Goethe wird zunächst nicht an dem Umwandlungsprozeß beteiligt.

Er besteht aber entschieden auf der Fortführung seiner Ämter. Und so wird für ihn ein Spezialressort geschaffen. Er hat faktisch den Rang eines Kultur- und Wissenschaftsministers. Erhält auch den Titel eines Staatsministers, ohne Mitglied des Staatsministeriums zu sein. Er ist ausschließlich dem Landesherrn unterstellt und nur ihm rechenschaftspflichtig; hat also einen großen Spielraum für eigene Entscheidungen.

Daß Goethe bis ins hohe Alter diese Last auf sich nimmt, mag erstaunen. Es gehört aber zu seinem Leben. Das Prestige, das er durch diese amtliche Tätigkeit gewinnt, spielt für ihn eine große Rolle.

Er kann Macht ausüben, Einfluß nehmen; Stipendien und Auslandsaufenthalte vergeben, Berufungen an die Universität mitbestimmen. Ebenso seine naturwissenschaftlichen Interessen und Studien durch persönliche und fachliche Verbindungen lenken und ihnen Nahrung geben.

Das große Arbeitspensum kann er freilich nur mit Hilfe von vielen Kräften bewältigen. An erster Stelle ist sein Sohn August zu nennen, der diese Arbeit für viele Jahre gewissenhaft und umsichtig versieht.

Nach dessen Tod ist es der junge Arzt, den Goethe dazu heranzieht, was nicht wenige Neider auf den Plan ruft.

Wie es auch immer wieder Versuche gibt, Goethes Sonder-
stellung aufzuheben und die Rechenschaftspflicht nur gegenüber dem Herzog in eine gegenüber dem Staatsministerium und den Landständen umzuwandeln.

*Um 1 Uhr Hofrath Vogel, mit welchem ich verschiede-
nes Oberaufsichtliche durcharbeitete.* Solche Eintragungen häufen sich. Unter dem Datum 15. März ist zu lesen:
*Hofrath Vogel, genugsame Relation von seiner gestrigen
Ausrichtung in Jena vortragend. Seine einsichtige und im
gemeinsamen Sinne consequente Theilnahme am Geschäft
ist höchst erfreulich.* Vogel selbst notiert über diesen Tag:
*Goethe ... hörte mit vieler Teilnahme meinen mündlichen
Bericht über den Zustand der ihm untergebenen Anstalten
zu Jena an, welche ich den Tag zuvor revidiert hatte.*

Das *Oberaufsichtliche* – so umfangreich Goethes Verantwortlichkeiten sind – ist für ihn dennoch eine Neben-
arbeit.

Im Mittelpunkt steht bis zuletzt sein dichterisches und
wissenschaftliches Werk.

Gleich nach der Rückkehr aus Ilmenau beginnt er an
»Dichtung und Wahrheit« weiterzuarbeiten. *Das was seit
vielen Jahren vorlag, verdiente wohl gestaltet zu werden*,
schreibt er an Boisserée. Im Tagebuch dann am 15. September: *Ich fuhr fort mich in's Jahr 1775 zu versetzen und
den 4. Band auszustatten.* Am 15. Oktober: *Ich fuhr fort,
gewisse Lebensepochen zu bedenken.*

Verstärkt habe er sich *wieder in die naturwissenschaftlichen Dinge geworfen*, heißt es Ende November.

Er will aus seiner *Farbenlehre zwar nicht ein Lesebuch*,

aber doch ein lesbares Buch machen. Er beschäftigt sich mit der Ergründung der Gesetze des Regenbogens und mit der Metamorphose der Pflanzen- und Tierwelt.

Er arbeitet an »Principes de Philosophie Zoologique II«. Am 20. Februar schickt er das Manuskript an Varnhagen von Ense nach Berlin, noch im März erscheint es in dessen »Jahrbüchern für wissenschaftliche Kritik«.

Er verfaßt den Aufsatz »Plastische Anatomie«. Darin plädiert er für die Verwendung von Wachsmodellen zu anatomischen Zwecken, um kriminelle Leichenbeschaffung zu verhindern. Das Manuskript geht ebenfalls nach Berlin, an die Adresse des Staatsrates Beuth.

Andere im letzten Lebenshalbjahr entstandene Arbeiten, so »Rembrandt als Denker« und das nicht genau zu datierende »Ein Wort für junge Dichter« werden erst postum veröffentlicht.

Und noch immer hat er Pläne. Als er Carus' »Vorlesungen über Psychologie, gehalten im Winter 1829/30 zu Dresden« liest, notiert er: *Im Stillen großes Bedenken über Carus' Psychologie von der Nachtseite. Gegenwirkung eine dergleichen von der Tagseite zu schreiben; gleich festgestellt und Nachts bey einigen schlaflosen Stunden durchgeführt. Streiten solle man nicht, aber das Entgegengesetzte faßlich zu machen ist Schuldigkeit.*

Nachweislich nimmt er das Manuskript von »Faust. Zweiter Teil« nochmals zu Hand.

Notirt und schematisirt was nächstens auszuführen ist, heißt es am 1. Januar. Unter dem 2. Januar steht im Tagebuch: *Abends mit Ottilien, wegen künftigen Vorlesens.* Da muß er mit der Schwiegertochter die gewünschte Arbeitsweise besprochen haben.

Als Vorleserin und Gesprächspartnerin hat er Ottilie stets geschätzt. Und sie ist offenkundig in Goethes letzter Lebenszeit um Harmonie bemüht, richtet sich in allem nach ihm. Und er zieht sie, auf ihr künstlerisches Urteil, ihre intellektuellen Fähigkeiten bauend, in schönster Weise ins Vertrauen.

Fast zwei Wochen Zusammenarbeit folgen, wie sein Tagebuch belegt. 8. Januar: *Später Ottilie. Sie hatte das was vom zweyten Theil des Faust gedruckt ist, gelesen und gut überdacht. Es wurde nochmals durchgesprochen, und ich las nunmehr im Manuscript weiter ...* 9. Januar: *Abends Ottilie. Ich las ihr den Schluß des ersten Acts von Faust vor. Wir besprachen die zunächst aufzuführenden Charaden.* 10.: *Abends Ottilie.* 11.: *Später Ottilie.* 12.: *Nachher Ottilie und Eckermann. Las im Zweyten Theil des Fausts weiter ...* 13.: *Später Ottilie; lasen weiter im Faust.* 14.: *Abends Ottilie. Schluß zur klassischen Walpurgisnacht ⟨gelesen⟩.* 15. Januar: *Sodann Ottilie. Lasen weiter im Faust.*

Dann geht Goethe, jeweils am Morgen, vom Schlaf gekräftigt oder wachgelegen und die Formulierungen schon vorgedacht, an die Arbeit. 17. Januar: *Einiges im Faust Bemerkte nachgeholfen.* 18.: *Einiges umgeschrieben.* 24. Januar: *Neue Aufregung zu Faust in Rücksicht größerer Ausführung der Hauptmotive, die ich, um fertig zu werden, allzu lakonisch behandelt hatte.*

Letzte Korrekturen in den folgenden Tagen. Und deren Überprüfung offenbar durch das laute Lesen. Am 27. Januar ruft er zu ungewohnter Stunde, zur Mittagszeit, die Schwiegertochter zu sich: *Um 1 Uhr Ottilie, Faust vorgelesen.*

Am 29. Januar der Eintrag: *Abends Ottilie. Faust ausgelesen.*

Zu der *vorzüglich gute⟨n⟩ Gesundheit*, von der Vogel spricht, tragen auch Goethes viele Ausfahrten bei.

Unmittelbar nach der Rückkehr von Ilmenau genießt er die schönen Herbsttage. 6. September: *Gegen Abend mit Ottilien eine Stunde spazieren gefahren.* 7. September: *in den untern Garten gefahren. Speiste daselbst allein. Las im 1. Bande meiner Biographie.*

Einen Tag später: *Nach Tische mit Wolf in den untern Garten. Die wenigen Erdarbeiten betrachtet.* Den nächsten Tag: *Nach Tische spazieren gefahren und nachdenkend.* Den folgenden: *Um 1 Uhr mit Ottilien spazieren gefahren.* Am 19. September eine Ausfahrt *mit Ottilien und Walther.* Am 25. September: *Um 12 Uhr bey sehr schönem Sonnenschein spazieren gefahren.* Ebenfalls am 26. und 28. Ausfahrten.

Auch im Oktober ist das Wetter noch mild. Am 7. fährt er *mit Wölfchen spazieren*, am 10. mit der *Familie* und *Vogel zum Manöver hinausgefahren.* Vier Tage später speist er *mit Eckermann im untern Garten.* Am 19. Oktober besucht er in *Belvedere* die *Ausstellung des landwirthschaftlichen Vereins*, besichtigt *bedeutende Vegetation.*

Am 26. Oktober notiert er: *Das Wetter vollkommen schön.* Zwei Tage später der Entschluß zu einer großen Fahrt. *Bey dem schönsten Wetter allein nach Berka. Speiste daselbst im neuen Badehause. Nach 5 Uhr kam ich zurück.*

Am 7. November fährt er *mit der Familie spazieren.* Einen Tag später mit Eckermann. Und am 16. November mit dem *geborenen Frauenzimmerchen*, seiner Enkeltochter Alma: *Spazieren gefahren mit dem Kinde.*

Dann aber scheint die Saison beendet. Unter dem Datum des 20. November vermerkt das Tagebuch: *Früh die Atmosphäre durchaus verfinsterndes Schneegestöber. Sodann klarer Sonnenschein.*

Am 1. Dezember berichtet er Humboldt, daß er aus seinem Arbeitszimmer, seiner *Klause in die vom Schnee verschleierten Klostergärten ... hinausblick⟨e⟩.* Bereits am 3. Dezember ist die Schneedecke geschlossen. *Eine Schlittenfahrt kam von Belvedere zurück,* notiert Goethe, der nochmals am 10. und 18. Dezember ausfährt, um dann für sechs Wochen ins Haus gebannt zu bleiben.

Die letzte Jahreswende verbringt er allein. Auch das letzte Weihnachtsfest.

Die Familie war zu Frau von Pogwisch, wo der heilige Christ aufgestellt war, vermerkt sein Tagebuch.

Ottilie feiert mit den Kindern bei ihrer Mutter. Verständlich wohl, obgleich Henriette von Pogwisch, die *Großmama* mütterlicherseits, mit ihren vierundfünfzig Jahren noch jung ist im Vergleich zum Großvater Goethe.

Die Kinder aber bekommen ihre Geschenke von ihm; Ottilie nimmt sie wohl mit, wie sich aus seinem Eintrag vom Vormittag des 24. schließen läßt: *Ottilie wegen der Christgeschenke.*

Der allein Zurückgebliebene. *Ich las in den Raumerschen höchst merkwürdigen Excerpten in Paris.*

Am 25. Dezember die Notiz: *Früh die Kinder, zufrieden mit ihren Weihnachtsgeschenken.*

Aber auch an diesem Tag zieht er sich zurück. *Die Familie speiste im Deckenzimmer; ich blieb für mich.*

Deutet das auf Spannungen? Wirkt sich aus, daß Goethe auch an Feiertagen selten geneigt ist, seinen Arbeitsrhythmus zu unterbrechen; früher, als August klein war, sehr zum Leidwesen Christianes. Oder ist es die *lichte Ketzerei* seiner letzten Lebensjahre, die ihn dem christlichen Fest zunehmend die Bedeutung absprechen läßt? Als er sich im Juni in die Werke von Galileo Galilei vertieft, notiert er: *Er starb in dem Jahre, da Newton geboren wurde. Hier liegt das Weihnachtsfest unsrer neueren Zeit.* (Die Geburts- und Sterbedaten liegen ein Jahr auseinander: Galilei starb 1642, Newton wurde 1643 geboren.)

Möglicherweise ist an diesem 25. Dezember das Motiv für seinen Rückzug die Nachricht, die ihn erreicht: *Ein Schreiben vom jungen Seebeck, des Vaters Tod verkündend, kam an.*

Thomas Johann Seebeck, Entdecker der Thermoelektrizität und der entoptischen Farben, hat in seiner Jenaer Zeit von 1802 bis 1810 Goethe bei seinen Studien zur Farbenlehre unterstützt und sie als einziger auch lange Zeit vertreten. Mit seiner Berufung an die Berliner Akademie 1818 wendet er sich anderen Forschungsgebieten zu. Der Kontakt reißt ab; in seinem Kondolenzbrief spricht Goethe von *Schweigen – Verstummen* – schließlich von *Mißstimmung.* Seebeck hat darunter gelitten, wie sein Sohn mitteilt. Goethe bedauert den Abbruch der Beziehungen, er habe, entgegnet er, sich in seinem *bewegten und gedrängten Leben … einer solchen Versäumniß öfters schuldig gemacht.* Seebecks *frühzeitiges Scheiden* – er stirbt mit einundsechzig Jahren – sei *ein großer persönlicher Verlust* für ihn.

Daß er sich an diesem Tag aber keineswegs nur mit düsteren Gedanken der Endlichkeit befaßt, sondern sich ganz irdischen Dingen zuwendet, es ihm immer wieder gelingt, sich zu erden, weist sein Tagebuch ebenfalls aus. Unter dem 25. ist zu lesen: *Neue Einrichtung der Küche und des Mittagessens.*

Beim Spicken der Braten und der Beylagen, zwei Drittel weniger Speck. Keine Fasanen, werden mehr angeschaft, und die Hasen sämmtlich in der Niederlage ins Buch zu schreiben, Insgleichen keine Kapaunen anzuschaffen, sondern zu überlegen wie man mit nachhaltigen Fleischerbraten auskommen könne. Ferner ist auf gutes Rindfleisch zu sehen, welches zu dem Zugemüse, an den Herrschaftl. Tisch mit irgend einer guten Sauce als zweytes Essen zu liefern ist. Alle Mittag 12. gute Kartoffeln.

Diese *Anordnung* diktiert er seinem Diener Krause, der sie in ein eigens dafür angelegtes »Tafelbuch« zu schreiben hat, in das er im folgenden auch lückenlos bis zum 15. März die täglichen Mittags- und Abendmahlzeiten einträgt.

25. Dezember: *1. Graupensuppe. 2. Märkische Rübchen mit Coteletten. 3. 2 Hasen, 1. zu Mittag, den andern in Vorrath.*

5. Januar: *Suppe mit Wurst und Linsen Spargel. Ragou v. Schöpsenbraten* (Hammel). Am Abend: *Suppe wie Mittag. Schöpsenbraten. Kirschcompot.*

8. Januar: *Griessuppe Grüne Bohnen Hering Rehkeule. Birnkompot. Am Abend: Suppe v. Mittag. Rehbraten v. Mittag.* Und so weiter.

Eindeutig hat *Wildpret* den Vorrang. *Hasenbraten* steht an erster Stelle, dann folgen *Rehbraten, Rehkeule, Rehrücken.*

Fasanen und *Kapaunen* kommen, nach Goethes Weisung, nicht mehr auf den Tisch. Dafür *Krammetsvögel* (Drosseln). Und Gänse: *Bohnen mit Gans, Gansbraten, Spickgans, Gänseleberpastete, Gänsegeschnärre* und *Gänseklee*.

An *Fleischerbraten* finden sich *Rindfleisch, Schöpsenbraten, Kotelleten, Kalbslende* und *Kalbskeule*.

Und stets, Mittag wie Abend, Suppen: *Graupen-, Nudel-, Griessuppe, Suppe mit Heidegrütze, Makaroni-* und *Kartoffelsuppe, Suppe mit Klöschen, mit Gräupchen, Suppe v. Chocolade, Sulzer Suppe, Grüne Suppe, Sagosuppe*.

An einfachen Gerichten kommt *Blaukohl mit Rindszunge, Weißkraut gefüllt, Herzkohl, mit Würstchen, Erbsen mit ger. Bratwurst, Kohl m. Kastanien* auf den Tisch. Und des öfteren *Märkische Rübchen*, die Zelter aus Berlin schickt.

Fisch gibt es vergleichsweise selten, mindestens aber einmal in der Woche; unter anderem *Zander*, ebenfalls von Zelter gesandt, aber auch *Karpfen, Hecht, Pflickhecht, Salzhecht* sowie *Lachs* und *Heringe*. Und am Abend wird mehrfach *Caviar* gereicht.

Als Nachtisch gibt es *gedämpfte Aepfel, Apfel-Combot, Apfelbrey, Birn- und Kirschcompot, Griesbutin, Waffeln, Eierkuchen und Chocoladen Cräme*.

Die *Rolle des deutschen Hausvaters*, die Goethe nach dem Tod seines Sohnes notgedrungen erneut übernehmen muß (wir erinnern uns, vom *Herrn* geht er wieder *zum Verwalter* über, er verwahrt *den Schlüssel des Holzstalles unter seinem Kopfkissen*, er läßt *das Brot täglich abwiegen*), versieht er auch im Hinblick auf sein *culinarisches Regiment* nicht ohne eine gewisse Pedanterie.

Selbstironisch gibt er das zu; am 13. Januar schreibt er über die Sorge *für* seine *Tafel und Haushaltung* an Marianne von Willemer: *deren persönliche genaue Behandlung Sie komisch finden würden, wenn Sie mich dieses Geschäft nothwendig consequent durchführen sähen...*

Bis in sein hohes Alter hat Goethe den Ehrgeiz, ein guter Gastgeber zu sein. Er liebt Überraschungen bei Tische, will seinen *Gästen ... ein besonderes Lächeln abgewinnen.* Er sei, schreibt er, *geneigt,* sein *culinarisches Regiment mit Seltenheiten zu illustriren,* besonders bei *unsere⟨r⟩ wunderliche⟨n⟩ weimarische⟨n⟩ Stellung in Absicht auf fremde Eßbarkeiten.*

Aus Berlin sorgt Zelter und aus Frankfurt am Main Marianne von Willemer für die Bereicherung der Tafel.

So bittet Goethe am 9. Februar um eine *Sendung von Kastanien* und um *ein paar Schwartenmagen..., welche, bey mäßiger Kälte, wohl möchten zu transportiren seyn.* Er fügt hinzu: *Während meiner Mutter Lebzeiten kamen dergleichen zu gehöriger Zeit regelmäßig an, und nur zwey der ältesten Freunde erinnern sich derselben als fabelhafter mythologischer Productionen.*

Mit den *ältesten Freunden* sind Riemer und Meyer, die *lebenden Lexika* gemeint, *die* Goethe *bei Gelegenheit aufrief,* wie der scharfsichtige Zahn bei seinem Besuch anmerkt: *Riemer vertrat die Philologie, Meyer die Kunstgeschichte, und Eckermann entrollte sich als ein endloser Zitatenknäul für jedes beliebige Fach.*

Man muß sich vorstellen, nicht nur die Familie, Schwiegertochter und Enkel, sondern auch die engsten Mitarbeiter, durchreisende Fremde und alte Bekannte oder deren Kinder und Kindeskinder sitzen an Goethes Mittagstisch oder sind am Abend zu Gast. Gutes Essen und Gespräche, nicht selten über die Arbeit, gehören zusammen.

Aber nicht nur die Gäste werden verwöhnt, auch seine Enkel; diese besonders mit Süßigkeiten. *So erbitte mir, etwa im Februar,* heißt es am 13. Januar an Marianne von Willemer, *etwas Offenbacher Pfeffernüsse; bis dahin werden die magenverderblichen Weihnachtsgaben wohl schon aufgespeist seyn. Die Menschheit ... mag noch so sehr zu ihrem höchsten Ziele vorschreiten, die Zuckerbäkker rucken immer nach; indem sich Geist und Herz immerfort reinigt, wird, wie ich fürchte, der Magen immer weiter seiner Verderbniß entgegengeführt.*

Bereits am 29. Januar trifft ein *Kistchen mit* den gewünschten *frischen Pfeffernüssen, Brenten* und – als Überraschung für Goethe – mit *Quittenpaste* ein. Diese, dankt er, habe *eine frühere Geschmackslust Ihres bejahrten Freundes wieder aufgeregt,* während die *Pfeffernüsse und Brenten ... im Gegensatz der trübsten Wintertage, mir sonnenfreundliche Gesichter zu entwickeln nicht verfehlen werden.*

Der Großvater. Seine Nähe zu den Enkeln. Laut Tagebuch scheint es eine Gewohnheit gewesen zu sein, daß Schwiegertochter und Enkel am Abend, *aus der Comödie kommend,* ihn noch kurz aufsuchen und ihre Erlebnisse berichten.

Die Theatervorstellungen beginnen gewöhnlich halb sechs Uhr und enden gegen halb neun.

Die Kinder schlossen nach ihrer Art den Abend, notiert

Goethe am 11. September. Am 18. Januar: *Wolf kam aus der Euryanthe* (Oper von Carl Maria von Weber). Am 7. Februar: *Später die Frauenzimmer und Kinder aus dem Schauspiel kommend.* Am 25.: *Die Kinder kamen aus dem Fra Diavolo* (Oper von Auber) *etwas ermüdet.*

Auch über Hoffeste und andere Lustbarkeiten berichten sie. 30. Dezember: *Die Kinder von der Hofbescherung zurückkommend.* Bei den bereits erwähnten *Exhibitionen,* die Wolf am 25. Januar beim Frühstück erzählt, handelt es sich um ein *großes Divertisement unter Ottiliens Direction,* welches den Abend zuvor *bey Schwendlers* stattfand und *bis nach Mitternacht* ging.

Es war zu spät für einen Bericht, der Großvater schlief bereits.

Einmal hält sein Tagebuch fest: *Später Ottilie, die von Hof kam, und die Kinder gleichfalls, die sich über die Plumpsackpüffe bey etwas lebhaftem Spiel bey dem Erbgroßherzog beklagten.*

Ein andermal: *Ottilie und die Knaben waren zum Ball bey der Großmama.* Oder: *Die Kinder kamen von Hof, wo sie die kleinen Prinzessinnen unterhalten und der Großfürstin Helena vorgestellt wurden.* Und: *Ottilie, Wölfchen und Alma waren am Hof zu einem Kinderballe. Traten noch einen Augenblick bey mir ein, vergnügt über das Erlebte.*

An einem Novembcrabend – die Schwiegertochter ist zu einem Hofball – hat Goethe sogar alle drei Enkel bei sich: *Die drey Kinder brachten den Abend bey mir zu. War ein jedes in seiner Art unterhaltend. Alma beschäftigte sich sehr artig mit Bleystift und Papier.*

Der letzte Winter.

Von *eingetretene⟨r⟩ Kälte*, von *vorherrschender Kälte* ist Anfang Januar die Rede.

Auch für den Holzvorrat hat Goethe Sorge getragen. *Der Kutscher ward auf den Holzmarkt geschickt*, notiert er am 16. November. Am 30.: *Holz angekauft.* Am 1. Dezember: *Den Holzvorrath bedenkend, der für den Winter noch hinreicht. Von einem Buchfarther Bauer Wellenholz vortheilhaft gekauft.*

Rinaldo Vulpius ist ihm dabei, wie das Tagebuch belegt, eine große Hilfe. *Haushaltsangelegenheiten ... Mit Vulpius deßhalb Verabredungen ... Vulpius übergab mir Rechnungen und Belege vom vorigen Vierteljahr. Secretär Vulpius, wegen Aufkündigung eines Cammercapitals, auch sonstige Häuslichkeiten.*

Am 4. Februar klagt Goethe, er sei *der Jahreszeit und ihren krankhaften Folgen von Herzen Feind.* Da aber ist das Eingesperrtsein beendet. Am Tag zuvor vermerkt er: *Um 12 Uhr zum erstenmal seit langer Zeit spazieren gefahren.* Auch am 5. Februar fährt er aus. Dann wiederholt; allein, mit Ottilie, mit Wolf.

Ein bevorzugtes Ziel: Gartenhaus und Garten in den Ilmwiesen.

6. Februar: *Um 12 Uhr spazieren gefahren. Im untern Garten abgestiegen.* 16.: *Um 12 Uhr mit Wölfchen in den untern Garten gefahren.* Am 20. Februar die Notiz: *Zu bemerken hoher Barometerstand, beynahe 28. Vom frühen Morgen an Westwind und sehr dunstiger Himmel ... In den untern Garten gefahren. Einige Stunden daselbst geblieben.*

Vier Tage später ruft er Ferdinand Herzog, einen seiner Gärtner, gibt ihm Anweisungen.

Memorandum für den Monath Märtz 1832 über vorhabende Arbeiten in den beyden Gärten Sr. Exzelenz des Herrn geheimen Raths und Staatsministers Von Göthe notiert der Gärtner.

Da sind *Maulwurfshügel* zu beseitigen, das *Graseland* ist abzurechen, *mit Düngesalz* zu bestreuen, *jedoch mit Genehmigung Sr. Exelenz.* Das Laub muß beseitigt, Bäume ausgeputzt. Gartenzäune ausgebessert, die Beete für die Saat und *sämtliche Spargelländer in beyden Gärten* müssen vorbereitet werden. Die *Aprikosen-Wand am Hauss* ist abzudecken, die *Malven* sind zu verpflanzen, *wo solches erforderlich*, und an *das Vermehren der schönblühenden* ist zu denken.

Besondere Aufmerksamkeit gilt dem Wein: *Vorbereitung der Löcher zur Wein-Anpflanzung.* Und: *Werden die verdeckten Weine geöffnet und an ihre Espaliere gebunden. neue Umänderungen werden blos auf eigenen Befehl Sr. Exelenz vorgenommen.*

Bereits im November hat Goethe die Stöcke in beiden Gärten von einem Spezialisten beschneiden lassen. Am 10. vermerkt das Tagebuch: *Nach 1 Uhr Kunstgärtner Motz im Garten, den uralten ungarischen Weinstock nach Kechtischer Methode zurecht zu schneiden.* Am 14.: *Ausgefahren in den untern Garten, daselbst die von Kunstgärtner Motz geschnittenen Weinstöcke zu betrachten.*

Für Goethe ist dieser 20. Februar 1832, der Tag mit dem *hohen Barometerstand,* der letzte seines Aufenthaltes in jenem Haus und Garten in den Ilmwiesen, dessen Besitzer er vor über fünfzig Jahren wurde; am 26. April 1776 überreichte man ihm die *Urkunde* mit dem *Raths Innsiegel*, als Besitzer von Grund und Boden wurde ihm an diesem Tag *das Bürger-Recht* der Stadt Weimar *conferiret.*

Zelter berichtet er von jenem *uralt⟨en⟩ ungarisch⟨en⟩ Weinstock*, der *sehr schöne große blaue Trauben* trage. *Motz*, schreibt er dem Freund, *versprach uns für's nächste Jahr achtzig Trauben. Du bist eingeladen, bey der Lese Zeuge zu seyn und Mitgenießender.*

Beide, Goethe und Zelter, werden das Reifen der Trauben nicht mehr erleben.

Besucher in Goethes letztem Lebenshalbjahr.

Besondere Freude über einen, der die Erinnerung an Ilmenau wiederbelebt: *...besuchte mich Rentamtmann Mahr von Ilmenau. Speiste mit mir und Hofrath Vogel*, notiert Goethe am 26. November. *Wurde manches über genannten Ort, seine Umgebung und Thätigkeiten gesprochen. Auch zuletzt manches Bedeutende über die Zustände des Augenblicks.*

Aber auch Besucher, die Vergangenes schmerzlich wiederaufleben lassen.

So das Schicksal seines einstigen Dichterfreundes Jakob Michael Reinhold Lenz. 17. November: *ein junger Mann, Namens Lenz, aus der Familie meines unseligen Jugendfreundes.*

Oder: die Erinnerung an den frühen Tod seiner geliebten Schwester Cornelia, wenn ihr Enkelsohn Ferdinand zu Besuch weilt. Im Thüringer Wald ist er zum Forstmann ausgebildet, 1828 tritt er eine *Oberförsterstelle in Schleusingen ohnfern Ilmenau* an; vom *liebe⟨n⟩ und wahrhaft schätzbare⟨n⟩ Ferdinand Nicolovius* spricht Goethe.

Oder: die Erinnerung an die Schauspielerin Christiane

Becker-Neumann, für die er die Totenklage »Euphrosyne« schrieb. Wenige Tage vor seinem Tod, am 14. März, besucht ihn ihr Enkel. Es ist der Maler Carl Friedrich Heinrich Werner, dreiundzwanzig Jahre jung, er studiert in Leipzig bei Schnorr von Carolsfeld. Er zeigt Goethe seine Arbeiten. *Ach, das ist heitre blaue Luft; Sie vermeiden das Düstere, Nächtliche der modernen Schule*, lobt Goethe ihn, bittet ihn: *Sie lassen mir Ihre Arbeiten einige Tage da, damit ich sie mit den Meinigen mit Muße betrachten kann.* Er hat zum letzten Mal die Gelegenheit, seine Abscheu vor der ihm verhaßten Friedhofskunst zu artikulieren, zu der er auch Caspar David Friedrich zählt.

Vom 10. bis 15. März ist Lucas Siegmund von Arnim, der zweite Sohn Bettine von Arnims, täglicher Mittagsgast im Haus am Frauenplan. Seiner Mutter berichtet er: *wenn du den Mann gesehen hättest, wie er nicht mehr in der Welt lebte, sondern wie nur noch in einem Buch darin herumblätterte.*

Es ist der Blick eines Neunzehnjährigen auf einen Zweiundachtzigjährigen.

Nimmt man allein den 15. März 1832, wird deutlich, welches Arbeitspensum Goethe bis zuletzt bewältigt.

Am Morgen Diktat von Briefen. Gegen neun Uhr Vogel mit jenem bereits erwähnten Bericht über die *ihm untergebenen Anstalten zu Jena.*

Weiter Post. *Nebenstehende Expeditionen abgeschlossen und expedirt* meldet das Tagebuch. *Herrn Grafen Caspar von Sternberg, Brzezina. Herrn Criminalrath Grüner, Eger. Herrn Candidat Cotta, Tharand. Herrn Rentamtmann Mahr, Ilmenau.*

In allen Briefen ist von naturwissenschaftlichen Dingen,

vornehmlich von geologischen die Rede. Graf Sternberg schickt er *die Zeichnung des Pflanzenabdrucks von Ilmenau*, die wenige Tage zuvor vom Weimarer Maler Starke gefertigt worden ist.

Diesen *Pflanzenabdruck* hat Mahr ihm geschenkt. Wohl kurz nach seinem Besuch in Weimar am 26. November.

Goethe beschäftigt sich damit am Silvestertag, wie zwei Notizen belegen. *Nähere Betrachtung des von Mahr gesendeten Pflanzenabdrucks aus Kammerberg*, heißt es am Morgen. Und: *Abends für mich. Das neuste aus Kammerberg angekommene fossile Pflanzenexemplar näher beleuchtet und mit schon vorhandenen Abbildungen verglichen.*

Nun, im Brief vom 15. März, bedankt Goethe sich für *jenes seltene Fossil*, er hält es *für einen höchst wichtigen Übergang vom Farnkraut zum Cactus, durch Anastomose der Zweigblätter*, schreibt, er habe *in der unterirdischen Flora annähernde Beyspiele gesucht, welches aber durch Zeichnungen erläutert werden müßte.* Bei seinem Suchen stößt er offenbar auf Fossilien, die ihm aus der Sammlung des 1821 verstorbenen Ilmenauer Bergrates Voigt, seines einstigen Mitarbeiters, überkommen sind.

Weiterhin will er wissen, ob die *sogenannten Staarsteine*, die Cotta ihm geschickt hat, *in Kammerberg und Manebach vorgekommen, welches ich kaum glaube; worüber Ew. Wohlgeboren mir ja wohl einige Auskunft geben können.*

Bei dem erwähnten Cotta und dem an ihn adressierten Brief handelt es sich nicht um Goethes langjährigen Verleger, sondern um den jungen Geologen Karl Bernhard Cotta, dessen Buch »Die Dendrolithen in Beziehung auf ihren inneren Bau« Goethe mit Interesse gelesen hat.

Und Sternberg schreibt er, die *Flora subterranea* werde *immer mit Aufmerksamkeit verfolgt*. Er kündigt an, die Fossiliensammlung seines Sohnes bei *eintretendem Frühling … zu revidiren*; es werde ihm *eine halb traurige Freude seyn*.

Nach Eger an Grüner heißt es: *Die Zeiten waren gar zu schön wo wir dem Andalusit auf die Spur kamen und den pseudovulkanischen Problemen eifrigst nachgingen.*

Punkt zwölf Uhr empfängt Goethe die regierende Herzogin Maria Pawlowna mit ihrer Hofdame; es ist die Uhrzeit, zu der sie ihm ihren wöchentlichen Besuch abstattet. *Frau Großherzogin und Demoiselle Mazelet* meldet sein Tagebuch. Und sie trägt in das ihre ein, sie habe Goethe *wohl, heiter, gesprächig und teilnehmend* erlebt.

In Goethes Brief nach dem böhmischen Eger heißt es: *jetzt, da die wiederkehrende Sonne das Frühjahr ankündigt.*

Hat die Sonne ihn an diesem Tag zu früh zu einer Ausfahrt verlockt?

13. März: *Um 12 Uhr mit Ottilien spazieren gefahren,* notiert er im Tagebuch. Am 14. März: *Spazieren gefahren.*

Auch am 15. März eine Ausfahrt, die das Tagebuch nicht vermerkt. Zwischen dem Besuch der Kaiserlichen Hoheit und dem Mittagstisch findet sie statt.

Nach 2 *Uhr* dann jenes Essen mit dem neunzehnjährigen Arnim und Johann Heinrich Meyer. *Mittags mit von Arnim und Hofrath Meyer. Betrachteten die Bilder von Werner.*

Es ist Goethes letzte Mittagstafel, seine letzte Bewirtung von Gästen.

IX

Er geht früh zu Bett, hat eine *unruhige Nacht* mit Schlaflosigkeit und *Bruststechen*.

Er *verbietet jedoch*, wie Müller überliefert, seinem Bedienten Krause, *dieses der Familie anzuzeigen, um sie
nicht zu beängstigen. Erst sein Enkel Wolf, welcher zu
der gewöhnlichen Zeit zu dem Großvater kam, um mit
ihm zu frühstücken, und ihn noch im Bett fand, berichtete
seiner Mutter das Übelbefinden desselben.*

Gegen acht Uhr wird Doktor Vogel gerufen. Vom Morgen dieses 16. März 1832 an verfaßt Carl Vogel seinen
ausführlichen Krankenbericht, den er 1833 veröffentlichen wird.

Goethe gibt an, *sich bereits gestern, während der Rückkehr von einer, in sehr windigem kaltem Wetter, zwischen
1 und 2 Uhr nachmittags unternommenen Spazierfahrt
unbehaglich gefühlt* zu haben, am *wahrscheinlichsten sei
eine Erkältung.*

Vogel läßt sich auf die Diagnose seines Patienten nicht
ein, ihn beunruhigt dessen *matte⟨r⟩ Blick und die Träg-
heit der sonst immer hellen und mit eigentümlicher Lebhaftigkeit beweglichen Augen*, ebenso seine *Unaufgelegt-*

heit zum Denken und auch die *auffallend vermehrte Schwerhörigkeit* und die *Unruhe bei Zerschlagenheit der Glieder.*

Er verordnet *eine Auflösung von Salmiak und einigen Quentchen Bittersalz, als Arzenei und Graupenschleim, mit Wasser zubereitet, zum Getränk.*

Und er benachrichtigt – was auf den Ernst der Lage hindeutet – umgehend die Großherzogin von Goethes Erkrankung.

Den ganzen Tag wegen Unwohlseyns im Bette zugebracht ist unter dem Datum des 16. März in Goethes Tagebuch zu lesen. Es ist der allerletzte Eintrag, damit enden seine über viele Jahrzehnte so akribisch geführten Aufzeichnungen.

Am frühen Nachmittag besuchen ihn die Kinder. Goethe erinnert sich, daß der junge Maler Werner einen Abschiedsbesuch bei ihm machen wollte. Er schickt Walther zu ihm. *Nachmittags vier Uhr kam der vierzehnjährige Enkel Walther v. Goethe zu uns,* schreibt Werners Vater, *dankte im Namen seines Großvaters noch einmal für den Genuß, den ihm die Bilder und Zeichnungen gemacht hätten, und ließ es nochmals bedauern, daß er uns nicht hätte noch einmal sprechen können.*

Am Abend geht es Goethe besser. Vogel verschreibt *Pulver von Goldschwefel* (Antimonsulfid) *und Zucker.*

Riemer ist nach eigenem Zeugnis ab sechs Uhr bei Goethe: *Mußte ich mich zu ihm an sein Bett setzen und ihn unterhalten ... Als er einschlief gegen 8 Uhr, ging ich fort, da Walther kam und dieser bei ihm bleiben wollte.*

17. März, ein Sonnabend.

Goethe geht es besser, er hat keine *Schmerzen mehr auf der Brust*, der *Puls* ist *weich, etwa neunzigmal in einer Minute schlagend*, so Vogel. Der bei seiner Medikation bleibt, nur der *Graupenschlein wird … mit schwacher Fleischbrühe* zubereitet. Mittags *etwas Grießsuppe*.

Wer an diesem zweiten Krankheitstag bei ihm war – gewiß Walther und Wolf und Ottilie, vielleicht auch Alma –, ist nicht belegt.

Vermutlich wird John, der Schreiber, für einen Moment vorgelassen. Er legt die Reinschrift des Briefes an Wilhelm von Humboldt vor Goethe hin. Diktiert hat er ihn bereits vor seiner Erkrankung, am 11. oder 12. März, am 13. hat er ihn mit Riemer – wie dessen Tagebuch belegt – nochmals vorgenommen. *Abends bei Goethe die Konzepte der Briefe an Zahn, von Humboldt pp. durchgegangen.* Goethe setzt nun eigenhändig die letzten zwei Worte *treu angehörig* und seinen Namen *J. W. von Goethe* unter den Brief. Ob auch das Datum *Weimar, den 17. März 1832* von seiner Hand ist, ist nicht gesichert.

Beim Abendbesuch, ist in Vogels Bericht zu lesen, *unbedeutendes Fieber, Neigung zu leichter Konversation, welche der Kranke schon wieder auf die in gesunden Tagen gewohnte Art mit Scherzen würzte.*

18. März.

In der Nacht zum Sonntag siebenstündiger ruhiger Schlaf. Diesmal frühstückt er wie gewohnt mit Wölfchen. *Der zum Frühstück wieder erlaubte Kaffee und ein leicht verdauliches Gebäck schmeckten sehr gut und bekamen wohl… Der Kranke blieb etliche Stunden außerhalb des Bettes.*

Medizin, so Vogel, *wurde nicht verordnet, wohl aber, auf Verlangen, der mäßige Genuß des gewöhnlichen Würzburger Tischweins, und für den Mittagstisch etwas Fisch und Braten verwilligt.*

Besucher werden nicht vorgelassen. Gewiß sind Schwiegertochter, die beiden Jungen und auch seine engsten Vertrauten für kurze Zeit bei ihm. Belege darüber fehlen.

Als ich ihn abends besuchte, notiert der Arzt, *lobte Goethe sein Befinden und war sehr gesprächig.*

19. März.

Am Morgen – wiederum der Bericht des Arztes – *traf ich den Kranken neben dem Bette sitzend, sehr aufgeräumt und nur noch körperlich etwas schwach.* Vogel fügt hinzu, daß Goethe *in einem französischen Heft gelesen* habe. Und, daß er *großes Begehren nach dem zum Frühstück seit einigen Jahren herkömmlichen Glase Madeira... zeigte.* Ob er mit dem Enkel frühstückt, ist, entgegen dem Vortag, nicht belegt. Er *trank und aß mit vielem Behagen, blieb auch fast den ganzen Tag über auf.*

Gegen Abend, so Vogel, *traf ich ihn bei der Musterung von Kupferstichen, sprach mit ihm durch, was sich während seiner Krankheit in dem ihm untergebenen Departement ereignet hatte, zeigte ihm die Berliner Choleramedaille, über welche er sich in sehr witzigen Bemerkungen ausließ, spaßhafte Entwürfe zur Darstellung desselben Gegenstandes vorbrachte...*

Das bezieht sich auf die in Berlin grassierende Cholera, die auch in Thüringen zunächst große Unruhe auslöste; diese aber, wie Goethe noch einen Tag vor seiner Erkrankung an Grüner schreibt, *zuletzt in Gleichgültigkeit* überging: *wir leben wie zuvor völlig sorglos ... die Weimara-*

ner besonders im Vertrauen auf unsere Gebirgshöhe, die das sumpfliebende Ungeheuer nicht ersteigen sollte.

Vogel schließt seinen Bericht, daß Goethe *sich vorzüglich darüber sehr vergnügt äußerte, daß er am folgenden Morgen imstande sein würde, sein gewohntes Tagewerk wieder vorzunehmen.*

Überschätzt Goethe seine Kräfte? Verdrängt die Krankheit, will sie durch geistige Tätigkeit besiegen, wie er es zeitlebens getan hat, wenn das Sterben ihm lieber Menschen näherkam oder ihr Tod ihm Gewißheit wurde?

Eine Verdrängung, für die er stets bitter bezahlte. Zuletzt im November 1830; *mit den Fußzehen* sei er bereits im *Flusse des Vergessens* gewesen.

Die Nacht vom 19. zum 20. März 1832 bringt ihn wieder dahin.

Um Mitternacht *Beklemmung des Athems, sowie große Angst und Unruhe.* Aber er erlaubt seinem Bedienten nicht, den Arzt zu rufen, *weil* – nach Krauses Aussage – *ja nur Leiden, aber keine Gefahr vorhanden sei.*

Erst den andern Morgen um halb neun Uhr, so Vogel, *wurde ich herbeigeholt.*

Von *fürchterlichste⟨r⟩ Angst und Unruhe,* die den Kranken *mit jagender Hast bald ins Bett . . ., bald auf den neben dem Bette stehenden Lehnstuhl* trieben, vom *Schmerz, welcher sich mehr und mehr auf der Brust festsetzte,* von *verzerrt⟨en⟩ Gesichtzüge⟨n⟩, aschgrau⟨em⟩ Antlitz,* von *Stöhnen* und lautem Schreien berichtet Vogel. Weitere von ihm wiedergegebene Details versagen wir uns, weil sie Goethes Intimsphäre verletzen.

Nach den überlieferten Symptomen weiß man heute: Goethes Herzinsuffizienz, die Durchblutungsstörungen der Herzkranzgefäße, seine Angina Pectoris, führt, in Zusammenhang mit dem grippalen Infekt, zu einem erneuten Herzinfarkt und schließlich – ein Lungenödem kommt hinzu – drei Tage später zum endgültigen Herzversagen.

Hier galt es schnelles und kräftiges Einschreiten notiert der Arzt über den Morgen des 20. März. Was der damaligen Medizin zur Verfügung steht, darüber geben seine Aufzeichnungen Auskunft. *Nach anderthalbstündiger Anstrengung gelang es, vermöge reichlicher Gaben Baldrianäther und Liquor Ammoni anisatus* (ein Ammoniakpräparat), *abwechselnd genommen mit heißem Tee aus Pfefferminzkraut und Kamillenblüten, durch starke Meerretichzüge* (Zugpflaster mit Meerrettichzusatz) *auf die Brust und durch äußere Wärme die am meisten gefahrdrohenden Symptome zu beseitigen, alle Zufälle erträglich zu machen.*

Den im linken großen Brustmuskel übrigbleibenden fixen Schmerz hob noch an dem nämlichen Tage ein auf die schmerzende Stelle gelegtes Spanisch-Fliegen-Pflaster.

Hat Goethe von dieser Nacht vom 19. zum 20. März an in der Gewißheit des nahenden Todes gelebt?

Übereinstimmend verneinen dies die ihm Nächststehenden. Auch sein Arzt. *Nicht die geringste Todesahnung war in ihm,* schreibt Kanzler Müller. Selbst die *Vermutung, er habe nur die Seinigen zu beruhigen beabsichtigt,* stellt Vogel *als ganz unwahrscheinlich* dar.

Goethe, der sich so intensiv mit dem Tod beschäftigt hat, als Achtzigjähriger *jeden Tag darauf gefaßt* ist, *abgerufen zu werden – mein Bündel ist geschnürt und ich warte auf*

Ordre zum Abmarsch –, der von *zugemessenen Tagen* spricht, davon, daß es kein *Wiedermorgen und Immermorgen* gibt, der sich in seinen *hohen Jahren* ... *immer mehr und mehr geschichtlich* wird, sich als *Merlin* sieht, der sein *Echo ruhig und gelegentlich* ... *vom leuchtenden Grabe her* ... *vernehmen* läßt, der *das Leben aus dem Tode betrachte⟨t⟩ und zwar nicht von der Nachtseite, sondern*, wie er sagt, *von der ewigen Tagseite her, wo der Tod immer vom Leben verschlungen wird*, dieser Goethe sollte ohne *die geringste Todesahnung* gewesen sein?

Es ist kaum glaubhaft.

Liegt anderes nicht nahe? Etwa, daß sein Verhalten, das seine Umgebung zu dieser Schlußfolgerung führt, ein bewußtes Umgehen des zu Erwartenden, auch eine kleine Abbitte für die Kälte sein könnte, die er zeitlebens im Umgang mit dem Sterben anderer an den Tag gelegt hat?

Er wird umsorgt, Schwiegertochter, Enkel, Freunde und der Arzt sind um ihn. Er wird nicht allein gelassen.

Er aber hat allein gelassen.

Seine Frau hat das wohl am schmerzlichsten erfahren.

Auch Schiller ersehnte gewiß einen letzten Besuch des Freundes – neun Tage hätte Goethe dazu Gelegenheit gehabt –, aber er beläßt es bei der Möglichkeitsform: *Ich wäre selbst gekommen, aber es hilft nicht zusammen zu leiden*, schreibt er an Schillers Frau.

Christian Gottlob Voigt, dem Goethe unendlich viel verdankt – keineswegs nur im Hinblick auf Ilmenau –, schickt von seinem Sterbebett ein Billett, wohl auf eine letzte Begegnung hoffend. Goethe versagt sie ihm. *Wenn gegenwärtig Geliebteste sich auf eine Reise vorbereiten, die sie durch einen Umweg bald wieder zu uns führen soll* ..., schreibt er ihm einen Tag vor seinem Tod. Als zwei Jahre später sein Bruder, der Bergrat Johann Carl Wilhelm Voigt, stirbt, wirft Goethe, ähnlich wie an Schiller, kühle Zeilen aufs Papier; *wie ein so bedeutendbedenklicher Übergang doch auch zuletzt als etwas Natürliches und Gewöhnliches erscheinen könne*, schreibt er nach Ilmenau.

Der Sterbevorgang als *etwas Natürliches und Gewöhnliches* ...

An anderer Stelle ist vom Tod als *eine⟨r⟩ Unmöglichkeit, die plötzlich zur Wirklichkeit wird*, die Rede. Der Tod, *dieser Übergang aus einer uns bekannten Existenz in eine andere, von der wir auch gar nichts wissen*, habe *etwas so Gewaltsames, daß es für die Zurückbleibenden nicht ohne die tiefste Erschütterung abgeht*.

Will Goethe denjenigen, die seine *Auflösung* – so ein damals gebräuchliches Wort für den Sterbevorgang – miterleben, es erleichtern, erträglicher machen? Will er Rücksicht nehmen auf die *Seinigen*, vor allem auf *das kleine Volk im zweyten Grade*, die beiden Jungen, die das Sterben erstmals aus nächster Nähe erleben?

Vor kaum anderthalb Jahren haben sie ihren Vater verloren.

Sein Tod in der Ferne. Ein Abschiednehmen war ihnen versagt. Und das Schweigen von Großvater und Mutter über diesen Mann, der ihr Vater war, hat seinen Tod nie Wirklichkeit werden lassen.

Dem Großvater aber sind sie nah, erleben sein Verfallen, sehen seine Schmerzen, hören, nach der schlimmen Nacht vom 19. zum 20. März, die geflüsterten Vermutungen der Erwachsenen, spüren die Atmosphäre der tiefen Beunruhigung im Haus am Frauenplan.

Die Details der nächsten Tage und Nächte.

Auch an diesem 20. März sind Walther und Wolf wohl für kurze Zeit bei dem Großvater. Die Belege fehlen.

Überliefert ist, daß Friedrich Theodor Kräuter vorgelassen wird und um eine Unterschrift bittet. Es geht um eine von Hofrat Helbig am 18. März ausgestellte Quittung über einhundert Taler, die aus der Separatkasse für Angelica Facius bewilligt worden sind. Angelica Bellonata Facius, fünfundzwanzig Jahre jung, eine begabte Weimarer Medailleurin, Stempel- und Steinschneiderin, soll eine finanzielle Unterstützung für ihr Kunststudium in Berlin erhalten. Kräuter schreibt nachträglich auf das Blatt: *Obige Autorisation vollzog der verewigte Herr Staatsminister v. Goethe eigenhändig 48 Stunden vor seinem Ableben, nämlich den 20. März 1832. vormittag.*

Es ist Goethes letzte Unterschrift. Er gibt sie in seiner amtlichen Funktion als Chef der *Oberaufsicht*.

Andere Besucher werden offenbar nicht vorgelassen. Auch Riemer nicht. Er hält sich nur kurz bei Ottilie auf. *Einen Augenblick bei ihr. Dann um 8 zu Tee und Souper bei Hofe.*

Bis gegen acht Uhr ist der Arzt bei dem Kranken, verordnet *einen ziemlich kräftigen Baldrianaufguß mit Liquor Ammonii anisatus.* Danach eilt er an den Hof; Riemer überliefert: *Ließ sich die Hoheit Bericht erstatten noch um 9 Uhr von Vogel.*

Goethe verbringt die Nacht vom 20. zum 21. März sitzend in seinem Lehnstuhl. *Den bequemen Lehnstuhl,* so der Arzt, *in welchem sich die große Angst und Unruhe zuerst gelegt hatte, vertauschte der Kranke nicht wieder mit dem Bette.*

Friedrich Krause wacht bei ihm.

Geht Vogel vom Hof zurück zum Frauenplan, übernachtet dort? *Morgens 6 Uhr,* am 21. März, setzt sein Bericht wieder ein: *Sehr unruhige Nacht, seltener, immer kurzer Schlummer.*

Die *früher herumziehenden Schmerzen* haben sich *in der linken Brust fixiert.* Goethes *Zustand* sei *im allgemeinen etwas besser als gestern.*

Die Besserung nahm bis elf Uhr vormittags deutlich zu.

Mit Erlaubnis des Arztes wird dem Kranken ein angekommenes Geschenk gezeigt, das Bildnis der Gräfin von Vaudreuil, der Frau des französischen Gesandten in Weimar. Goethe betrachtet es, äußert, daß er als Gegengabe sein Stieler-Porträt, von dem ein Steindruck in den Krankheitstagen aus München gekommen ist, senden wolle. Walther und Wolf sind sicher zugegen.

Gegen zwei Uhr verschlechtert sich sein Zustand, eine erneute Attacke. Vogel findet *ein verdächtiges Schleimrasseln auf der Brust, welches ... eine Lungenlähmung fürchten läßt.* Er registriert: *kleiner Puls, kühle Fingerspitzen,* zeitweise Verwirrung; als *Momente von Unsinnlichkeit* bezeichnet er sie.

Er verabreicht einen Absudaufguß: etliche *Gaben eines Decocto-Infusums von Arnika und Baldrian mit Kampfer.* Danach, so Vogel, *hob sich der Puls und wurde ein wenig härter. In die Finger kehrte Wärme zurück.*

Der Arzt ist die ganze Zeit zugegen.

Wohl auch Ottilie.

Und – das ist belegt – die Kinder. *Er* gebot seinem *Enkel,* Müller spricht von Walther, *ihm die dramatische Posse*

›Der versiegelte Bürgermeister‹ zu erzählen. Der Verfasser ist der Dramatiker Raupach, der zeitweise in Weimar gelebt hat und dessen Stück die Enkel 1829 am Weimarer Theater gesehen haben.

Abends 7 1/2 Uhr. Der Zustand des Patienten ist ruhiger und schmerzloser.

Die letzte Nacht.

Bis gegen elf Uhr sollen Ottilie und die Kinder bei ihm gewesen sein. Dann gebietet Goethe Schwiegertochter und Enkeln, sich schlafen zu legen.

Auch Clemens Wenzeslaus Coudrays Vorschlag, die Nacht bei ihm zu wachen, lehnt er ab.

Lediglich Krause und John, so bestimmt er, sollen bei ihm bleiben. Die jungen Männer, sechsunddreißig und siebenundzwanzig, sind seit langem mit seinen Gewohnheiten vertraut und ihm bei intimen Verrichtungen behilflich. Johann August Friedrich John ist seit achtzehn Jahren Goethes Schreiber und auf Reisen auch sein Bediensteter. Krause ist es seit acht Jahren. Das Untergebenenverhältnis erleichtert zudem das unwidersprochene Ausführen der Wünsche des Kranken.

Krause, der in der vorausgegangenen Nacht gewacht hat, solle sich niederlegen – so ordnet es Goethe an –, aber *nicht in dem Bette, das in der nur wenig entfernten Bedienstetenstube* steht, *sondern* unmittelbar neben ihm; *in seinem eigenen Bette.* John *dagegen forderte er zum Wachen auf, indem er ihm sagte: ›Sie bleiben bei mir und sind aufmerksam, damit ich nicht* – im Lehnstuhl sitzend – *etwa vorwärts falle, wenn ich einschlafe‹.*

Goethe versucht in dieser Nacht noch zu lesen. Ein Buch, das ihm Maria Pawlowna empfohlen hat, Salvandys »Seize mois ou la Révolution«. Der Bedienstete muß die Seiten aufschneiden und zwei Lichter holen, aber Goethe vermag nur mehr in dem Buch zu blättern.

Gegen 12 Uhr schlummerte er etwa drei Viertelstunden ganz ruhig, dann mitunter noch minutenlang.

22. März.

Coudray, dem Goethe noch während der Krankheit die Zeichnungen von Pompeji geschickt hat, ein gemeinsames Besichtigen ankündigend, ist am Morgen des 22. *schon vor 7 Uhr* im Haus am Frauenplan; er findet *alles in Bestürzung*, da der Arzt *alle Hoffnung zur Wiederherstellung ... aufgegeben* habe.

Coudray wird eingelassen; vom Arbeitszimmer aus sieht er durch die Tür Goethe in der kleinen Schlafstube im *Armstuhl* sitzen, *mit einer leichten Decke über den Beinen ... weiße⟨m⟩ Schlafrock und Filzschuhe⟨n⟩. Er schien,* so berichtet er, *von allen Schmerzen befreit und ruhig, jedoch sein Geist beschäftigt, wie sich aus mancherlei vernehmlichen Worten, die er für sich hinsprach, folgern ließ.*

Einmal verlangt er die Mappe mit Zeichnungen, die er vor sich liegen meint. Ein andermal nimmt er ein Buch am Boden wahr. *Warum hat man Schiller's Briefwechsel hier liegen lassen?* soll er gefragt haben.

Nach Coudray richtet er sich im Sessel ohne Krausens und Johns Hilfe noch einmal auf. *Um 9 Uhr verlangte* er *Wasser mit Wein, trank das Glas in 3 Zügen leer.*

Um 10 Uhr bittet Goethe um eine *Gabel und Frühstück.* Man gab ihm *etwas Geflügel und Wein.*

Walther und Wolf sind im angrenzenden Raum, in Goethes Arbeitszimmer. In einem weiteren Raum sind die nächsten Freunde versammelt. Krause und John sind zur Hand. Ottilie sitzt neben dem Lehnstuhl auf Goethes Bett. Coudray steht zur Linken. So die überlieferte Szenerie.

Als *deutliche Beweise von* Goethes *Hoffnung auf Genesung* werden vor allem zwei seiner Äußerungen am Tag seines Todes gewertet. Seinen Bediensteten fragt er nach dem Datum; und als dieser den 22. März angibt, soll er geantwortet haben: *Also hat der Frühling begonnen, und wir können uns um so eher erholen.* Am gleichen Morgen habe er – nach Kanzler Müller – seiner Schwiegertochter gesagt, *der April brächte zwar Stürme, aber auch schöne Tage, an denen er sich durch Bewegung in der freien Natur wieder stärken wolle.*

Nach Carl Vogels Bericht wird Goethes Sprache *immer mühsamer und undeutlicher ... mit dem Zeigefinger der rechten Hand* habe er *öfters Zeichen in die Luft, erst höher, mit den abnehmenden Kräften immer tiefer, endlich auf die über seinen Schoß gebreitete Decke* geschrieben.

Über diese Zeichen, vor allem aber über Goethes letzte Worte ist viel spekuliert worden.

Ob es die Bitte war, die Fensterläden im Arbeitszimmer zu öffnen – was zu jener Legende des *Mehr Licht!* beziehungsweise zur Parodie des: *Mehr nicht!* geführt hat –, oder, wie vom Bediensteten überliefert, das Bedürfnis nach dem Nachtgeschirr, dem *Botschamper* (pot de chambre), was menschlich und verständlich wäre, oder aber ein letztes Verlangen nach körperlicher Nähe, er soll, so ist ebenfalls bezeugt, die neben ihm sitzende Schwiegertochter gebeten haben, ihre Hand in die seine zu legen.

Sein Atem wird flacher. Halb zwölf am Vormittag des 22. März 1832 tritt der Tod ein.

Nach Ilmenau an Mahr ist einer von Goethes letzten Briefen gerichtet, er schließt *in der Hoffnung ... mich mit Ihnen einmal wieder in Ihren Gebirgen zu erfreuen.*

Der Blick in sein thüringisches, das nördliche Arkadien? Oder in das südliche, nach Italien?

Friedrich Krause überliefert, Goethe habe in der Nacht vor seinem Tod *große Schmerzen* gehabt und in einem Moment, da er allein mit ihm gewesen sei, geäußert: *Ach Gott! Ach Gott! hat denn mein Sohn in Rom auch so leiden müssen.*

Ein Einfühlen, eine letzte Nähe?

Nähe auch zu dem Ort, an dem der Sohn in der Erde ruht: *entgegengesetzt der Piramyde des Cestius.*

Es ist der Ort, den Goethe sich selbst – als junger Mann mit dem Tod spielend – zu seiner letzten Ruhestätte gewünscht hat. Der Achtunddreißigjährige schreibt kurz vor seiner Abreise aus Rom, nach fast anderthalb Jahren in Italien, am 16. Februar 1788 an Fritz von Stein: *Vor einigen Abenden, da ich traurige Gedanken hatte, zeichnete ich meines* (= mein Grab) *bei der Pyramide des Cestius, ich will es gelegentlich fertigtuschen und dann sollst Du es haben.*

Es ist jene lavierte Zeichnung der vom Mondschein beschienenen Pyramide. Das Bild kehrt dann in der siebten »Römischen Elegie« wieder: *Vergib mir; der hohe / Capitolinische Berg ist dir ein zweiter Olymp. / Dulde mich, Jupiter, hier, und Hermes führe mich später, / Cestius Mal vorbei, leise zum Orkus hinab.*

Der Weimarer Maler Friedrich Preller wird Goethe auf dem Totenbett porträtieren. Am 23. März wird er vorgelassen, macht eine Skizze. Danach entsteht das letzte Bildnis, die Bleistiftzeichnung, durch die Preller berühmt werden wird: Goethe mit dem Lorbeerkranz, *W. v. Göthe n⟨ach⟩ d⟨er⟩ Natur gez⟨eichnet⟩ 1832.*

Preller hat auch Goethes Sohn im Tod festgehalten. Ein in seiner Unmittelbarkeit und Aufrichtigkeit erschütterndes Dokument; der Achtundzwanzigjährige ist beim Sterben zugegen, und das Unfaßbare des Geschehens fängt die Zeichnung ein: Der Mund des Toten ist offen, auch hat noch niemand gewagt, ihm die Augen zu schließen. *Der junge Goethe nach dem Tode. Rom 1830* schreibt Preller rechts unten auf das Blatt.

Als Friedrich Preller im Frühjahr 1831 von Italien nach Weimar zurückkehrt, wird er am 17. Mai von Goethe am Frauenplan empfangen.

Dieser weiß aus Kestners Briefen von dessen Zusammensein mit dem Sohn, auch von seiner Gegenwart beim Sterben.

Er richtet keine einzige diesbezügliche Frage an den Maler, und dieser wagt nicht, davon zu erzählen. Aber er gibt zu verstehen, daß er in Rom seine Freunde porträtiert habe.

Goethe bittet daraufhin um seine Zeichenmappe mit den Studienblättern.

Er behält sie einige Tage bei sich. Als er sie Preller zurückgibt, soll – so die Überlieferung – das Blatt gefehlt haben, das den Sohn im Tod zeigt.

Cestius Mal vorbei ... Ist und bleibt Rom Goethes Sehnsuchtsort, das geheime Zentrum seiner Glücksvorstellung?

Eine seiner letzten Lektüren ist das 1831 erschienene Buch »The Topography and Antiquities of Rome« von Richard Burgess.

Las immerfort in dem neuen englischen Werke die Localitäten Roms betreffend, notiert er am 6. Februar. Am 7.: *Nach Tisch römische Localitäten.* Am 9.: *Nach Tische das alte Rom.* Am 10.: *Nachher studirte ich noch die römischen Localitäten.* Am 12.: *Burgess Römische Topographie zu lesen fortgesetzt, welche auf eine gründliche und zugleich sehr angenehme Weise die Erinnerungen von Rom aufregt und leitet.* Und am selben Tag notiert er nochmals: *Fuhr fort in der Roma antiqua zu lesen.*

Achtunddreißig Jahre ist Goethe, als er die Stadt verläßt, um seinen Fuß nie wieder in die Weltmetropole zu setzen. Ein Signal seines Lebensverzichts?

Die berührende Äußerung des fast Achtzigjährigen: *Ja, ich kann sagen, daß ich nur in Rom empfunden habe, was eigentlich ein Mensch sei. – Zu dieser Höhe, zu diesem Glück der Empfindung bin ich später nie wieder gekommen; ich bin, mit meinem Zustande in Rom verglichen, eigentlich nachher nie wieder froh geworden.*

Ein Zustand, der entfernt mit jener heiteren Lebensleichtigkeit korrespondiert, die der Zweiundachtzigjährige in seinem thüringischen Arkadien bei den einfachen Menschen – *alle heiterer als unser einer* – zu finden glaubt?

Rom ... das ist eine Welt! ... sobald wir in Rom eintreten, geht eine Umwandlung mit uns vor...

Es ist mir, schreibt er, als er Italien betritt, *als wenn ich hier geboren und erzogen wäre und nun von einer Grönlandfahrt von einem Walfischfang zurückkäme.*

... ich zähle einen zweiten Geburtstag, eine wahre Wiedergeburt, von dem Tage, da ich Rom betrat.

In Rom hab' ich mich selbst zuerst gefunden, ich bin zuerst übereinstimmend mit mir selbst glücklich ... geworden.

Friedrich Preller wird seine Zeichnung von Goethe auf dem Totenbett am 1. Juli 1832 an August Kestner nach Rom senden. *Vorliegende kleine Zeichnung habe ich selbst aufs genaueste nach dem Hochseligen gezeichnet und darf wohl sagen, daß sie wirklich ähnlich sei. Welchen schönen, ruhigen Ausdruck er auch nach seinem Leben noch hatte, können Sie wohl sehen...*

Es ist die Ruhe, die er in Italien, in Rom, findet: *Nun bin ich hier und ruhig und, wie es scheint, auf mein ganzes Leben beruhigt...*

Die Ruhe, die der Einunddreißigjährige in seinem lyrischen Gespräch mit der Erde in den bei Ilmenau entstandenen Versen »Über allen Gipfeln ist Ruh« beschwört; die Ruhe, die dem zweiundachtzigjährigen Goethe während seiner letzten Reise in sein thüringisches Arkadien Gewißheit wird.

LITERATURVERZEICHNIS

Siglen

GSA   Goethe- und Schiller-Archiv Weimar
ThHStAW   Thüringisches Hauptstaatsarchiv Weimar

ARCHIVALISCHE QUELLEN

Goethe- und Schiller-Archiv Weimar

Bestand Goethe Rechnungen:
Rechnungen über Einnahmen und Ausgaben in der Zeit von 1. Juli bis
     letzten Septbr. 1831.
Auslagenbuch König Januar bis April 1832.
Auslagenbuch Krause Januar bis April 1832.
Kontobuch Gottlaub Straube Juni 1831-Mai 1832.
Lohnquittungsbuch Friedrich Krause Sep. 1828-Juni 1832.
Kontobuch Wildbrethändler Blaufuss.
Bestand Goethe Familie:
Brief Wolfgang Maximilian von Goethe zum 28.8.1831 an seinen
     Großvater.
Briefe Wolfgang Maximilian von Goethe vom 29. und 30.8.1831 an
     seine Mutter.
Bestand August von Goethe:
Vorarbeiten und Notizen zum Tagebuch, aus dem letzten Notizbuch.

Thüringisches Hauptstaatsarchiv Weimar

Autograph: Gewerkenbuch über die zu dem am 24. Februar 1784 er-
     öffneten neu am Bergwerk zu Ilmenau gehörigen Bergteile oder
     Kuxe. Band 1-4.
Autograph: Bericht des Bergsekretärs Johann Carl Wilhelm Voigt über
     die feierliche Wiedereröffnung des Bergwerks zu Ilmenau am 24. Fe-
     bruar 1784 und Druck von Goethes Rede bey der Eröffnung des
     neuen Bergbaues zu Ilmenau. Den 24. Februar 1784.

Autograph: Quittung der Kammer zu Weimar über die Erstattung der Auslagen für Goethes zehntägigen Aufenthalt in Ilmenau aus Anlaß des Stollenbruchs 1796 mit Empfangsvermerk vom 11. November 1796.

QUELLENWERKE

Goethe, Johann Wolfgang: *Sämtliche Werke, Briefe, Tagebücher und Gespräche* (Frankfurter Ausgabe). Erste Abteilung: 27 Bände; Zweite Abteilung: 13 Bände. Frankfurt a. M. 1985-1999. Insbesondere: Die letzten Jahre. Band 1 und 2. Hg. v. Horst Fleig. 1993. – Amtliche Schriften. Band 1 und 2. Hg. v. Irmtraut und Gerhard Schmid. 1998 f. – Faust. Texte und Kommentar. Hg. v. Albrecht Schöne. 1994.

Goethe, Johann Wolfgang: *Werke, Tagebücher und Briefe*. Hg. im Auftrag der Großherzogin Sophie von Sachsen (Weimarer Ausgabe). 143 Bände. Weimar 1887-1919.

Goethe, Johann Wolfgang: *Gedenkausgabe der Werke, Briefe und Gespräche. 28. August 1949*. Hg. v. Ernst Beutler. Erg.-Bd. 2: *Tagebücher*. Hg. v. Peter Boerner. Zürich 1964.

Goethe. *Die Schriften zur Naturwissenschaft. Vollständige und mit Erläuterungen versehene Ausgabe im Auftrag der deutschen Akademie der Naturforscher Leopoldina*. Weimar 1947 ff.

Goethes Briefe (Hamburger Ausgabe in 4 Bänden). Hg. v. Karl Robert Mandelkow und Bodo Morawe. Hamburg 1965-69.

Goethes Briefwechsel mit seiner Frau. Hg. v. Hans Gerhard Gräf. Bd. 1: 1792-1806, Bd. 2: 1807-1816. Frankfurt a. M. 1916.

Goethes Ehe in Briefen. Der Briefwechsel zwischen Goethe und Christiane Vulpius 1792-1816. Hg. v. Hans Gerhard Gräf. Frankfurt a. M. 1994.

Briefwechsel des Herzogs-Großherzogs Carl August von Sachsen-Weimar-Eisenach mit Goethe. Hg. v. Hans Wahl. 3 Bde. Berlin 1915-1918.

Goethes Briefe an Frau von Stein nebst einem Tagebuch aus Italien und Briefen der Frau von Stein. Mit einer Einleitung von K. Heinemann. 4 Bde. Stuttgart und Berlin o. J.

Goethes Briefwechsel mit Christian Gottlob Voigt. 4 Bde. Hg. v. Hans Tümmler, Bde. 3 und 4 unter Mitwirkung von Wolfgang Huschke. Weimar 1949-1962.

Goethes amtliche Schriften. Veröffentlichung des Staatsarchivs Weimar. Hg. v. Willy Flach. Bd. 1. Weimar 1950. Bd. 2-4. Bearbeitet von Helma Dahl. Weimar 1968-1987.

Goethe, Johann Wolfgang: *Elegie von Marienbad.* Faksimile einer Urschrift. Hg. v. Christoph Michel und Jürgen Behrens in Verbindung mit Wolf von Engelhardt u. a. Mit einem Geleitwort von Arthur Henkel. Frankfurt a. M. 1983.

Goethe, Johann Wolfgang: *Elegie von Marienbad.* Urschrift September 1823. Hg. v. Jürgen Behrens und Christoph Michel. Mit einem Geleitwort von Arthur Henkel. Frankfurt a. M. und Leipzig 1991.

Goethe, Johann Wolfgang von: *Trilogie der Leidenschaft.* Hg. und mit einem Essay versehen v. Hans Kaufmann. Rudolstadt 1997.

Goethes Amtstätigkeit für den Ilmenauer Bergbau. Dokumentation zur Archivalienausstellung des Thüringischen Hauptstaatsarchivs Weimar in Verbindung mit dem Staatsarchiv Ilmenau. Bearbeitet von Claudia Fiala, Jens Riederer und Volker Wahl. Ilmenau 1998.

Goethe, Johann Wolfgang: *Gespräche. Eine Sammlung zeitgenössischer Berichte aus seinem Umgang.* Auf Grund der Ausgabe und des Nachlasses von Flodoard Freiherrn von Biedermann ergänzt und hg. v. Wolfgang Herwig. 5 Bde. Zürich/Stuttgart/München 1965-1987.

Andrä, Günther / Apel, Jürgen / Frankenberger, Bernd: *Ilmenau. Bilder alter Gaststätten und Ausflugsziele.* Homburg-Saarpfalz 1993.

Carpiceci, Alberto Carlo: *Pompeji vor 2000 Jahren.* Florenz 1977.

Carlyle, Thomas: *Goethe.* (Thomas Carlyles Goetheportrait nachgezeichnet und hg. v. Prof. Dr. Samuel Saenger). Berlin 1910.

Deetjen, Werner: »Goethes tägliche Tafel vom 25. Dezember 1831 bis 15. März 1832«. In: *Jahrbuch der Sammlung Kippenberg* Bd. 7. Leipzig 1927/28.

Flach, Willy: *Goetheforschung und Verwaltungsgeschichte. Goethe im Geheimen Consilium.* Weimar 1952.

Goethe, August von: *Auf einer Reise nach Süden. Tagebuch 1830.* Erstdruck nach den Handschriften. Hg. v. Andreas Beyer und Gabriele Radecke. München/Wien 1999.

Heine, Heinrich: *Werke und Briefe in zehn Bänden.* Hg. v. Hans Kaufmann. Berlin 1961-1964.

Herzog, Carl: *Geschichte der deutschen National-Litteratur.* Jena 1831.

359

Klauß, Jochen und Pietsch, Jürgen: *Goethes Wohnhaus in Weimar.* Weimar 1991.

Kompass Karten GmbH: *813 Östlicher Thüringer Wald.* Rum/Innsbruck o. J.

Lukrez (Titus Lucretius Carus): *Von der Natur der Dinge.* Übers. von Karl Ludwig von Knebel. 2., verm. und verb. Aufl. Leipzig 1831.

Riemer, Friedrich Wilhelm: *Mitteilungen über Goethe.* 2 Bde. Berlin 1841.

Riemer, Friedrich Wilhelm: *Mittheilungen über Goethe.* Auf Grund der Ausgabe von 1841 und des handschriftlichen Nachlasses hg. v. Arthur Pollmer. Leipzig 1921.

Schleif, Walter: *Goethes Diener.* (Beiträge zur deutschen Klassik. Hg. v. Helmut Holzhauer, Bd. 17.) Weimar 1965.

Steiger, Robert: *Goethes Leben von Tag zu Tag. Eine dokumentarische Chronik.* Zürich und München 1982-1996.

Suphan, Bernhard: Briefe Goethes an Ulrike von Levetzow und ihre Mutter Amalie von Lewetzow, geb. von Brösigke. In: *Goethe Jahrbuch* Bd. 21, 1900.

Unterberger, Rose: *Die Goethe-Chronik.* Frankfurt a. M. und Leipzig 2002.

BENUTZTE LITERATUR
(in Auswahl)

Ahrendt, Dorothee und Aepfler, Gertraud: *Goethes Gärten in Weimar.* Leipzig 1994.

Bürgin, Hans: *Der Minister Goethe vor der Römischen Reise. Seine Tätigkeit in der Wegebau- und Kriegskommission.* Weimar 1933.

Assmann, Jan / Krippendorff, Ekkehart / Schmidt-Glintzer, Helwig: *Ma'at Konfuzius Goethe. Drei Lehren für das richtige Leben.* Frankfurt a. M. und Leipzig 2006.

Baerlocher, René Jacques: »Walter von Goethe – Epilog zu einem Jubiläumsjahr«. In: *Goethe Jahrbuch* Bd. 117, 2000.

Bergmann, Alfred: »Die Kompositionen Walthers von Goethe«. In: *Jahrbuch der Sammlung Kippenberg* Bd. 7. Leipzig 1927/28.

Blumenberg, Hans: *Goethe zum Beispiel.* Frankfurt a. M. und Leipzig 1999.

Borchmeyer, Dieter: *Goethe. Der Zeitbürger.* München und Wien 1999.

Burkhardt, C. A. H.: *Zur Kenntnis der Goethe-Handschriften.* Wien 1899.

Conrady, Karl Otto: *Goethe. Leben und Werk.* Düsseldorf und Zürich 1999.

Der unbegabte Goethe. Der Dichter in mißwollenden Zeugnissen seiner Mitlebenden. Mit Bildern von Hans Traxler. München/Wien 1998.

Ehrlich, Willi: *Ilmenau, Gabelbach, Stützerbach.* Weimar 1980.

Eissler, Kurt R.: *Goethe. Eine psychoanalytische Studie. 1775-1786.* 2 Bde. München 1987.

Engelhardt, Wolf von: *Goethe im Gespräch mit der Erde.* Weimar 2003.

Falk, Johannes: *Goethe aus näherem persönlichem Umgang dargestellt.* Hildesheim 1977. (Reprint der Ausgabe Leipzig 1832.)

Femmel, Gerhard (Hg.): *Corpus der Goethe-Zeichnungen.* 10 Bände. Leipzig 1958-1973.

Frau Rath Goethe: *Gesammelte Briefe.* Hg. v. Ludwig Geiger. Leipzig o. J.

Gersdorff, Dagmar von: *Goethes späte Liebe.* Frankfurt a. M. und Leipzig 2005.

Gesamtregister zur Weimarer Goethe-Ausgabe. Hg. v. Paul Raabe, Bearbeiterin Mechthild Raabe. München 1990.

Heise, Wolfgang: »Zehn Paraphrasen zu ›Wandrers Nachtlied‹«. In: *Wolfgang Heise: Realistik und Utopie.* Berlin 1982.

Herder, Johann Gottfried: *Briefe.* Hg. v. W. Dobbeck und G. Arnold. Weimar 1984 ff.

Herder, Johann Gottfried: *Herders sämtliche Werke.* Hg. v. Bernhard Suphan. Berlin 1877-1913.

Jaeger, Michael: *Fausts Kolonie. Goethes kritische Phänomenologie der Moderne.* Würzburg 2004.

Jericke, Alfred: *Goethe und sein Haus am Frauenplan.* Weimar 1959.

Kaufmann, Hans: *Goethes Faust oder Stirb und Werde.* Berlin und Weimar 1991.

Klauß, Jochen: *Alltag im »klassischen« Weimar 1750-1850.* Weimar 1990.

Krippendorff, Ekkehart: »Goethe – Politik gegen den Zeitgeist«. In:

Insel Almanach auf das Jahr 1999 Johann Wolfgang Goethe zum 250. Geburtstag. Zusammengestellt von Hans-Joachim Simm. Frankfurt a. M. und Leipzig 1998.

Kuhn, Dorothea: »Vertan und vertanzt. Zur Edition von Zeugnissen aus Goethes Rechnungsführung«. In: *Edition von autobiographischen Schriften und Zeugnissen zur Biographie*. Hg. v. Jochen Golz. Tübingen 1995.

Lehfeldt, Paul: *Bau- und Kunstdenkmäler Thüringens*. Jena 1892.

Lermann, Hilde (Hg.): *Schillers Sohn Ernst*. Frankfurt a. M. und Leipzig 2002.

Mandelkow, Karl Robert: *Goethe in Deutschland*. Rezeptionsgeschichte eines Klassikers. 2 Bände. München 1980-1989.

Mayer, Hans: *Goethe*. Frankfurt a. M. und Leipzig 1999.

Menzel, Friedrich: »Goethes Haus zu Goethes Zeit«. In: *Goethe-Almanach auf das Jahr 1967*.

Michel, Christoph (Hg.): *Goethe. Sein Leben in Bildern und Texten*. Frankfurt a. M. 1982 (2. Auflage 1998).

Müller, Friedrich von: *Unterhaltungen mit Goethe*. Hg. v. Renate Grumach. München 1982.

Muschg, Adolf: *Der Schein trügt nicht. Über Goethe*. Frankfurt a. M. und Leipzig 2004.

Nager, Frank: *Der heilkundige Dichter. Goethe und die Medizin*. Zürich/München 1990.

Negt, Oskar: *Die Faust Karriere*. Göttingen 2006.

Osten, Manfred: *»Alles veloziferisch« oder Goethes Entdeckung der Langsamkeit*. Frankfurt a. M. und Leipzig 2003.

Rahmeyer, Ruth: *Ottilie von Goethe*. Frankfurt a. M. 2002.

Reich-Ranicki, Marcel: *Goethe noch einmal*. München 2004.

Schiller, Friedrich: *Werke. Nationalausgabe*. Hg. im Auftrag der Nationalen Forschungs- und Gedenkstätten der klassischen deutschen Literatur in Weimar (Goethe- und Schiller-Archiv) und des Schiller-Nationalmuseums in Marbach a. N. von Lieselotte Blumenthal und Benno von Wiese. Weimar 1961 ff.

Schings, Hans-Jürgen: »Fausts Verzweiflung«. In: Goethe Jahrbuch, 115, 1998.

Schlaffer, Heinz: *Faust Zweiter Teil. Die Allegorie des 19. Jahrhunderts*. Stuttgart 1981.

Schmid, Gerhard und Irmtraut: »Goethe der Chef – Beobachtungen zu seiner amtlichen Tätigkeit seit 1788«. In: *Goethe Jahrbuch* Bd. 116, 1999.

Schöne, Albrecht: *Götterzeichen, Liebeszauber, Satanskult: Neue Einblicke in alte Goethetexte.* München 1982.

Schöne, Albrecht: »Johann Wolfgang Goethe: Der letzte Brief«. In: Wilfried Barner (Hg.): *Querlektüren. Weltliteratur zwischen den Disziplinen.* Göttingen 1997.

Schrader, Walter: *Goethe und Ilmenau.* Kassel 1994.

Schuchardt, Christian: *Goethes Kunstsammlungen.* Bd. 1-2. Jena 1848.

Sedlacek, Carola: Artikel über Ottilie, Walther und Wolfgang von Goethe. In: *Goethe-Handbuch.* Bd. 4/1. Stuttgart 1998.

Steiger, Günter: *Diesem Geschöpfe leidenschaftlich zugetan. Bryonphyllum calcinum – Goethes »pantheistische Pflanze«.* Weimar o. J.

Segebrecht, Wulf: *Goethes Gedicht »Über allen Gipfeln ist Ruh« und seine Folgen.* München/Wien 1978.

Steenbuck, Kurt: *Silber und Kupfer aus Ilmenau. Ein Bergwerk unter Goethes Leitung.* Schriften der Goethe-Gesellschaft; Bd. 65. Weimar 1995.

Unseld, Siegfried: *Goethe und seine Verleger.* Frankfurt a. M. und Leipzig 1991 (2. Aufl. 1993).

Unseld, Siegfried: »›Mein Lebenswerk ist das eines Kollektivwesens...‹ Goethes Produktionsweise«. In: *Insel Almanach auf das Jahr 1999 Johann Wolfgang Goethe zum 250. Geburtstag.* Zusammengestellt von Hans-Joachim Simm. Frankfurt a. M. und Leipzig 1998.

Voigt, Julius: *Goethe und Ilmenau.* Reprint der Originalausgabe von 1912. Leipzig 1990.

Vulpius, Wolfgang: *Goethe in Thüringen. Stätten seines Lebens und Wirkens.* Rudolstadt 1990.

Wahl, Hans: »Goethes Arbeitszimmer in der Stunde seines Todes« (1924). In: H. Wahl: *Alles um Goethe. Kleine Schriften und Reden.* Hg. v. Dora Wahl. Weimar 1956.

DANK

Für die vorzügliche Lektorierung des Buches danke ich Dr. Hans-Joachim Simm, Dr. Christoph Michel für die Durchsicht, Christine Razum für ihren Beistand. Hans J. Wiedemann danke ich für seine vielfältige Unterstützung während der Arbeit am Manuskript, und wie immer danke ich meinem Sohn Tobias Damm.

Am Meer, 31. Mai / 1. Juli 2007   *Sigrid Damm*

ZU DIESER AUSGABE

insel taschenbuch 3300: Sigrid Damm, *Goethes letzte Reise*. Der vorliegende Band folgt der 3. Auflage der gebundenen Ausgabe: Sigrid Damm, *Goethes letzte Reise*. © Insel Verlag Frankfurt am Main und Leipzig 2007.